Baedeker
Allianz Reiseführer

San Francisco

VERLAG KARL BAEDEKER

Hinweise zur Benutzung

Sternchen (Asterisken) als typographisches Mittel zur Hervorhebung bedeutender Bau- und Kunstwerke, Naturschönheiten und Aussichten, aber auch guter Unterkunfts- und Gaststätten hat Karl Baedeker im Jahre 1844 eingeführt; sie werden auch in diesem Reiseführer verwendet: Besonders Beachtenswertes ist durch * einen vorangestellten 'Baedeker-Stern', einzigartige Sehenswürdigkeiten sind durch ** zwei Sternchen gekennzeichnet.
Zur raschen Lokalisierung der Sehenswürdigkeiten von A bis Z auf dem beigegebenen Stadtplan sind die entsprechenden Koordinaten der Plannetzmaschen jeweils neben der Überschrift in Rotdruck hervorgehoben: Fisherman's Wharf **H 7**.

Farbige Streifen an den rechten Seitenrändern erleichtern das Auffinden der Großkapitel des vorliegenden Reiseführers: Die Farbe Blau steht für die Einleitung (Natur, Kultur, Geschichte), die Farbe Rot für die Sehenswürdigkeiten, und die Farbe Gelb markiert die praktischen Informationen.

Wenn aus der Fülle von Unterkunfts-, Gast- und Einkaufsstätten nur eine wohlüberlegte Auswahl getroffen ist, so sei damit gegen andere Häuser kein Vorurteil erweckt.

Da die Angaben eines solchen Reiseführers in der heute so schnellebigen Zeit fast ständig Veränderungen unterworfen sind, kann der Verlag weder Gewähr für die absolute Richtigkeit leisten noch die Haftung oder Verantwortung für eventuelle inhaltliche Fehler übernehmen. Auch lehrt die Erfahrung, daß sich Irrtümer kaum gänzlich vermeiden lassen.

Baedeker ist ständig bemüht, die Qualität seiner Reiseführer noch zu steigern und ihren Inhalt weiter zu vervollkommnen. Hierbei können ganz besonders die Erfahrungen und Urteile aus dem Benutzerkreis als wertvolle Hilfe gar nicht hoch genug eingeschätzt werden. Vor allem **Ihre Kritik, Berichtigungen und Verbesserungsvorschläge sind uns stets willkommen.** Sie helfen damit, die nächste Auflage noch aktueller zu gestalten. Bitte schreiben Sie in jedem Falle an die

Baedeker-Redaktion
Karl Baedeker GmbH
Marco-Polo-Zentrum
Postfach 3162
D-73751 Ostfildern.

Der Verlag dankt Ihnen im voraus bestens für Ihre Mitteilungen. Jede Einsenderin und jeder Einsender nimmt an einer jeweils zum Jahresende unter Ausschluß des Rechtsweges stattfindenden Verlosung von drei JRO-Leuchtgloben teil. Falls Sie gewonnen haben, werden Sie benachrichtigt. Ihre Zuschrift sollte also neben der Angabe des Buchtitels und der Auflage, auf welche Sie sich beziehen, auch Ihren Namen und Ihre Anschrift enthalten. Die Informationen werden selbstredend vertraulich behandelt und die persönlichen Daten nicht gespeichert.

Titelbild: Cable Car in der Hyde Street mit Blick auf Alcatraz

◀ *S. 1: Transamerica Pyramid und Columbus Tower*

Vorwort

Dieser Reiseführer gehört zur neuen Baedeker-Generation. In Zusammenarbeit mit der Allianz Versicherungs-AG erscheinen bei Baedeker durchgehend farbig illustrierte Reiseführer in handlichem Format. Die Gestaltung entspricht den Gewohnheiten modernen Reisens: Nützliche Hinweise werden in der Randspalte neben den Beschreibungen herausgestellt. Diese Anordnung gestattet eine einfache und rasche Handhabung. Der vorliegende Band hat San Francisco zum Thema, die wohl schönste und europäischste Stadt der Vereinigten Staaten. Weltberühmt wurde diese beliebte Reisedestination vor allem durch die Golden Gate Bridge und die Flower-Power-Bewegung der 60er und 70er Jahre, die hier ihren Anfang nahm. Darüber hinaus werden aber auch sehenswerte Reiseziele in der Umgebung beschrieben wie Carmel, Monterey, Napa Valley, Oakland oder der Yosemite-Nationalpark.

Der Reiseführer ist in drei Hauptteile gegliedert: Im ersten Teil wird über San Francisco im allgemeinen, seine Geschichte und Bevölkerung, über berühmte Persönlichkeiten u. a. berichtet. Eine Sammlung von Literaturzitaten leitet über zum zweiten Teil, in dem die touristisch interessanten Sehenswürdigkeiten in und um San Francisco beschrieben werden. Daran schließt ein dritter Teil mit praktischen Informationen. Sowohl die Reiseziele als auch die Informationen sind in sich alphabetisch geordnet. Baedeker Allianz Reiseführer zeichnen sich durch Konzentration auf das Wesentliche sowie Benutzerfreundlichkeit aus. Sie enthalten eine Vielzahl eigens entwickelter Pläne und zahlreiche farbige Abbildungen.

Idyllische Hafenszenen (hier in der benachbarten Stadt Oakland) und die Skyline des Financial District mit dem neuen San Francisco Museum of Modern Art im Vordergrund

Zu diesem Reiseführer gehört als integrierender Bestandteil eine ausführlicher Stadtplan, auf dem die im Text behandelten Sehenswürdigkeiten anhand der jeweils angegebenen Kartenkoordinaten leicht zu lokalisieren sind. Wir wünschen Ihnen mit dem Baedeker Allianz Reiseführer viel Freude und einen erlebnisreichen Aufenthalt in San Francisco!

Baedeker
Verlag Karl Baedeker

Inhalt

Natur, Kultur Geschichte
Seite 8 – 29

Sehenswürdigkeiten von A bis Z
Seite 30 – 125

Praktische Informationen von A bis Z
Seite 126 – 168

Baedeker Specials

Die Stadt am

Worin liegt der Reiz dieser so oft besungenen Stadt, die seit Goldgräberzeiten Mitte des vorigen Jahrhunderts Ziel der Sehnsüchte von Menschen aus aller Welt ist? Vielleicht hat es zunächst mit der liberalen Atmosphäre dieser Stadt zu tun, in der avantgardistische Bewegungen besonders gut gedeihen. Die Idee der Befreiung des Individuums aus den Fesseln der Konvention fand seinen wohl stärksten Ausdruck in der Hippie- und Beatbewegung der 60er Jahre. Damals wurde das Stadtviertel Haight-Ashbury von 'Blumenkindern' aus der ganzen westlichen Welt belagert, die ihren Traum von Liebe und Frieden lebten. Nach Flower-Power eroberten in den folgenden Jahrzehnten Punk, New Wave und New Age von San Francisco aus die Welt.

Berkeley

Universitätsstadt in der Umgebung von San Francisco mit Sather Tower

Wenn man heute allerdings durch Downtown geht, erinnert nichts mehr an die 'naiven' Blumenkinder. Man sieht überwiegend elegante junge Menschen, sog. Yuppies, die den wirtschaftlichen Erfolg über alles stellen.

San Francisco ist aber nicht nur durch sein einzigartiges Lebensgefühl bekannt geworden, sondern es ist ganz einfach auch eine der schönsten Städte der Welt. Majestätisch spannt sich die Golden Gate Bridge über das Goldene Tor und fügt sich harmonisch in das idyllische Naturschauspiel. Seinen Namen erhielt das Golden Gate vermutlich von den Felsen, die in dem Schein der Abendsonne golden erstrahlen. Wenn die Brücke nicht gerade von Nebelschwaden umhüllt und die Sicht klar ist, erblickt man in der Ferne die Skyline von San Francisco mit dem zweiten, neueren Wahrzeichen der Stadt:

Bay Bridge

Die zweite große Brücke über die Bay mit der Skyline von San Francisco im Hintergrund

Viktorianische Häuser

Pittoreske Häuserzeile auf abschüssiger Straße, wo das Parken nicht ganz einfach ist

Goldenen Tor

der Transamerica Pyramid. Diese einzigartige Verbindung von natürlicher Schönheit und menschlichem Erfindungsgeist findet seine Fortsetzung in der Stadt, die auf über 40 Hügeln gebaut wurde und damit das Schachbrettmuster amerikanischer Städte auf eine angenehme Weise auflockert.
Voller Überraschungen ist eine Fußwanderung oder eine Fahrt mit der historischen Cable Car bergauf und bergab auf den schnurgerade verlaufenden Straßen, die auf den Bergkuppen herrliche Ausblicke auf die vielen Gesichter der Stadt ermöglichen. Wenn die Cable Car den steilen Hang in der Hyde Street überwunden hat, schweift der Blick zwischen der viktorianischen Häuserzeile hindurch zum Hyde Street Pier mit seinen Museumsschiffen. Im Hintergrund taucht die berüchtigte Gefängnisinsel Alcatraz aus der Bay empor. Die pulsierende Hauptverkehrsader Market Street führt diagonal durch die ganze Stadt.
Jedes Viertel hat seinen unnachahmlichen Charme. Das früher von Hippies bewohnte und etwas heruntergekommene Viertel Haight-Ashbury ist heute eine gutbürgerliche Gegend ebenso wie South of Market, wo Künstler ihre Studios in alten Lagerhäuser einrichteten. Die farbenfrohen Fassaden und Pagodendächer von Chinatown, das Sehnsuchtsziel vieler Chinesen, bilden einen starken Kontrast zu den Wolkenkratzern des Finanzviertels. In North Beach erinnern die Trattorien und Cafés an die frühen italienischen Einwanderer. Mit all diesen Facetten ist San Francisco eine Stadt, die man nie vergißt, vielleicht weil sie gleichzeitig so amerikanisch und so europäisch ist?

Golden Gate Bridge

Wahrzeichen von San Francisco und beliebtes Fotomotiv

Mit der Cable Car

über Berg und Tal – Ausblick von der Hyde Street auf den Hafen und Alcatraz

Ballonflug

über die Weinberge des Napa Valley – ein unvergeßliches Erlebnis

Natur, Kultur Geschichte

Zahlen und Fakten

Wappen der Stadt San Francisco

Allgemeines

Lage und Bedeutung

San Francisco liegt im äußersten Westen der Vereinigten Staaten von Amerika an der Pazifikküste. Die Stadt erstreckt sich am Nordende einer 48 km langen und 10 km breiten hügeligen Halbinsel, die den Stillen Ozean von der San Francisco Bay trennt. An der Nordseite wird sie vom Golden Gate (Goldenes Tor), der 1,5 km breiten und bis 116 m tiefen Einfahrt in die San Francisco Bay, begrenzt. Künstliche Aufschüttungen, besonders an der

CT = Connecticut · DE = Delaware · MA = Massachusetts · MD = Maryland · NH = New Hampshire · NJ = New Jersey · RI = Rhode Island · VT = Vermont · WV = West Virginia

Ostseite der Halbinsel haben das Stadtgebiet vergrößert. Die Koordinaten des geographischen Zentrums der Stadt sind 37° 45′ 10″ nördlicher Breite und 122° 26′ 27″ westlicher Länge. San Francisco ist nach Los Angeles, San Diego und San Jose die viertgrößte Stadt im US-Bundesstaat California und nimmt in der Rangliste der Städte der USA den 14. Platz ein.

Fläche

Die Landfläche von San Francisco bedeckt ein Gebiet von 120 km², die Wasserfläche 212 km², so daß sich eine Gesamtfläche von 332 km² ergibt. Überdies besitzt San Francisco kleine Ländereien in den kalifornischen Counties Tuolumne, San Mateo, Kern, Fresno und Monterey.

◀ *Die Golden Gate Bridge mit Stadtpanorama im Hintergrund ist ein beliebtes Fotomotiv.*

Klima

Eine Besonderheit von San Francisco sind die Nebel, die sich im Sommer entlang der Küste bilden und dann durch das Golden Gate in die Bucht mit dem stark erwärmten Hinterland einfließen. Wärmende Oberbekleidung ist ratsam, besonders nachmittags, wenn ein starker Seewind weht.

Erdbeben

Die Lage in einem tektonisch nicht gefestigten Teil der Erdrinde rings um den Pazifischen Ozean (San-Andreas-Graben) schließt nach den schweren Erdbeben von 1906 und 1989 die Möglichkeit weiterer seismischer Bewegungen nicht aus (täglich mehrfach 'Mikrobeben').

Verwaltung

Die Stadt wird zentral verwaltet. An der Spitze der Verwaltung steht der alle vier Jahre gewählte Oberbürgermeister (mayor). Dem Mayor zur Seite steht ein 'chief executive administrator', der allerdings weniger Vollmachten besitzt als die in vielen US-amerikanischen Städten existierenden City Managers. Das Einkammerparlament, der Board of Supervisors, besteht aus elf gewählten Mitgliedern.

Stadtbild

San Francisco ist eines der beliebtesten Reiseziele der Vereinigten Staaten von Amerika, ja der ganzen Welt, und zwar weniger wegen bedeutender alter und neuer Baudenkmäler als vielmehr wegen seiner einzigartigen landschaftlichen Lage, der kosmopolitischen Atmosphäre (von hier ging ab Mitte der 60er Jahre die Bewegung der Beatniks und Hippies aus) und den liebenswerten Reminiszenzen an eine vergangene Zeit, wie etwa die Kabelbahn auf den steilen Straßen. Eigenwillige Hochhäuser aus neuerer Zeit wie die Pyramide des Transamerica Building oder der Wolkenkratzer der Bank of America verleihen der Stadt eine einzigartige Silhouette.

Bevölkerung

Bevölkerungsentwicklung

Die Bevölkerung von San Francisco hat sich zunächst sehr langsam entwickelt und umfaßte zum Zeitpunkt, da die mexikanische Herrschaft endete (1846), knapp 1000 Seelen. Diese Zahl verringerte sich in den folgenden Jahren auf einige Hundert (1847 wurden 459 Einwohner gezählt, darunter 22 Engländer, 27 Deutsche, 14 Iren, 14 Schotten, 228 in den USA Geborene und 89 'Kalifornier').
Erst 1849 setzte mit dem Goldrausch der Bevölkerungsaufschwung ein; schon ein Jahr später wurde die Gesamtzahl auf rund 25 000 geschätzt. 1890 wurden fast 300 000 erreicht, im Jahr 1900 waren es 342 000, nach dem Erdbeben von 1906 nur noch 175 000. Im Jahr 1910 betrug die Einwohnerzahl wieder 416 000, 1920 waren es 506 000 und 1950 775 000. Damit hatte San Francisco seine höchste Einwohnerzahl erreicht. Sie war in den folgenden dreieinhalb Jahrzehnten um über 100 000 geschrumpft, vor allem infolge der Abwanderung in die umliegenden ländlichen Gebiete, befindet sich aber seit 1985 wieder im Aufstieg. Bei der Volkszählung von 1980 war mit 679 000 die niedrigste Bevölkerungszahl seit 1950 verzeichnet worden. Die Zahl der Weißen war unverhältnismäßig stark zurückgegangen: von fast 700 000 im Jahre 1950 auf weniger als 450 000.

Einwohnerzahl

Die Einwohnerzahl beläuft sich zur Zeit auf rund 744 000. Zum städtischen Großraum (Metropolitan Area) werden die umliegenden Counties Marin (nördlich), San Mateo (südlich), Alameda und Contra Costa (beide östlich) gerechnet mit einer Einwohnerzahl von 6,3 Millionen.

Ethnische Vielfalt

Die ethnische Zugehörigkeit der Bewohner ist sehr vielfältig, wobei der Anteil der Asiaten an der Gesamtbevölkerung höher ist als in irgendeiner anderen US-amerikanischen Stadt. Hier leben Chinesen, Filipinos, Japaner, Koreaner und Vietnamesen. Von allen ethnischen Minderheiten bilden mit fast 13 % die Chinesen die größte Gruppe; es folgen Afro-Amerikaner (11,3 %), Engländer (10,3 %), Iren (8,5 %), Deutsche (7,5 %), Italiener (5,7 %), Filipinos (5,5 %), Mexikaner (5,3 %), Russen (2,8 %), Franzosen (2,5 %) sowie Japaner (2,3 %). Es gibt in San Francisco sogar eine kleine

Bevölkerung
Ethnische Vielfalt
(Fortsetzung)

russische Enklave im Bereich von Clement und Geary Street. Schwarze wohnen hauptsächlich in Western Addition und in Tenderloin. Auch die vielen Restaurants mit ausländischer Küche zeigen die Vielfalt der Bewohner.

Religion

Wie in fast allen Großstädten der USA ist auch in San Francisco das religiöse Geschehen sehr vielfältig. Die Stadt ist Sitz eines katholischen Erzbischofs und eines für ganz Nordkalifornien zuständigen Bischofs der Episkopalkirche. Es gibt zwei russisch-orthodoxe Kathedralen und Gotteshäuser fast aller in den USA vertretenen Konfessionen. Die bedeutendste lutherische Gemeinde ist St. Mark's unweit der St. Mary's Cathedral.

Zen-Buddhismus

Anfang der 70er Jahre faßte der Zen-Buddhismus in San Francisco Fuß, v.a. durch die Bücher des anglikanischen Geistlichen Alan Watts, der als wichtiger Exponent fernöstlicher Religionen in der westlichen Welt gilt.

Sekten

Von jeher ist die Stadt auch ein Tummelplatz der Sekten gewesen, deren berüchtigtste die des People's Temple wurde. Ihrem Leiter Jim Jones gelang es, eine große Zahl idealistischer Anhänger zu gewinnen, die vorwiegend der schwarzen Bevölkerung entstammten oder aus armen Schichten kamen. In Guyana trieb er sie in den kollektiven Selbstmord.

Wirtschaft

Banken und
Versicherungen

Im Gegensatz zu dem erdölreichen und hochindustrialisierten Los Angeles und anderen Teilen Südkaliforniens war San Francisco nie eine herausragende Industriestadt. Vielmehr verdankt es seine Bedeutung den Dienstleistungsbetrieben und dem Fremdenverkehr. Unter den ersteren sind insbesondere die Banken zu erwähnen, und von diesen wiederum die größte Bank Amerikas, die Bank/America Corp., sowie die Bank of California und die Wells Fargo Bank.

Blick von den Yerba Buena Gardens auf die 'Wall Street of the West' – das Finanzviertel

Banken und Versicherungen (Fortsetzung)

Von Wichtigkeit sind auch die Versicherungsgesellschaften. Die wohl bedeutendste hat die nach ihr benannte Transamerica Pyramid erbaut, das Wahrzeichen San Franciscos. In der Pacific Stock Exchange hat San Francisco die wichtigste Börse des amerikanischen Westens.

Tourismus

Für die Wirtschaft von unschätzbarem Wert sind die vielen Hotels und Restaurants. Die Stadt ist ein solcher Magnet, daß sie alljährlich das Fünffache ihrer Einwohnerzahl an Fremden anzieht, und fast ein Drittel dieser drei Millionen kommt zu Kongressen.

Industrie

Der ehemals größte Wirtschaftszweig, der Hafenbetrieb, ist seit vielen Jahren rückläufig und wird seine frühere Bedeutung wohl nie wieder zurückgewinnen können. Dasselbe gilt für den Fischfang und die Fischkonservenfabriken.

Zahlreiche Industriebetriebe haben ihre Verwaltungszentrale in San Francisco, ihre Produktionsstätten jedoch in anderen Teilen Kaliforniens; hier müssen vor allem die Chevron Corp. und die McKesson Corp. genannt werden. Die Zentrale der großen Zellstoffabrik Crown-Zellerbach befindet sich jetzt im benachbarten Oakland.

Verkehr

Hafen

San Francisco hat mit der San Francisco Bay einen natürlichen Hafen, der allerdings in den letzten Jahren viel von seiner früheren Bedeutung verloren hat. Einst war er das wichtigste Bindeglied zwischen den Vereinigten Staaten von Amerika und dem Fernen Osten, doch sind heute viele der 46 Piers stillgelegt oder zweckentfremdet. Der Güterumschlag ist auf jährlich 2,5 Mio. t zurückgegangen, pro Jahr werden etwa 850 Schiffe abgefer-

Die Piers am Hafen von San Francisco strecken sich wie Finger in die Bay

Hafen (Fortsetzung)

tigt. San Franciscos Hafen wurde schon 1969 von Oakland, auf der gegenüberliegenden Seite der Bay, überflügelt; dieser Hafen, fast ganz auf Containerverkehr eingestellt, hat den Vorsprung seither weiter ausgebaut. Auch die in San Francisco beheimatete Fischerei ist stark geschrumpft.

Flughafen

Der 25 km südlich der Stadt liegende Flughafen wurde 1927 als 'Mills Field Airport' eröffnet. Der Ausbau ging in mehreren Stufen vor sich; der Name wurde in 'San Francisco Airport' und schließlich in 'San Francisco International Airport' geändert. Er ist heute einer der größten in den Vereinigten Staaten und wird von 25 Fluggesellschaften angeflogen. Ein weiterer Großflughafen befindet sich auf der Ostseite der Bucht bei Oakland.

Eisenbahn

Wie in vielen US-amerikanischen Städten ist auch in San Francisco der Eisenbahnverkehr bedeutungslos geworden. Heute unterhält lediglich die Southern Pacific Railroad noch einen Bahnhof für den Pendlerverkehr. Amtrak-Züge entlang der Küste nach Norden und Süden verkehren von Oakland aus, wohin die Passagiere vom Transbay Transit Terminal mit Bussen gebracht werden.

Autobus

Der Nah- und Fernverkehr per Autobus ist in San Francisco beachtlich; er wird in erster Linie in zwei Busbahnhöfen abgewickelt, dem Greyhound Terminal und dem Transbay Transit Terminal.

MUNI

Das wichtigste öffentliche Verkehrsmittel in San Francisco sind die praktisch alle Teile der Stadt befahrenden Omnibusse. Insgesamt gibt es 57 Linien mit einem Einheitsfahrpreis; Umsteigen ist im Fahrpreis inbegriffen. Wie die Straßenbahnen werden die Busse von der Municipal Railway Company (MUNI) verwaltet.

BART

Eine eigentliche U-Bahn hat San Francisco nicht. 1981 wurden die bisher die Market Street entlangfahrenden vier Straßenbahnlinien unter die Erde verlegt. Im Jahre 1972 nahm die erste Linie der Bay Area Rapid Transit (BART) den Verkehr auf, die das Zentrum von San Francisco mit den umliegenden Counties verbindet.
Das 120 km lange Netz hat 31 Stationen, von denen sich acht in San Francisco befinden. Die 5,5 km lange Strecke unter dem Wasser zwischen San Francisco und Oakland ist die längste ihrer Art auf der Erde.

Straßenbahn, Cable Car

San Francisco ist neben Philadelphia, New Orleans und Sacramento, der Staatshauptstadt von California, die einzige Stadt in den USA, in der es noch Straßenbahnen gibt: fünf Linien, die teilweise unterirdisch verkehren, sowie die über 120 Jahre alten 'Cable Cars', von denen es noch drei Linien gibt.

Fähren

Die vor dem Bau der Brücken über die San Francisco Bay notwendigen Fähren sind heute bis auf wenige nicht mehr in Betrieb. Die verbliebenen verkehren noch nach Sausalito und Larkspur sowie nach Tiburon (vom Ferry Building), nach Angel Island und Alcatraz (von Fisherman's Wharf) und dienen ausschließlich dem Personenverkehr.

Autobahnen, Ausfallstraßen

Lediglich in südlicher Richtung hat San Francisco direkte Landverbindungen mit dem übrigen Kalifornien. Der Highway 101 ist die schnellste Verbindung nach Südkalifornien, andere Straßen sind die Interstate 280 sowie der an der Küste entlangführende State Highway 1. In nördlicher Richtung setzt sich der Highway 101 über die Golden Gate Bridge nach Nordkalifornien, dem Nordwesten der Vereinigten Staaten und nach Kanada fort, ebenso wie die von der 101 abzweigende Küstenroute 1.
Nach Osten führen der Interstate Highway 80 über die San Francisco–Oakland Bay Bridge und der Highway 92 über die weiter südlich gelegene San Mateo Bridge zum State Highway 17 und der Interstate 680 nach Süden; weiter in nördliche Richtung führen der State Highway 24 und der Interstate 680, nach Osten der Interstate 580.

Cable Car in der Hyde Street – mit Alcatraz im Hintergrund

Kultur

Allgemeines

San Francisco war bis etwa 1960 das unbestrittene Kulturzentrum des US-Bundesstaats California. Seitdem muß es seine Vorrangstellung mit dem fünfmal so großen Los Angeles teilen.

San Francisco besitzt vier größere und eine Reihe kleinerer Theater, eine Oper und das San Francisco Ballet, die älteste Ballettkompanie Amerikas. Das seit 1911 bestehende Symphonieorchester bezog im Herbst 1980 die neuerbaute Louise M. Davies Symphony Hall.

Ferner gibt es in der Stadt mehrere hervorragende Kunstmuseen: das M. H. de Young Memorial Museum, das Asian Art Museum, das San Francisco Museum of Modern Art und den Palace of the Legion of Honor, außerdem ein bedeutendes naturwissenschaftliches Museum, die California Academy of Sciences, zahlreiche Spezialmuseen, Kulturzentren und ähnliche Einrichtungen.

Ende März/Anfang April findet alljährlich im Palace of Arts and Science und im Castro Theater ein Filmfestival statt, das 1957 als erstes Festival dieser Art in Amerika ins Leben gerufen wurde.

Universitäten und Colleges

Bild s. S. 16

Die bekanntesten Universitäten, mit denen man gemeinhin San Francisco identifiziert, liegen nicht in der Stadt selbst; die University of California hat ihren Sitz in Berkeley die Stanford University in Palo Alto. In der Stadt liegt die University of San Francisco, die älteste Hochschule der Gegend, 1855 als St. Ignatius College gegründet und heute noch von Jesuiten geleitet. Von großer Bedeutung ist auch das University of California Medical Center in San Francisco, ursprünglich 1964 als private Institution gegründet, jetzt verstaatlicht; angeschlossen ist das University Hospital, das einen ausgezeichneten Ruf besitzt. Die San Francisco State University und das San Francisco Art Institute sind andere wichtige Hochschulen.

Stadtgeschichte

Juan Rodriquez Cabrillo fährt in das jetzt als San Diego Bay bekannte 1542
Gewässer und sichtet sechs Wochen später die Farallon-Inseln in der San Francisco Bay, die seit 1872 ein Teil der Stadt sind.

Francis Drake ist der erste Europäer, der an der Küste Nordkaliforniens 1579
landet, wahrscheinlich auf der San Francisco gegenüberliegenden Seite der Bucht, im jetzigen Marin County. Er nennt das Land 'Nova Albion' und nimmt es im Namen von Königin Elisabeth I. in Besitz.

Sebastian Rodriquez Cermenho landet in einer Bucht an der Martin-Küste, 1595
die er La Bahia de San Francisco nennt, die heutige Drake's Bay. Es ist das erste Mal, daß der Name der späteren Stadt benutzt wird.

Die jetzige San-Francisco-Bucht wird von Gaspar de Portola und seinen 1769
Truppen von der Landseite her entdeckt. Portola, später der erste Gouverneur Spanisch-Kaliforniens, hat zusammen mit dem Missionsgründer Pater Junipero Serra eine 'Heilige Expedition' von Sonora (Mexiko) aus nach Norden angeführt.

Eine Gruppe von 250 spanischen Soldaten und Zivilisten unter Führung 1776
von Hauptmann Juan Bautista de Anza bestimmt den Platz für das San Francisco Presidio. Die erste 'Mission Dolores', ursprünglich 'San Francisco de Asis' genannt, wird eingeweiht.

Das russische Forschungsschiff "Rurik" unter dem Kommando des aus 1816
Deutschland stammenden Otto von Kotzebue hält sich einen Monat in der Bucht von San Francisco auf. Von Kotzebue schreibt später über die entwürdigende Behandlung der Indianer (Ohlonen, die Ureinwohner des Gebiets seit dem 2. Jh. v. Chr., ferner Miwoks, Carquins und Santa Claras). Als Botaniker ist auch Adelbert von Chamisso an Bord, der seine kalifornischen Erlebnisse in "Reise um die Welt" (1836) beschreibt.

US-Präsident Andrew Jackson bietet den Mexikanern, die 1821 die spani- 1835
sche Herrschaft abgeschüttelt haben, 500000 Dollar für den Kauf der Bucht von San Francisco. Im selben Jahr gründet der englische Walfängerkapitän William Richardson (mit einer Mexikanerin verheiratet und zum Katholizismus übergetreten) das Pueblo (Dorf) Yerba Buena.

Yerba Buena ist auf etwa 350 Seelen angewachsen: Amerikaner, Indianer, 1845
Holländer und Spanier sind seine Bewohner.

Krieg zwischen Mexico und den USA; vom 10. Juni bis zum 9. Juli ist Kali- 1846
fornien selbständige Republik. Nach der Eroberung von Los Angeles gehen am 9. Juli 70 Matrosen des US-Kriegsschiffs "Portsmouth" in Yerba Buena an Land und hissen auf der Plaza des Dorfs die US-Flagge.

Drei Wochen später trifft ein Schiff mit 238 Mormonen ein, die gehofft hatten, in das Gelobte Land Zion zu gelangen, nicht aber in einen anderen Teil der Vereinigten Staaten von Amerika, aus denen sie fliehen wollten.

Der erste amerikanische Alcalde (Bürgermeister), Leutnant Washington A. 1847
Bartlett, verkündet am 30. Januar die Umbenennung von Yerba Buena in San Francisco, das zu dieser Zeit abgesehen von Militär- und Flottenpersonal 459 Bewohner hat.

James Marshall, der für den aus Baden stammenden John Augustus Sut- 1848
ter eine Windmühle bauen soll, entdeckt am 24. Januar in Coloma im Vor-

◀ *Sather Tower – der Campanile der Universität von Berkeley*

San Francisco im Jahr 1852 (zeitgenössischer Stich)

1848 (Fortsetzung)	gebirge der Sierra Nevada Gold. Dieser Fund bestimmt die weitere Entwicklung San Franciscos. Nachdem die Außenwelt davon erfahren hat, strömen Tausende und Abertausende nach San Francisco, um von dort die Reise nach den Goldfundorten am Sacramento River fortzusetzen.
1850	San Francisco, auf 25 000 Einwohner angewachsen, wird Stadt. Wenige Monate später wird Kalifornien als 31. Staat in die Union aufgenommen.
1851	San Francisco, zwei Jahre zuvor noch auf kaum einer Landkarte verzeichnet, steht in bezug auf seinen Güterumschlag bereits an vierter Stelle in den USA (nach Boston, New York und New Orleans). Ein großer Teil der Stadt brennt ab, aber der Wiederaufbau geht rasch vonstatten.
1852	Es wird Gold im Wert von 80 Mio. Dollar geschürft und damit ein Rekord aufgestellt.
1854	Nachdem schon zahlreiche Zeitungen bestehen, wird jetzt die erste deutsche Zeitung, die "Abend-Zeitung" gegründet. Die Stadt hat mindestens 20 Theater und 573 Schenken – eine auf 60 Einwohner. Lola Montez, die einstige Geliebte Ludwigs I. von Bayern, feiert Triumphe als Tänzerin.
1859	Das jetzige Stadtsiegel wird angenommen.
1860	Innerhalb eines Jahrzehnts ist die Stadt auf 56 000 Einwohner angewachsen – New York brauchte dazu 190 Jahre, Boston sogar 200 und Philadelphia 120 Jahre. Der Klipper "Andrew Jackson" trifft nach einer Rekordfahrt in San Francisco ein. Er hat für die Strecke New York–Kap Hoorn–San Francisco nur 89 Tage gebraucht.
1862	Der direkte Telegraphenverkehr zwischen San Francisco und New York wird eröffnet.
1865	Am 9. Oktober gibt es in San Francisco das erste größere Erdbeben, nachdem kleinere Erdstöße schon zuvor verspürt worden waren. Am 23. Oktober sucht ein zweites Beben San Francisco heim, das großen Schaden anrichtet.

Antichinesische Demonstrationen in San Francisco. 1867

Die Central Pacific Railroad beendet den Bau der von der Ostküste nach San Francisco führenden Linie. In der Stadt finden aus diesem Anlaß große Feiern statt. 1869

Die Stadtverwaltung beschließt die Anlage des Golden Gate Park. San Francisco hat 150000 Einwohner (Los Angeles 5700). 1870

Am 2. August absolviert der von dem Stahlseilfabrikanten Andrew Hallidie entwickelte Cable Car seine erste Fahrt in der Caly Street (zwischen Kearney und Jones Street); die Strecke ist 100 m lang. 1873

Die Pazifik-Aktienbörse (Pacific Stock Exchange) wird eröffnet. 1875

Die Southern Pacific Railroad vollendet den Bau der Bahnlinie San Francisco–Los Angeles. 1876
500 Arbeitslose demonstrieren vor der City Hall und fordern den Bürgermeister auf, ihnen Arbeit zu verschaffen.

Im Juli kommt es zu schweren Ausschreitungen gegen die chinesischen Einwohner. Ein von Bürgern geschaffenes Sicherheitskomitee stellt Ruhe und Ordnung wieder her. 1877

Die American Speaking Telephone Company veröffentlicht das erste Telefonbuch für San Francisco. 1878

San Francisco ist auf 234000 Einwohner angewachsen (Los Angeles 11200). 1880

An der größten Gewerkschaftsparade, die San Francisco bis dahin erlebt hat, nehmen 10000 Gewerkschaftsmitglieder teil, darunter eine große Zahl der 1880 gegründeten Gewerkschaft der Seeleute. 1886

John McLaren, aus Schottland eingewandert, beginnt seine 56jährige Tätigkeit als Verwalter des Golden Gate Parks, die erst mit seinem Tod im Alter von 94 Jahren endet. Er prägt entscheidend die Gestalt des Parks. 1887

Dieser Tag geht in die Geschichte ein, weil er der einzige ist, an dem Schnee ganz San Francisco bedeckte. 5. 2. 1887

Die erste große Ausstellung in San Francisco, die California Midwinter International Exposition, findet im Golden Gate Park statt. 1894

Das Ferry Building wird eröffnet. 1898

Am 1. Januar tritt eine neue Stadtverfassung in Kraft, die die Stadtverwaltung ermächtigt, Wasser-, Elektrizitäts- und Gaswerke in städtische Regie zu überführen. Die Stadt hat jetzt 342000 Einwohner. 1900

Innerhalb eines Monats werden 15 neue Banken eröffnet; im Jahr darauf wird die Bank of America gegründet, die heute die größte des Landes ist. 1903
Präsident Theodore Roosevelt sendet die erste Botschaft über das neue Pazifik-Kabel von San Francisco nach den Philippinen.
Zum erstenmal fährt ein Auto von San Francisco nach New York. Dauer der Fahrt: 63 Tage.

Um 5.12 Uhr sucht ein Erdbeben San Francisco heim, das zunächst weniger Schaden anrichtet als in anderen Städten der unmittelbaren Umgebung. Aber Brände, die durch starke Winde angefacht werden, legen drei Viertel aller Wohnhäuser, Hotels und Geschäfte in Schutt und Asche. 250000 Bewohner werden obdachlos und provisorisch in Zelten im Presi- 18. 4. 1906

18. 4. 1906 (Fortsetzung)

dio und den Parks der Stadt untergebracht. Der Wiederaufbau kommt aber rasch voran, aus dem ganzen Land kommen Spenden von über 100 Millionen Dollar.

1907

Eine Pestepidemie wird nach einigen Monaten erfolgreich bekämpft; die letzte pestverseuchte Ratte wird im Oktober 1908 gefangen.

24. 12. 1910

Am Heiligabend singt Luisa Tetrazzini, San Franciscos beliebteste Sängerin, vor einer auf 250 000 Menschen geschätzten Menge vor der Lotta-Fontäne an der Market Street anläßlich des vollendeten Wiederaufbaus von San Francisco.

1911

Das San Francisco Symphony Orchestra wird gegründet.

1912

James Rolph beginnt seine 19jährige Amtszeit als Oberbürgermeister. Damit dient er der Stadt länger als irgendeiner seiner Vorgänger oder Nachfolger.
Die erste städtische Straßenbahnlinie nimmt den Betrieb in der Geary Street auf.

1915

Die große Panama-Pacific International Exposition wird im Lincoln Park eröffnet, nachdem einige Monate zuvor das erste Schiff über die neue Route des Panama-Kanals in San Francisco eingetroffen ist.
Das erste transkontinentale Telefongespräch von New York nach San Francisco wird geführt; Alexander Graham Bell spricht.
Die jetzige City Hall (Rathaus) wird eingeweiht.

1916

Bei einer ‘Bereitschaftsparade’, an der alle Bürgerverbände, aber nicht die Gewerkschaften teilnehmen, kommt es an der Ecke Market und Steuart Street zu einer Explosion, bei der zehn Personen getötet und 40 verletzt werden. Als vermeintliche Täter werden zwei linksradikale Arbeiterführer, Tom Mooney und Warren K. Billings, verhaftet und zum Tod bzw. zu lebenslänglich Zuchthaus verurteilt. Es entbrennt ein Kampf um Schuld

San Francisco nach dem Erdbeben vom 18. 4. 1906

oder Unschuld der beiden, und als sich herausstellt, daß einige der Zeugen falsch ausgesagt haben, wird Billings auf Bewährung freigelassen, Mooney begnadigt. Sie hatten 22 Jahre hinter Gefängnismauern verbracht. 1916 (Fortsetzung)

Das von Georg Kelham errichtete Hauptgebäude der San Francisco Public Library im Civic Center wird seiner Bestimmung übergeben. 1917

Der erste Parteikonvent zur Aufstellung eines Präsidentschaftskandidaten findet in San Francisco statt. Die Demokraten nominieren James M. Cox und Franklin D. Roosevelt zu Kandidaten für die Präsidentschaft bzw. Vizepräsidentschaft, verlieren aber die Wahl im November. 1920

San Francisco hat jetzt 506676 Einwohner und wurde von Los Angeles mit 576673 Einwohnern als größte Stadt Kaliforniens überflügelt.
Das M. H. de Young Memorial Museum im Golden Gate Park wird eröffnet. 1921
Fotos vom Boxkampf Charpentier gegen Dempsey werden per Flugzeug in 48 Stunden und 45 Minuten von der Ostküste nach San Francisco gebracht.

Präsident Warren Harding stirbt vier Tage nach seiner Ankunft in San Francisco im Palace Hotel an einem Gehirnschlag. 1923

Erstmals wird Post aus New York mit einer regelmäßigen Luftpostmaschine nach San Francisco befördert. 1924

Der städtische Flugplatz von San Francisco (Mills Field) wird eröffnet. 1927

Zwischen San Francisco und Los Angeles wird ein regelmäßiger Flugverkehr eingerichtet. 1928

Das deutsche Luftschiff "Graf Zeppelin" überfliegt von Tokio kommend San Francisco. Es landet in Los Angeles. 25. 8. 1929

Die heute noch geltende Stadtverfassung wird ratifiziert. Im War Memorial Opera House (Civic Center) findet die erste Opernaufführung statt: Puccinis "Tosca". 1932

Der Coit Tower auf dem Telegraph Hill wird eingeweiht. Die Insel Alcatraz wird Bundesgefängnis. 1933

Beginn eines Streiks der Hafenarbeiter, der über zwei Monate dauert, von allen Gewerkschaften unterstützt wird und am 25. Mai zu einem Generalstreik führt, der die Stadt lahmlegt. 9. 5. 1934

Beginn des transpazifischen Luftpostverkehrs von San Francisco aus. 1935

Eröffnung des Passagierflugverkehrs zwischen San Francisco und Honolulu. 1936

Die San Francisco – Oakland Bay Bridge wird dem Verkehr übergeben. 12. 11. 1936

Einweihung der von Joseph B. Strauss konstruierten Golden Gate Bridge. Drei Monate vorher waren beim Einsturz eines Gerüsts zehn Arbeiter getötet worden. 27. 5. 1937

Die Golden Gate International Exposition auf Treasure Island wird eröffnet. 1939

Einen Tag nach der Kriegserklärung Japans an die USA erlebt San Francisco die erste Verdunkelung. 8. 12. 1941

Beginn der Internierung japanischer Bewohner San Franciscos in von der Küste entfernt liegenden Lagern. 6. 8. 1942

25. 4. 1945	Eröffnung der Gründungsversammlung der Vereinten Nationen (UNO) im War Memorial Opera House. Zwei Monate später wird die Gründungsurkunde unterzeichnet.
1946	Bei einer drei Tage währenden Revolte im Alcatraz-Zuchthaus finden zwei Häftlinge und drei Wärter den Tod.
8. 9. 1951	Der japanische Ministerpräsident Yoshida unterzeichnet im War Memorial Opera House den Vertrag, der die Feindseligkeiten zwischen Japan und den USA offiziell beendet.
1954	Der San Francisco International Airport, zuvor Mills Field, wird eröffnet.
1957	Ein Gesetz zur Schaffung eines aus San Francisco und vier umliegenden Counties bestehenden Bay Area Rapid Transit District wird von Kaliforniens Gouverneur unterzeichnet.
1960	Eröffnung des San Francisco Asian Art Museum im Golden Gate Park. Eine Volkszählung ergibt, daß San Francisco im abgelaufenen Jahrzehnt 35000 Bewohner an die Vororte verloren und jetzt nur noch 741000 Einwohner hat.
22. 3. 1963	Schließung des Zuchthauses auf Alcatraz. Ein Jahr später wird die Insel von Sioux-Indianern für einen Tag und zwischen 1969 und 1971 dauerhaft besetzt, da sie die Anspruch auf Alcatraz erheben.
15.4.1967	Einer der ersten großen Friedensmärsche gegen den Vietnamkrieg findet in der Market Street statt. Weitere folgen in regelmäßigen Abständen.
1971	Zwei Frachter von Standard Oil stoßen im Nebel unterhalb der Golden Gate Bridge zusammen, riesige Mengen Öl fließen in die Bucht. Die Indianer werden wieder von Alcatraz vertrieben.
1974	Die BART (Bay Area Rapid Transit) nimmt den Verkehr zwischen San Francisco und Oakland auf. Die Terroristengruppe Symbionese Liberation Army entführt Patricia Hearst, Enkelin des Zeitungsmagnaten William Randolph Hearst. Die Studentin der University of California in Berkeley schließt sich den Entführern an, nimmt an deren Verbrechen teil und wird später zu sieben Jahren Gefängnis verurteilt.
1977	Acht Erdstöße, die schwersten seit elf Jahren, erschüttern das Gebiet der San Francisco Bay.
1978	Das Einkaufs- und Vergnügungszentrum Pier 39 wird eröffnet. Mayor George Moscone und Harvey Milk, einer der elf Supervisors, werden in der City Hall erschossen. Täter ist ein zurückgetretener Kollege Milks. Eine Woche später wird Dianne Feinstein, Präsidentin des Board of Supervisors, zur Nachfolgerin Moscones ernannt. Sie ist das erste weibliche Stadtoberhaupt.
1979	George White, der Moscone und Milk erschossen hat, wird zu sieben Jahren Gefängnis verurteilt. Das milde Urteil führt zu Protestkundgebungen, bei denen erheblicher Sachschaden entsteht. Im September werden die Cable Cars für mehrere Wochen aus dem Verkehr gezogen, um notwendig gewordene Reparaturen durchzuführen. Gleichzeitig werden die BART und die Golden-Gate-Fähren nach Sausalito und Larkspur bestreikt.
1980	Die in Zehnjahresabständen stattfindende Volkszählung ergibt, daß die Einwohnerzahl von San Francisco auch in den siebziger Jahren weiter gesunken ist – in den 30 Jahren zwischen 1950 und 1980 von 775000 auf 678000, also um über 12%.

Nach mehrjähriger Arbeit legt eine Studienkommission den Entwurf für eine neue Stadtverfassung vor. Sie soll die aus dem Jahr 1932 stammende und inzwischen mehrmals geänderte Verfassung ablösen. 1981

Die noch bestehenden drei Cable-Car-Linien werden zur gründlichen Überholung der ganzen Anlage vorübergehend stillgelegt. 1982
Das Moscone Convention Center, südlich der Market Street zwischen Howard und Folsom St. sowie 3rd und 4th St. gelegen, wird eröffnet.

Mit überwältigender Mehrheit wird Oberbürgermeisterin Dianne Feinstein wiedergewählt. 1983
Mit 50,6 % gegen 49,4 % der abgegebenen Stimmen wird ein Plan zur Begrenzung des Wachstums von Downtown San Francisco abgelehnt.

Die Cable Cars werden am 21. Juni nach zweijähriger Stillegung wieder in Betrieb genommen, die notwendigen Reparaturen verschlangen 60 Mio. Dollar. 1984
Die Demokratische Partei hält zur Aufstellung eines Präsidentschaftskandidaten ihren Konvent im neuen Moscone Convention Center ab; Walter Mondale wird für die Präsidentschaft, Geraldine Ferraro als erste Frau für die Vizepräsidentschaft aufgestellt. Sie verlieren im November die Wahl.

Zum sechsten Mal wird ein Gesetzentwurf zur Begrenzung des Baus von Bürohochhäusern mit einer Mehrheit von 52 % abgelehnt. 1985

Die Friedensnobelpreisträgerin Mutter Teresa baut ein Kloster in San Francisco. Beim siebenten Anlauf stimmen die Wähler für Baubeschränkungen in Downtown San Francisco: Künftig dürfen pro Jahr nicht mehr als 475 000 Quadratfuß (4,4 ha) neu bebaut werden. 1986

Haben die frühen 80er Jahre das Stadtbild durch mehrere neue Wolkenkratzer verändert, so sind es nun mehr als ein halbes Dutzend neuer Hotels, die der Gegend um den Union Square ein neues Gesicht geben. Etwa 16 % des verfügbaren Büroraums stehen leer; zum ersten Mal seit Jahren fallen die Mieten. 1987
Der fünfzigste 'Geburtstag' der Golden Gate Bridge wird mit großen Feiern begangen.

Nach 1906 sucht das erste große Erdbeben (6,9 Punkte auf der Richter-Skala) San Francisco heim. Trotz des Zeitpunkts – 17.04 Uhr, während der Hauptverkehrszeit – gibt es relativ wenige Tote. Außer in San Francisco richtet das Erdbeben in Oakland, Santa Cruz und im Silicon Valley schwere Schäden an. Wichtige Autostraßen und die einsturzbedrohte San-Francisco-Oakland-Brücke bleiben lange gesperrt. 17. 10. 1989

Der 900. Selbstmord in der 55jährigen Geschichte der Golden Gate Bridge, diesmal eines 38jährigen Aidskranken, führt zu Forderungen nach erhöhten Sicherheitsmaßnahmen. 1991
Zwei neue Museen, Friends of Photography (Ansel Adams Center) und Museum of the City of San Francisco, werden eröffnet.
Am 20. Oktober bricht im benachbarten Berkeley und Oakland die größte Brandkatastrophe der jüngeren amerikanischen Geschichte aus; ganze Stadtviertel mit ihren vielen Holzhäusern werden zerstört, der Schaden wird auf 1,5 Milliarden Dollar geschätzt.

Das Kulturzentrum Yerba Buena Gardens wird eröffnet. 1993

Im Januar wird das neue San Francisco Museum of Modern Art eröffnet, das vom Schweizer Architekten Mario Botta entworfen wurde. 1995
Schwere Regenstürme verursachen im Dezember große Schäden: mehr als 250 Bäume fielen im Golden Gate Park um, die Gefängnisinsel Alcatraz wird gesperrt.

Berühmte Persönlichkeiten

Hinweis

Die nachstehende, namensalphabetisch geordnete Liste vereinigt Persönlichkeiten, die durch Geburt, Aufenthalt, Wirken oder Tod mit San Francisco und der Region verbunden sind und überregionale Bedeutung erlangt haben.

Ansel Adams
Fotograf
(20. 2. 1902 bis 22. 4. 1984)

Der in San Francisco geborene Fotograf ist vor allem durch seine klaren und einfühlsamen Schwarzweiß-Fotos des Nationalparks Yosemite und anderer, fast alle im Westen der Vereinigten Staaten liegender Naturschutzgebiete bekannt geworden. Neben mehreren Büchern über die Sierra Nevada und die kalifornische Wüste hat er auch Fotolehrbücher und ein Buch über die Nisei, die in Kalifornien geborenen Japaner, veröffentlicht. Seine Fotos befinden sich in fast allen US-Museen, die Fotos sammeln; von ihm gefertigte Abzüge erzielen hohe Preise auf Auktionen. Er starb in Monterey, in der Nähe seines letzten Wohnorts Carmel.

David Belasco
Theaterregisseur
(25. 7. 1859 bis 14. 5. 1931)

David Belasco, einer der bedeutendsten Pioniere aus der Frühzeit des amerikanischen Theaters, kam im Keller eines Hauses an der Howard Street zur Welt. Einige Jahre später zog seine Familie nach Kanada; als Kinderdarsteller bei reisenden Theatergruppen sammelte er seit 1864 seine ersten Erfahrungen. Im Jahre 1880 versuchte er zum ersten Mal in New York Fuß zu fassen, hatte aber keinen Erfolg. Doch als Autor, Regisseur und Produzent wurde er später weithin bekannt, und noch heute besteht in New York ein nach ihm benanntes Theater. Die von Belasco geschaffenen Inszenierungen zeichneten sich durch einen fast an den Stil der Meininger gemahnenden Naturalismus aus. Viele amerikanische Schauspieler, die von ihm herangebildet und gefördert worden waren, brachten es zu großer Berühmtheit. Von seinen Bühnenwerken wurden zwei ("Madame Butterfly" und "Das Mädchen aus dem Goldenen Westen") von Puccini als Opernvorlagen benutzt.

Luther Burbank
Pflanzenzüchter
(7. 3. 1849 bis 11. 4. 1926)

Aus Massachusetts kam Burbank als Sechsundzwanzigjähriger nach Kalifornien, wo schon drei seiner Brüder lebten. Von Darwins Gedankengut beeinflußt, versuchte er durch Kreuzungen neue Pflanzen zu züchten. Seine Experimente waren so erfolgreich, daß sein Name in Santa Rosa, wo er bis zu seinem Lebensende wohnte, nahezu mythischen Klang erhielt. So gelang es ihm, nicht weniger als 40 neue Pflaumen- und Zwetschgensorten, zehn neue Beerensorten sowie neue Tomaten-, Erbsen-, Mais-, Rosen-, Lilien- und Mohnsorten zu züchten. Mehrere seiner Bücher, darunter ein Memoirenband, legen Zeugnis von seiner erfolgreichen Arbeit ab.

James J. Corbett
Boxweltmeister
(1. 9. 1866 bis 18. 2. 1933)

Der erste Boxweltmeister im Schwergewicht, James J. Corbett (auch 'Gentleman Jim' genannt), begann seine Laufbahn als Bankangestellter in San Francisco. Hier errang er auch 1892 seinen Weltmeistertitel, und zwar durch den Sieg über John L. Sullivan, verlor ihn jedoch fünf Jahre später an Bob Fitzsimmons. Corbett wird nachgesagt, daß er sich nie zu unfairen Schlägen hinreißen ließ.

Isadora Duncan
Tänzerin
(27. 5. 1878 bis 13. 9. 1927)

Die berühmte Tänzerin Isadora Duncan kam in San Francisco, Ecke Geary Street & Taylor Street, zur Welt (an dem Haus eine Gedenktafel) und wurde von ihrer geschiedenen Mutter erzogen. Ihr Interesse am Tanz erwachte früh, aber sie hatte nur wenige Ballettstunden genommen, ehe sie ihre

Isadora Duncan

Jack London

Levi Strauss

Isadora Duncan (Fortsetzung)

eigene, dem klassischen Ballettstil zuwiderlaufende Theorie entwickelte: Sie wollte den Tanz der griechischen Antike neu beleben – äußerlich durch wallende Gewänder verdeutlicht.
Ihr erstes Auftreten in den USA, in Chicago (1899), war ein Mißerfolg, aber in Europa wurde sie umjubelt. 1904 eröffnete sie mit ihrer um vier Jahre älteren Schwester Elizabeth (die 1948 in Tübingen starb) eine Schule in Berlin. Im selben Jahr trat sie auch während der Bayreuther Festspiele auf. Ihr ständiger Wohnsitz wurde Paris. 1905 fand das erste einer Reihe von Gastspielen in Rußland statt, wo ihre Verachtung akademischer Regeln zwar keine Zustimmung fand, man aber ihrer Vorliebe für Improvisation offen gegenüberstand. Vor allem schätzte man, daß sie kurze Ballettstücke nach Musik von Gluck und Chopin bevorzugte, die bis dahin niemand für tanzbar gehalten hatte. 1921 eröffnete sie in Moskau eine Schule.
Ihre Tourneen in den USA, zuletzt 1922, waren weniger erfolgreich; ihre von der Presse eifrig aufgegriffenen Liebesaffären und ihre Sympathiekundgebungen für den jungen Sowjetstaat nahmen das US-amerikanische Publikum gegen sie ein.

Sam Francis
Maler
(geb. 25. 7. 1923)

Zu den bedeutenden Malern der Gegenwart, dessen Werke sich in allen Museen für zeitgenössische Kunst befinden, gehört der aus San Mateo stammende Francis, der seine Ausbildung an der University of California in Berkeley und an der California School of Fine Arts (dem jetzigen San Francisco Art Institute) erhielt. Seine zumeist großen abstrakten Gemälde bestechen durch ihren Farbenreichtum, aber auch durch ihr ausgeprägtes Raumgefühl.

Lawrence Ferlinghetti
Schriftsteller
(geb. 24. 3. 1919)

Der aus Yonkers bei New York stammende Lyriker Ferlinghetti studierte an der Sorbonne in Paris und kam in den frühen fünfziger Jahren nach San Francisco, wo er als Autor, Buchhändler und Verleger das gesamte literarische Leben der Stadt nachhaltig beeinflußte. Er gehörte zu den Dichtern der Beat-Bewegung, denen er durch seinen Verlag (City Lights Books) die Möglichkeit bot, über einen engeren Kreis hinaus bekanntzuwerden; so veröffentlichte er Allen Ginsbergs Erstling "Howl" im Jahre 1956.
In seinem eigenen dichterischen Werk fällt eine ungewöhnliche Sprachrhythmik auf, die durch eine sehr persönliche Typographie betont wird ("Picture of the Gone World", 1955; "Her", 1960; "Starting from San Francisco", 1961; "Routines", 1964; "An Eye on the World", 1967; "Open Eye", 1973 u. a.).

Robert Lee Frost
Schriftsteller
(26. 3. 1874 bis 29. 1. 1963)

Der bedeutende amerikanische Lyriker Robert Lee Frost, der mehr mit Neu-England als mit der Westküste in Verbindung gebracht wird, kam in San Francisco zur Welt, wo sein Vater als Journalist tätig war. Die aus Neu-England stammende Mutter zog nach dem Tod ihres Mannes (1885) wie-

Robert L. Frost
(Fortsetzung)

der in ihre Heimat, und abgesehen von drei in England verbrachten Jahren (1912–1915) lebte Robert Lee Frost in den US-Bundesstaaten Massachusetts und Vermont. Erst mit fast 40 Jahren veröffentlichte er seinen ersten Gedichtband, der sofort durch die sprachliche und formale Schlichtheit und das ausgeprägte Gefühl für den Alltag der Menschen in Neu-England bestach. Es folgten zehn weitere Bände und einige wenig erfolgreiche Theaterstücke. San Francisco hat zu Ehren Frosts im Jahre 1978 an der Stelle, wo California Street und Market Street zusammentreffen, die Robert Frost Plaza eingeweiht (große Bronzetafel).

Bret Harte
Schriftsteller
(25. 8. 1836 bis
5. 5. 1902)

Wie so viele frühe Kalifornier stammt auch der Schriftsteller Bret Harte von der Ostküste. Er wurde in Albany, der Hauptstadt des US-Bundesstaats New York, geboren, kam aber schon kurz nach dem Ausbruch des Goldfiebers 1853 als Siebzehnjähriger nach San Francisco. Dort war er bei verschiedenen Zeitungen und Zeitschriften tätig, bis ihm 1868 die Chefredaktion der neuen Zeitschrift "Overland Monthly" übertragen wurde, die er innerhalb von drei Jahren zu einem der bedeutendsten literarischen Organe Amerikas machte. In der zweiten Ausgabe veröffentlichte Harte sein bekanntes Werk "The Luck of Roaring Camp". In diesem wie in seinen um dieselbe Zeit entstandenen "Short Stories" schilderte er Episoden aus den Anfängen Kaliforniens mit fast brutalem Naturalismus, gemildert durch einen allerdings bisweilen sarkastischen Humor.
Die Zeitschrift "Atlantic Monthly" verpflichtete ihn für die damals horrende Summe von jährlich 10000 Dollar, aber seine Veröffentlichungen in den folgenden acht Jahren (1870–1878) reichten nicht an seine frühen Werke heran. 1878 wurde er zum US-Konsul in Krefeld ernannt, später in gleicher Eigenschaft nach Glasgow versetzt. Von 1885 bis zu seinem Tod lebte er in London.

William Randolph
Hearst
Zeitungsmagnat
(29. 4. 1863 bis
14. 8. 1951)

Sein Vater war im Jahre 1850 aus dem Mittelwesten zu Fuß nach Kalifornien gekommen, und innerhalb eines Jahrzehnts gehörte er dank des Erwerbs von Silberminen in Nevada und anderen Bergwerken zu den Neureichen San Franciscos. William Randolph, der einzige Sohn, kam dort mit dem sprichwörtlichen Silberlöffel im Mund zur Welt, wurde im Alter von 24 Jahren von seinem Vater zum Herausgeber der Tageszeitung "San Francisco Examiner" gemacht, baute aber sein Zeitungs- und Zeitschriften-Imperium von New York aus auf.
Hearsts Publikationen waren durch Sensationsmache und extremen Patriotismus gekennzeichnet; er war es auch, der Comics in die Tagespresse einführte. Später kaufte er Rundfunkstationen und Filmfirmen ebenso wie Grundstücke auf; daneben vernachlässigte er aber auch nicht die väterlichen Bergwerke. Er lebte auf sehr großem Fuß, ließ sich in San Simeon ein Schloß bauen, in dem seine Geliebte Marion Davies Herrin war. Orson Welles hat Hearst in seinem Film "Citizen Kane" ein nicht gerade schmeichelhaftes Denkmal gesetzt.
Seine Enkelin Patricia (Patty) Hearst (geb. 1954) wurde 1974 von Terroristen entführt, 1975 vom FBI gefaßt und 1976 wegen Beteiligung an Verbrechen ihrer Entführer zu mehrjährigem Freiheitsentzug verurteilt (1979 begnadigt).

Jack London
Schriftsteller
(12. 1. 1876 bis
22. 11. 1916)

Jack (eigentlich John Griffith) London wurde in San Francisco als unehelicher Sohn eines Wanderastrologen geboren und von einer lieblosen Mutter sowie von einem ihm zugetanen Stiefvater erzogen. Schon in früher Jugend arbeitete er in einer Konserven- und einer Jutefabrik, fuhr dann zur See und war nach seiner Rückkehr zeitweilig arbeitslos. Als 1896 in der Gegend des Klondike River in Kanada Gold gefunden wurde, schloß er sich den Glücksrittern an, die in großer Zahl dorthin strömten.
Jack London, der sich als 'unwissenschaftlichen Sozialisten' bezeichnete, veröffentlichte von 1898 bis zu seinem Tod mehr als vierzig Romane und zahlreiche Kurzgeschichten. Sein vielleicht bekanntestes Werk ist "The Call of the Wild" (dt. "Der Ruf der Wildnis"). Am 22. November 1916 nahm sich Jack London in Glen Ellen im Sonoma Valley das Leben.

Robert S. McNamara
Wirtschaftswissenschaftler
(geb. 9. 6. 1916)

Der als Sohn schottischer Einwanderer in San Francisco geborene Robert Strange McNamara besuchte nach Absolvierung der Schulen in seiner Heimatstadt mehrere Colleges und Universitäten, darunter auch die University of California im benachbarten Berkeley. Nach einer relativ kurzen Laufbahn als außerordentlicher Professor für Wirtschaftswissenschaften (1940–1943) ging er in die Industrie, trat 1948 dem Ford-Konzern bei und wurde 1960 Präsident des US-amerikanischen Autoherstellers. Ein Jahr später nahm ihn Präsident Kennedy als Verteidigungsminister in sein Kabinett auf.
McNamara bemühte sich, die US-Streitkräfte aufgrund wirtschaftswissenschaftlicher Erkenntnisse schlagkräftiger zu machen, doch wurden seine Reformmaßnahmen durch die zunehmende Heftigkeit des Vietnamkriegs verhindert, den er zunächst unterstützte, gegen Ende jedoch bekämpfte. Er blieb bis 1968 US-Verteidigungsminister und war von 1968 bis 1981 Präsident der Weltbank.

Leland A. Stanford
Wirtschaftsmagnat
(9. 3. 1824 bis 21. 6. 1893)

Leland Amanas Stanford, in einem kleinen Dorf des US-Bundesstaats New York geboren, wo sein Vater als Landwirt und Herbergsvater in ärmlichen Verhältnissen lebte, wurde einer der reichsten und mächtigsten Männer von San Francisco. Er traf dort zur Zeit des Goldrauschs ein und blieb bis an sein Lebensende.
Stanford verkaufte den Goldgräbern Lebensmittel und Kleidung und nahm als Zahlung oft Gold an. Von diesen Anfängen arbeitete er sich zum Präsidenten der Eisenbahngesellschaft Central Pacific Railroad empor. Später wurde er Gouverneur von Kalifornien und Bundessenator. Auf dem Nob Hill erbaute er eine prunkvolle Villa (an der Stelle, wo sich jetzt das Hotel Stanford Court befindet). Zum Gedenken an seinen früh verstorbenen Sohn stiftete er die jetzige Stanford University in Palo Alto (begonnen 1887 als Stanford College) und das Stanford University Museum of Art, das anfangs den Namen seines Sohnes trug.

Lincoln Steffens
Publizist
(6. 4. 1866 bis 9. 8. 1936)

In San Francisco geboren, in Sacramento, der Hauptstadt des US-Bundesstaats California, aufgewachsen, wo seine Familie in einem riesigen viktorianischen Haus wohnte (das später die Residenz der Gouverneure wurde), studierte Lincoln Steffens in Europa, nachdem ihn die Universität von Berkeley abgelehnt hatte. Als Mitarbeiter einiger der bekanntesten amerikanischen Zeitschriften machte er sich als Kämpfer gegen die Korruption in Politik und Verwaltung amerikanischer Städte einen Namen. Nach der Veröffentlichung seines Hauptwerks “The Shame of the Cities” (“Die Schande der Städte”, 1904) reiste er durch das ganze Land, um weiteres Material zu sammeln. Dabei kam er erstmals wieder in seine Geburtsstadt, deren korrupte Stadtverwaltung – ‘arbeiterfreundliche’ Funktionäre, die sich von den Kapitalisten bestechen ließen – er aufs schärfste angriff. 1927 zog er sich nach Carmel zurück und veröffentlichte vier Jahre später seine Autobiographie, in der er seine sozialreformerischen Ziele niederlegte.

Levi Strauss
Textilhändler
(1829 bis 1902)

Der aus Bayern stammende Levi Strauss, dessen seit 1850 in San Francisco hergestellten Blue jeans Weltruhm erlangten, kam als Vierzehnjähriger nach Amerika. Vor Antritt einer fast dreimonatigen Schiffsreise um das Kap Hoorn hatte er sich in der Textilhandlung zweier seiner Brüder in New York mit verschiedenen Stoffsorten und einigen Ballen Segeltuch für die Planwagen eingedeckt. Noch ehe er in San Francisco ankam, war er seine Ware losgeworden – mit Ausnahme des Segeltuchs. Eines Tages beklagte sich ein Goldgräber, daß bei der anstrengenden Arbeit die Hosen so leicht zerreißen. Strauss kam auf die Idee, aus dem Segeltuch Hosen anfertigen zu lassen, und diese Hosen wurden sofort ein Verkaufsschlager. 1863 gründete Strauss mit seinen Brüdern die heute noch bestehende Firma.
Die Idee, die Hosentaschen mit Kupfernieten zu verstärken, kam von einem ortsansässigen Schneider (1873 patentiert). Statt des Segeltuchs wurde später widerstandsfähiger Drillich benutzt, nach seinem französischen Herkunftsort ‘serge de Nîmes’ genannt, woraus ‘denim’ wurde.

San Francisco in Zitaten

Bayard Taylor
Amerikanischer Schriftsteller
(11. 1. 1825 bis 19. 12. 1878)

Eine Parallele zu San Francisco gab es nie und wird es auch nie geben. Wie der Wundersamen des indischen Jongleurs, der vor den Augen seiner Zuschauer wuchs, blühte und Früchte trug, so scheint auch San Francisco in einem Tag das Wachstum eines halben Jahrhunderts vollbracht zu haben.

Rudyard Kipling
Englischer Schriftsteller
(30. 12. 1865 bis 18. 1. 1936)
"From Sea to Sea"

Ein Journalist fragte mich, was ich von der Stadt (San Francisco) hielte, und ich erwiderte verbindlich, der Boden sei für mich durch Bret Harte geheiligt. Das entsprach der Wahrheit ...
San Francisco ist eine verrückte Stadt, weithin bewohnt von völlig Geistesgestörten, deren Frauen von beachtlicher Schönheit sind.

H. G. Wells
Englischer Schriftsteller
(21. 9. 1866 bis 13. 8. 1946)

Das große Unglück machte kaum ... auf irgend jemand den Eindruck, als stehe man vor einem unersetzlichen Verlust. Heute nachmittag spricht alle Welt davon, aber niemand läßt darüber auch nur im geringsten den Kopf hängen ... Nirgends wird ein Zweifel darüber laut, daß San Francisco größer, besser und in kürzester Zeit wieder erstehen wird.

Arthur Holitscher
Österreichischer Schriftsteller
(22. 8. 1869 bis 14. 10. 1941)
"Amerika heute und morgen"

Zu der Stadt am Goldenen Tor, zu der wunderlichen Märchenstadt, in der ich aus einem hohen tropischen Garten zum erstenmal den Stillen Ozean in seiner erschütternden Pracht, den Sonnenuntergang im unbegrenzten flutenden Westen gesehen habe, wird mein Gedächtnis zurückwandern manches Jahr. San Francisco hat sein Schicksal erlebt und überstanden. Hier gehe ich durch eine neugeborene Stadt ...

Johannes V. Jensen
Dänischer Dichter
(20. 1. 1873 bis 25. 11. 1950)
"Die Neue Welt"

Ein jeder, der in Frisco gewesen ist, bewahrt besonders wertvolle Erinnerungen an diese schöne und betriebsame Stadt, die als äußerster Vorposten auf der Grenze zwischen zwei Welten lag, von der Sonne verwöhnt, scheinbar ohne selbst etwas von dem Nimbus der Fremdheit und Goldträume zu ahnen, die ihren Namen umwoben haben – sie lag sich selbst zu nah, war ja die einzige Stadt, die Bescheid wußte ... Frisco erhebt sich von neuem. Man macht eine genaue und sanguinische Berechnung, wann das nächste Erdbeben erwartet werden kann, und baut seine Häuser auf Zeit; in der Pause nach jedem Erdbeben wird ein neues San Francisco entstehen.

Egon Erwin Kisch
Prager Journalist
(29. 4. 1885 bis 31. 3. 1948)
"Paradies Amerika"

Schön ist die Stadt ...: in die breiten ebenen Längsstraßen ergießt sich alle 50 Schritte lang von rechts und links je eine steile Seitengasse. Durch diese städtischen Bergpfade schaukelt eine Kabelbahn auf und nieder, die Berg- und Talbahn des Lunaparks ist ein Nudelbrett dagegen. So auf und nieder geht die Stadt, als buckelte unter ihrem Pflaster noch immer das Erdbeben.

Oskar Maurus Fontana
Österreichischer Schriftsteller
(13. 4. 1889 bis 4. 5. 1969)
"Der Atem des Feuers"

Waren nicht die Brücken allein schon bewundernswert ... die Brooklyn-Brücke etwa und die Golden-Gate-Brücke von Frisco? ...
In seinen Brückenbauten triumphierte der Geist der Neuen Welt für Heinrich am sichtbarsten und erhabensten, und vielleicht einmal in spätern Zeiten – fühlte er – war das die Aufgabe Amerikas, auch zwischen den wie bei einem Babelturmbau verwirrten Völkern der Erde solche Brücken, schwingend auf riesigen Drahtträgern, über gewaltige Entfernungen des Herkommens und Denkens und Fühlens zu bauen.

San Francisco ist eine der großen Kulturstätten der Welt ... eine echt urbane Gemeinschaft in den USA, ein echt kosmopolitischer Ort, und über die Jahre hat es den Menschen aus aller Welt immer ein herzliches Willkommen bereitet.

Duke Ellington
Amerikanischer Jazzmusiker
(4. 7. 1899 bis 24. 5. 1974)

Monsieur Verdier, Inhaber des großen Kaufhauses "City of Paris" in San Francisco, hat das Erdbeben und die Feuersbrunst erlebt, die drei Viertel der Stadt zerstörten. Er war damals ein junger Mann und hat deutlich die Erinnerung an die Katastrophe bewahrt. Er hat dann den Wiederaufbau der Stadt miterlebt, die noch um 1913 einen asiatischen Charakter trug, und später ihre sprunghafte Amerikanisierung. Er erinnert sich also an dreierlei San Francisco. Wir – wir ändern uns in unwandelbaren Städten, und unsre Häuser, unsere Wohnviertel überleben uns; die amerikanischen Städte ändern sich weitaus schneller als ihre Bewohner, und so sind es die Menschen, die sie überleben. Für uns bedeutet eine Stadt vor allem Vergangenheit – für die Amerikaner ist sie in erster Linie Zukunft, und das, was sie an ihr lieben, ist all das, was noch nicht ist, all das, was sie werden kann.

Jean-Paul Sartre
Französischer Philosoph
(21. 6. 1905 bis 15. 4. 1980)
"Situations III"

San Francisco war ein Traum, eine alte Verführung; ich kannte den Namen, ich liebte die Stadt, sie war mir vertraut seit ersten Lesetagen. San Francisco war der äußerste Wilde Westen, das Abenteuer selbst, die Zuflucht der verstoßenen Söhne, der durchgebrannten Kassierer unserer Geldinstitute, der ungestümen Charaktere, ein Magnet für die Wagemutigen, das neue Leben für den Gestrauchelten, letzte Hoffnung der Armen und Unterdrückten ...; für mich ein Ort, aufs innigste sich hinzuwünschen.

Wolfgang Koeppen
Deutscher Schriftsteller
(geb. 23. 6. 1906)
"Amerikafahrt"

Wie sehr man eine Stadt liebt oder haßt, hängt davon ab, was sie einem bedeutet und wie sie einen behandelt. Ich liebe San Francisco. Für mich bedeutet es vielerlei, vor allem Freiheit ... Ich liebe San Francisco, weil es für mich voller Erinnerungen ist. San Francisco selbst ist Kunst, vor allem literarische Kunst; mit Hochachtung denke ich an die großen Schriftsteller, die hier geboren wurden oder kamen, um hier zu arbeiten: Jack London, Mark Twain, Ambrose Bierce und George Sterling. Jeder Häuserblock ist eine Kurzgeschichte, jeder Hügel ein Roman. Jedes Haus ist ein Gedicht, jeder Bewohner darin unsterblich. Das ist die ganze Wahrheit.

William Saroyan
Amerikanischer Schriftsteller
(31. 8. 1908 bis 18. 5. 1981)

Gottseidank, daß ich wieder aus Kanada weg und in den fürchterlichen USA bin. Los Angeles und Hollywood sind der Alptraum-Zenith meiner verrückten, einsamen Tournee. Aber San Francisco! Es ist und hat alles ... In Kanada, fünf Flugstunden entfernt, würde man nicht glauben, daß ein Ort wie San Francisco existieren kann. Das herrliche Sonnenlicht, die Hügel, die großen Brücken, den Pazifik zu Füßen. Das schöne Chinatown. Alle Rassen der Welt.

Dylan Thomas
Walisischer Dichter
(27. 10. 1914 bis 9. 11. 1953)

The City (San Francisco) ist der zentrale Teil Kaliforniens. Von den Techahapis im Süden bis zu einer Linie in Marin County, auf der andere Seite der Golden Gate Bridge, gehört alles dazu. Darüber liegt der Norden.
The City, San Francisco, ist ein lebendiges Wunder, eine Erfindung, etwas Fabriziertes und nicht ganz wahr. Jedermann innerhalb der Anziehungskraft der City 'lebt' dort.
Menschen aus Palo Alto, San José, Santa Cruz, Berkeley, Orinda, Piedmont, Atherton und Oakland sagen Außenstehenden immer, daß sie aus der Stadt sind – ich meine aus San Francisco ...
Es gibt drei Kalifornien – den Norden, den Süden und The City. Jedes besteht aus Zuwanderern anderer Staaten. Aber sie kommen nicht einfach nach Kalifornien, sie kommen in eines dieser drei Kalifornien.

Eugene Burdick
Amerikanischer Schriftsteller
(1918–1965)
"Three Californias"

(San Francisco) sah wie eine Insel aus, mit den weißen Häusern, ein bißchen wie Tunis von der Meeresseite, leicht mediterran angehaucht und gar nicht wie ein Teil Amerikas. Aber das war eine Illusion. Es war in jeder Beziehung der Ort, wo der Westen endete, der Ort, wo die Grenze zuerst zivilisatorisch gezähmt wurde.

Lawrence Ferlinghetti
Amerikanischer Lyriker
(geb. 24. 3. 1919)

Sehenswürdigkeiten von A bis Z

Sausalito
Golden Gate Bridge

Community Center, Zoo
Flughafen

Stadtrundgang

Allgemeine Hinweise und Warnungen

San Francisco ist eine der wenigen Metropolen der USA, die man in großen Teilen zu Fuß erkunden kann. Vor allem im nordöstlichen Innenstadtbereich, wo sich die meisten Sehenswürdigkeiten zusammendrängen, kann man sich als Fußgänger gefahrlos bewegen. Er wird begrenzt vom oberen Teil der Market Street, der Van Ness Avenue und der San Francisco Bay. Eine Ausnahme bildet das Tenderloin Viertel nördlich vom Civic Center, das man wegen der hohen Kriminalitätsrate auch tagsüber besser meiden sollte. Den Weg zum berühmten Aussichtspunkt am Alamo Square und weiter zum Golden Gate Park im Westen sollte man nur mit dem Bus zurücklegen und sich nicht in unübersichtlichen Seitenstraßen des Schwarzenviertels Western Addition verirren. Zum ersten Kennenlernen empfiehlt sich eine organisierte Stadtrundfahrt. Ausflugsveranstalter werden im Kapitel 'Praktische Informationen: Stadtbesichtigung' genannt.

◀ *Reizvolle Widersprüche: viktorianische Häuserzeile am Alamo Square und Wolkenkratzer*

Wenn man nur einen Tag zur Verfügung hat, sollte man den Stadtrundgang zum Beispiel am Union Square beginnen. Da hier zwei der insgesamt drei Cable-Car-Linien zusammentreffen, kann man streckenweise auch die historischen Cable Cars benutzen, die gleichzeitig rollende Museen und rollende Symbole sind. Auf der Grant Avenue gelangt man in nördlicher Richtung zum Chinatown Gateway. Nach einem Bummel durch das bunte Treiben im Chinesenviertel trifft die Straße auf die Columbus Avenue mitten im Herzen von North Beach. Ein Abstecher zum Coit Tower auf dem Telegraph Hill bietet eine schöne Aussicht auf die Wolkenkratzer des Financial District, den Hafen und die vielen Hügel der Stadt. Weiter nach Norden trifft man auf das Freizeitzentrum am Pier 39. Über den Fisherman's Wharf mit seinen zahlreichen Seafood-Restaurants und Andenkenläden gelangt man zur einstigen Schokoladenfabrik Ghirardelli Square. Von hier erklimmt man die Hyde Street und erhält einen herrlichen Bick auf den Hafen und Alcatraz. Vorbei an den Haarnadelkurven der Lombard Street kommt man über den Russian Hill zu einer der vornehmsten Wohngegenden der Stadt, dem Nob Hill. Zurück zur Powell Street kann man die anstrengene Fußwanderung bis zum Union Square mit der Cable Car zurücklegen.

Vorschlag für einen Stadtrundgang

Sehenswürdigkeiten von A bis Z

Alcatraz Island (Insel)

Lage
2,4 km nordöstlich in der San Francisco Bay

Fähren
Pier 41
Sommer: tgl. 9.00–17.00
Herbst–Frühjahr: tgl. 9.00–15.00

'Self-guided tour' mit Walkman

Vorbestellung der Schiffsplätze
unbedingt erforderlich
Tel. 546-2700

Foto S. 15

Die 2,4 km nordöstlich in der San Francisco Bay gelegene ehemalige Gefängnisinsel Alcatraz gilt als das faszinierendste Ausflugsziel in der näheren Umgebung der Stadt. Sie wurde von ihrem ersten spanischen Besucher, Ayala, Isla de los Alcatraces (Pelikaninsel) benannt, da auf diesem rauhen Sandsteinbrocken unzählige dieser Vögel nisten.
Das etwa 5 ha große und bis zu 41 m aufragende Felseneiland hat keine Quellen und dürfte daher früher unbewohnt gewesen sein. Zur Zeit des Goldfiebers in Kalifornien, als die Zahl der Schiffe in der nebligen Bucht stark anstieg, wurde 1853 auf der Insel ein Leuchtturm errichtet und kurz darauf eine Befestigungsanlage, die während des Bürgerkriegs (1861–1865) als Militärgefängnis diente. Von 1934 bis 1963 war sie das berüchtigtste und gefürchtetste aller Bundesgefängnisse der USA. Selbst berufsmäßigen Schwerverbrechern (u.a. saß hier Al Capone 1934–1938 ein) gelang von hier fast nie ein Ausbruch; die Versuche endeten wohl im eiskalten Wasser der Bucht. In den drei Jahrzehnten seines Bestehens saßen insgesamt 1576 Häftlinge ein, aber nie mehr als 250 zur gleichen Zeit, obwohl es hier über 450 Einzelzellen in der Größe von etwa 3 × 1,5 m gab. Zeitweise überstieg die Zahl des Bewachungspersonals die der Sträflinge.
Nach der Schließung des Zuchthauses 1963 kümmerte sich sechs Jahre lang niemand um die Insel, bis sie von Indianern besetzt wurde, die dort bis 1971 ausharrten. Obwohl die Insel seit 1973 für Führungen freigegeben ist, hat man die Gebäude nur notdürftig instandgesetzt. Ein Tip: Da die Insel häufig im Nebel liegt und fast immer scharfem Wind ausgesetzt ist, empfiehlt sich bei einem Besuch warme Kleidung.

The Anchorage (Einkaufs- und Vergnügungszentrum) G 2

Lage
Leavenworth St.

Buslinien
15, 19, 30, 32
Cable Cars
59, 60

The Anchorage ist eine der jüngsten Attraktionen von San Francisco. Auf mehreren Ebenen finden sich hier nahezu 50 Geschäfte und Restaurants sowie ein Hotel in einem reizvollen architektonischen Rahmen.
Kernstück des Komplexes ist ein Innenhof, wo sich in einem Mini-Amphitheater Straßenkünstler aus allen Teilen der Stadt ein Stelldichein geben.

Angel Island State Park (Insel)

Lage
5 km nördlich in der San Francisco Bay

Die 300 ha umfassende Angel-Insel liegt nördlich des Stadtgebietes in der San Francisco Bay. Nachdem sie im Verlauf der letzten 100 Jahre als Quarantänestation für asiatische Einwanderer und als Küstenwachstation Verwendung gefunden, im Zweiten Weltkrieg als Kriegsgefangenenlager und Luftabwehrstation gedient hatte, ist die unbewohnte Insel heute ein Staatspark, Tummelplatz für etwa 200 Stück Rotwild.

Baedeker Special

Bestrafung der Ungehorsamen

Oft wurde sie verfilmt, die Lebensgeschichte gemeingefährlicher oder charmanter Gauner, die in ***Alcatraz*** einsitzen mußten, weil sonst niemand mit ihnen fertig wurde. Die Bösen, die zwar einen hohen Intelligenzquotienten haben, jedoch durch ungünstige Lebensumstände Psychopathen wurden und auf die schiefe Bahn gerieten, haben dem tüchtigen Durchschnittsbürger immer schon einen wohligen Schauer über den Rücken gejagt. Wenn sie dann noch streng bestraft wurden, war die Welt wieder in Ordnung.

Kaum ein Häftling konnte auf Alcatraz seiner Strafe entfliehen

Und das Leben auf Alcatraz war in der Tat eine drakonische Strafe. In den engen Zellen gab es außer einer Pritsche, einer Toilette, einem Waschbecken und ein paar Bildern an der Wand nur die endlose Einsamkeit und Langeweile der Häftlinge, die zuweilen in Aggression umschlug. Das erste Gebot auf der Gefängnisinsel, die keine Privilegien kannte, war der Gehorsam. Wenn sich jemand traute, dieses Sakrileg zu durchbrechen und etwa einen Wärter angriff oder einen Mithäftling mißhandelte, wurde die Schraube noch enger gedreht: Er mußte in Isolationshaft, die einige Tage dauerte: Tag und Nacht in völliger Dunkelheit ausharren, die Zelle nicht verlassen dürfen, das Essen hier einnehmen. Kam ein Häftling auch so nicht zur Ruhe, wurde er nackt in die 'Strip Cell' geworfen, die lediglich ein Loch in der Wand war.

Burt Lancaster spielte in dem Film "Der Gefangene von Alcatraz" den Häftling 'Birdman' alias Robert Stroud, einen Psychopathen mit stechendem Blick, der zu Gewalttätigkeiten neigte. Clint Eastwood schlüpfte in dem Film "Flucht aus Alcatraz" in die Rolle von Frank Morris. Er und drei weitere Gefangene gruben nachts mit spitzen Gegenständen Löcher in die Zellenwand und verklebten sie jeden Morgen mit Pappmaché. Daraus formten sie auch die Köpfe, die Körper wurden mit Kissen imitiert, die von Decken bedeckt waren. Bis die Wärter den Schwindel merkten, waren drei Gefangene längst durch den Versorgungsschacht entkommen. Der vierte blieb in seinem Fluchtloch stecken. Frank Morris und seine Kumpanen flüchteten auf Schlauchbooten, die sie aus Regenmänteln genäht hatten, und wurden nie wieder gesehen. Unter den vielen Fluchtversuchen von Alcatraz war dieser wohl der einzige, der gelang.

Zu den eleganten Gaunern, die ihre Haftstrafe meist mit Humor betrachteten, gehörten die Bankräuber. Machine Gun Kelly etwa trug jeden Tag ein frisch gebügeltes Hemd und sah eher wie ein Bankdirektor aus. Seine Laufbahn begann zur Zeit der Prohibition (= Alkoholverbot) als Botenjunge für einen illegalen Schnapsbrenner. Während der Wirtschaftskrise Anfang der 30er Jahre überfiel er mehrere Banken. Seine kriminelle Laufbahn gipfelte in der Entführung und Erpressung eines Millionärs, die ihn jedoch kurz danach zu Fall brachte.

Fähren: Pier $43^1/_2$
Tgl. (Sommer)
sonst Fr.–So.
nach Ayala Cove

Kraftverkehr ist nicht gestattet; schöne Radfahr- und Wanderwege sowie ausgedehnte Picknickplätze dagegen machen sie zu einem beliebten Ausflugsziel der Stadtbewohner.

*Bank of America H 2

Lage
555 California St.

Der 52stöckige, 232 m hohe Wolkenkratzer der weltweit größten privaten Bank (ca. 30 Mrd. Dollar Kapital) setzt neben der → Transamerica Pyramid in der Kulisse San Franciscos einen grundlegenden Akzent. Die beiden prominenten Architektenfirmen Wurster, Bernardi & Emmons und Skidmore, Owings & Merrill, mit Pietro Belluschi als Berater, errichteten 1968/1969 den Bau in rötlichem South-Dakota-Granit.

Der Komplex umfaßt einen hohen Büroturm, eine niedrige Bankhalle und einen freien Platz mit einer Skulptur von Masayuki Nagare und einem darunterliegenden Auditorium. Insgesamt sind hier 7500 Personen beschäftigt. Besucher wie Angestellte werden in 32 Fahrstühlen befördert.

Im obersten Stockwerk, von dem man eine herrliche Aussicht genießt, befindet sich die Carnelian Room Bar. Tischbestellungen werden nach 15 Uhr unter der Telefonnummer 433-7500 entgegengenommen.

Bank of California H 2

Bankgebäude

Lage
400 California St.

Die Bank of California ist die älteste Bank an der Westküste. Ihre Bauten in San Francisco haben sich von Beginn an durch künstlerische Qualität ausgezeichnet.
Das erste, 1867 an der Stelle des jetzigen Banktempels errichtete Bankgebäude war ein Neorenaissancebau, der kurz vor dem Erdbeben (1906) abgerissen wurde. Die zweite Zentrale, Ecke Sansome Street, ist in der Art eines korinthischen Tempels ausgeführt. Aus kalifornischem Granit gehauene Säulen umgeben den Bau an zwei Seiten.

Nebenan (420 California St.) erhebt sich die neue Zentrale der Bank. Bei ihrer Errichtung (1967) wurde besonderer Wert darauf gelegt, den grauen Granittempel unbeschädigt zu erhalten. Dieser 'Banktempel' birgt in seinem Untergeschoß das Museum of Money of the American West (s. unten) und empfängt den Eintretenden mit einer Eingangshalle von beeindruckenden Dimensionen (34 × 25 × 18 m).
Verwendet wurde Marmor aus Tennessee. Am einen Ende befinden sich zwei Skulpturen des kalifornischen Bildhauers Arthur Putnam, die Berglöwen darstellen.

Museum of Money of the American West (Geldmuseum)

Lage
420 California St.

Öffnungszeiten
Mo.–Do.
10.00–15.00,
Fr. 10.00–17.00
Bankfeiertage
geschlossen

Eintritt frei

Ein zwar kleines, aber für die Geschichte des amerikanischen Westens wichtiges Museum ist das Museum of Money of the American West. Hier lagert Goldquarz aus der Zeit des Goldrauschs, sind Gold- und Silberklumpen ausgestellt; zu sehen ist auch eine Zusammenstellung offizieller und infolge des anfangs herrschenden Geldmangels auch von den Banken geprägter Goldstücke sowie Banknoten, alle aus der zweiten Hälfte des 19. Jahrhunderts.
Historisch bedeutsame Waffen, die z. T. in Duellen zwischen berühmten Persönlichkeiten benutzt wurden, vervollständigen die sehenswerte Sammlung des Museums.

Bay Bridge

⟶ San Francisco - Oakland Bay Bridge

Benicia (Ausflugsziel)

Lage
50 km nordöstlich
(Highway 80, 780)

Benicia (18250 Einwohner; 2,5 m ü. d. M.) liegt an der Nordküste der Straße von Carquinez, die die San Pablo Bay nördlich von San Francisco mit der Suisun Bay verbindet. Im Jahre 1847 – noch vor dem Anschluß Kaliforniens an die Vereinigten Staaten – gegründet, ist Benicia einer der ältesten Orte des Bundesstaats. Die Hoffnung seiner Gründer, hier einen großen Hafen anlegen zu können, erfüllte sich nicht; immerhin war Benicia 1853/1854 Hauptstadt Kaliforniens. Hier wurde die erste protestantische Kirche (1859) errichtet sowie die erste Freimaurerloge Kaliforniens ins Leben gerufen.
Im Kapitol ist ein sehenswertes Museum untergebracht; südlich von Benicia ist an der Küste ein Historischer Park angelegt.
Weiter geben zwei Kamelställe, ein schöner Glockenturm und ein Friedhof der Dominikaner Zeugnis von der frühen Stadtgeschichte. Jack London betrieb übrigens in Benicia Austernfang.

*Berkeley

Lage
19 km nordöstlich
(Highway 80)

BART-Station
Berkeley

Knapp 20 km nordöstlich von San Francisco, jenseits der Bay, liegt Berkeley, eine Stadt mit inzwischen knapp 140000 Einwohnern, die trotz großer Industriebetriebe und rund 45000 Studenten ihren Kleinstadtcharakter bewahrt hat. Berkeley war schon bei seiner Gründung 1866 auf dem Gebiet einer Ranch als Universitätsstadt geplant. Es trägt den Namen des irischen Bischofs George Berkeley, von dem der Satz stammt: "Westwärts nimmt das Empire seinen Lauf." Das nach dem Großbrand von 1923 eingerichtete Feuerverhütungssystem konnte die Brandkatastrophe von 1991 nicht verhindern, so daß wieder ganze Wohnviertel von Berkeley verwüstet wurden.

Sehenswert in der Stadt ist neben dem Charles Lee Tilden Regional Park der Bancroft Way mit von Studenten bevorzugten Lokalen und Geschäften. Hauptattraktion ist aber die weltberühmte University of California. Ein Ausflug nach Berkeley vermittelt dem Besucher die ganz besondere Campus-Atmosphäre US-amerikanischer Universitäten. Im Jahre 1990 wurde der chinesische Ingenieur Chang-Lin Tien zum ersten asiatischen Kanzler der Universität ernannt, die einst den Weißen vorbehalten war. Inzwischen hat die Universität wieder einen weißen Kanzler. Eine weitere Attraktion ist das University Art Museum mit einer Gemäldesammlung von Künstlern des 19. und 20 Jh.s sowie einem bedeutenden Filmarchiv.

University of California

Lage
Telegraph Avenue
& Bancroft Way

Die University of California unterhält Unterrichtsstätten in neun kalifornischen Städten und verfügt nach der State University of New York über das größte Netz staatlicher Bildungseinrichtungen. Der Campus in Berkeley, 1873 als privates College gegründet, ist der älteste und mit 45000 Studenten der zweitgrößte nach Los Angeles.
Weltruf erlangte die University of California in Berkeley v. a. wegen der vielen Nobelpreisträger, die aus ihr hervorgingen. Bemerkenswert ist aber auch, daß die Studentenunruhen der sechziger Jahre hier ihren Ausgang nahmen und auf die ganze westliche Welt übergriffen.

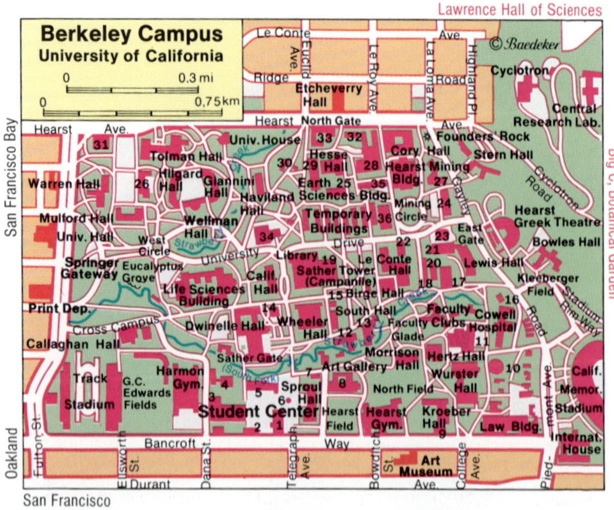

1 Student Union (Visitor Center)	13 Stephens Hall	25 McLaughlin Hall
2 Eshleman Hall	14 Durant Hall	26 Morgan Hall
3 Zellerbach Hall	15 Placement Center	27 Donner Laboratory
4 Alumni House	16 Girton Hall	28 Davis Hall
5 Dining Commons (Mensa)	17 Hildebrand Hall	29 Seismograph (Earth Sciences Building)
6 Ludwig's Fountain	18 Gilman Hall	30 Leuschner Observatory
7 Architects & Engineers Building	19 Bancroft Library	31 Biochemistry Building
8 Barrows Hall	20 Glauque Hall	32 Naval Architecture Building
9 Lowie Museum of Anthropology	21 Latimer Hall	33 North Gate Hall
10 Calvin Laboratory	22 Campbell Hall	34 Moffitt Library
11 Minor Hall	23 Physical Sciences	35 Bechtel Building
12 Moses Hall	24 Stanley Building	36 Evans Building

Führungen

Mo.–Fr. 13.00, Dauer 1½ Std. Treffpunkt: Student Union (Visitor Center) Anmeldung für Gruppen ab fünf Personen: Tel. 510-642-5215

Sather Tower (Glockenturm)

Öffnungszeiten tgl. 10.00–16.15

Wahrzeichen der Universität ist der Sather Tower genannte Glockenturm, eine 1914 errichtete Nachbildung des Markusturms von Venedig. Mit 94 m Höhe überragt er alle anderen Gebäude des weitläufigen, parkähnlich angelegten Universitätsgeländes. Von oben (Fahrstuhl, Gebühr 50 Cent) bietet sich eine herrliche Aussicht auf den Campus, die San Francisco Bay und die → Golden Gate Bridge. Erwähnenswert ist auch das Glockenspiel, das wochentags um 7.50 und 18.00 Uhr (außer in der Examenszeit) zu hören ist, samstags um 18.00 und sonntags um 14.00 Uhr.

Weitere Bauten

Südwestlich des Campanile erhebt sich die South Hall, 1873 im Tudorstil aufgeführt, das älteste Gebäude auf dem Campus. Weiter südwestlich steht das Sather Gate, das mit der Plaza das Zentrum des studentischen Lebens bildet.

Das Earth Sciences Building unweit des Nordtors enthält paläontologische und mineralogische Sammlungen sowie einen interessanten Seismographen im ersten Stock. In der Kapelle der Pacific School of Religion, 1198 Scenic Avenue, ist eines der größten bemalten Glasfenster der Welt zu sehen. Die Kapelle ist Mo.–Fr. 8.30–16.30 Uhr geöffnet.

Weiter zu nennen sind im Nordosten das Zyklotron (Teilchenbeschleuniger) und im Südosten das California Memorial Stadium, eine Sportarena mit über 76500 Plätzen.

Lawrence-Berkeley-Labor

Eine Sehenswürdigkeit besonderer Art ist das Lawrence-Berkeley-Labor, in dem der Nobelpreisträger Ernest O. Lawrence Bahnbrechendes auf dem Gebiet der Atomforschung geleistet hat. Zu seinen Mitarbeitern gehörte u. a. J. Robert Oppenheimer, der Leiter des 'Manhattan-Projekts' zur Entwicklung der ersten Atombombe. Als sich Oppenheimer dem Bau der Wasserstoffbombe widersetzte, wurde 1953 ein Untersuchungsverfahren wegen angeblicher kommunistischer Gesinnung gegen ihn eingeleitet, und Präsident Eisenhower entzog ihm die Erlaubnis, weiter an geheimen Projekten mitzuarbeiten.
Eine Führung durch diese hochinteressante Forschungsstätte ist nach telefonischer Voranmeldung möglich (Tel. 510-843-2740, Apparat 5611), jedoch nur an Dienstagen um 14.00 Uhr (nicht an Feiertagen und nicht während der Semesterferien).

Museen

Neben dem University Art Museum (s. unten) gibt es auf dem Campus noch folgende Museen:
Die Sammlung des Judah L. Magnes Memorial Museum, 2911 Russell Street, umfaßt überwiegend jüdische Ritualgegenstände. Zwei Bibliotheken sind angeschlossen (geöffnet So.–Do., 10.00–16.00 Uhr; Tel. 510-549-6950).

Die Lawrence Hall of Science (Centennial Drive) wurde nach dem Wissenschaftler E.O. Lawrence benannt und versinnbildlicht solche Erscheinungen beginnend von Dinosauriern bis zur Weltraumfahrt, Laserstrahlen, Erdbeben oder der Struktur des Gehirns (geöffnet täglich 10.00 bis 17.00 Uhr).

Das Phoebe Apperson Hearst Museum of Anthropology (103 Kroeber Hall) präsentiert anthropologische Sammlungen vor allem aus Kalifornien, jedoch auch aus Peru, Ägypten und dem Mittelmeerraum (geöffnet Mo.–Mi, Fr. 10.00–16.30, Do. bis 19.00 Uhr, Sa., So. 12.00–16.30 Uhr).

Bancroft Library und Sather Tower der Universität Berkeley

University Art Museum

Lage
2626 Bancroft Way

Öffnungszeiten
Mi.–So.
11.00–17.00
Do. Eintritt frei

Das auf dem Campus gelegene Museum wurde 1970 nach einem Entwurf von Mario Campi erbaut und hat sich in der kurzen Zeit seines Bestehens einen guten Ruf erworben. Der eigene Bestand ist erheblich größer, als man es bei einem so jungen Museum erwarten könnte. Das hängt damit zusammen, daß die Universität schon kurz nach ihrer Gründung (1873) die Sammeltätigkeit aufnahm und diese Werke dem Museum zufielen.
Den entscheidenden Anstoß zum Bau des Museums gab der ab 1932 in Amerika tätige deutsche Maler Hans Hofmann, der kurze Zeit auch in Berkeley unterrichtete. Er schenkte 1963 der Universität 45 seiner Gemälde und versprach überdies, Geld für den Bau eines Museums zu stiften. Sieben Jahre vergingen, bis der Bau stand. Heute ist etwa die Hälfte aller im Museumsbesitz befindlichen Werke Hofmanns in einem der größten Säle ausgestellt, so daß man nirgendwo einen besseren Überblick über das Werk dieses Malers gewinnen kann als hier. Hofmann war u. a. Lehrer der Amerikaner Louise Nevelson, Helen Frankenthaler und Larry Rivers.
Das Museum besitzt ferner eine große Orientalia-Sammlung sowie viele Gemälde des 19. Jahrhunderts. Fast immer finden mehrere Sonderausstellungen gleichzeitig statt, bei denen in erster Linie Maler, Bildhauer und Fotografen des 20. Jh.s berücksichtigt werden.
Im Jahr 1991 wurde eine Filiale des Museums in dem 50 km südöstlich gelegenen Ort Black Laark eröffnet, wo neben Gemälden, Skulpturen und Fotos ethnologische und archäologische Artefakte gezeigt werden.

Pacific Film Archive

Das Museum ist Sitz des Pacific Film Archive, das in seinem 200 Plätze umfassenden Auditorium laufend interessante Serien anbietet. Es verfügt über einen Bestand von 5000 Filmen, darunter die größte Zahl von Kopien japanischer Filme außerhalb Japans, ferner zahlreiche avantgardistische und experimentelle US-Filme sowie eine Sammlung russischer Stummfilme in 35-mm-Kopien. Filmvorführungen täglich 19.00–23.00 Uhr.

Die Bodega Bay ist ein beliebtes Ausflugsziel in der Umgebung von San Francisco

Bodega Bay (Ausflugsziel)

Lage
ca. 105 km nördlich von San Francisco

Die kleine Bucht Bodega Bay ist Teil der → Point Reyes National Seashore und liegt etwa an der Stelle, wo Francis Drake im Jahre 1579 Anker warf. Im Jahr 1809 schuf Ivan Kusko von der Russian-American Co. hier eine Siedlung zum Anbau von Weizen und zum Otterfang. Um dem russischen Vordringen Einhalt zu gebieten, gab der mexikanische Gouverneur Vallejo drei amerikanischen Matrosen Land an der Grenze des russischen Gebiets. Nachdem die Russen abgezogen waren, wurde das Land an John A. Sutter veräußert. Heute ist Bodega Bay ein wichtiger Fischereihafen; bekannt wurde er als Drehort des Films "The Birds" von Alfred Hitchcock. Die University of California unterhält hier ein meeresbiologisches Labor.

Buddha's Universal Church

→ Chinatown

**Cable Car ('Kabelwagen-Straßenbahn') G/H 1–3

Geschichte

Die Entwicklung des auf mehreren Hügeln erbauten San Francisco wurde entscheidend vorangetrieben durch die Erfindung der Cable Cars im Jahre 1873. Seit 1964 genießen diese straßenbahnähnlichen Gefährte die Auszeichnung, als einzige öffentliche Verkehrsmittel unter Denkmalschutz zu stehen.
Der Engländer Andrew S. Hallidie war während des Goldrauschs nach Kalifornien gekommen, wo er Stahlkabel für die Bergwerke herstellte. Zu

Markenzeichen der Stadt: der originelle Cable Car

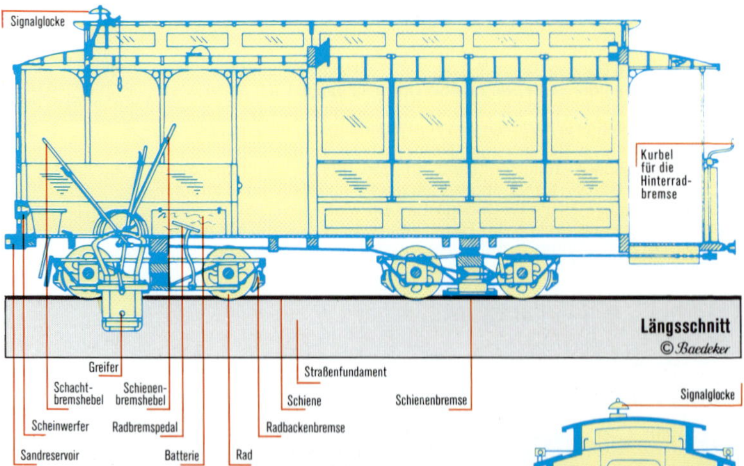

Cable Car

Der selbst antriebslose **Kabelwagen** wird mit Hilfe eines Greifers ('grip') an ein in einem Führungskanal unter der Straßenoberfläche zwischen den Schienen verlaufendes, von einer Motorwinde im 'Cable Car Barn' (Depot) in Dauerbewegung (15 km/h/ 9,5 mph) gehaltenes endloses Stahlseil angehängt und bergauf gezogen (Steigung bis 21 %). An den Haltestellen und bei Linienkreuzungen läßt der Greifer das Seil los, um sich bei der Weiterfahrt wieder anzuhängen. Bei Talfahrt gewährleisten vier verschiedene Bremsen die Betriebssicherheit. An den Endstationen wenden Wagenführer ('grip man') und Schaffner ('conductor') gemeinsam – oft unter Beteiligung der Fahrgäste – den Wagen auf einer Drehscheibe ('turntable').

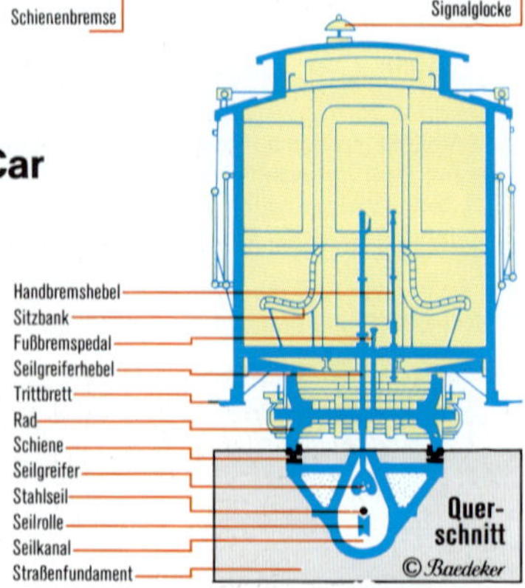

Geschichte (Fortsetzung)

dieser Zeit mußte der Verkehr noch durch Pferdewagen bewältigt werden. Als Hallidie 1869 in San Francisco einen schweren Verkehrsunfall sah, verursacht durch das Ausrutschen von Pferden auf einer glitschigen Straße, kam ihm die Idee, die Pferdebahn durch ein moderneres Verkehrsmittel zu ersetzen. Nach dreijähriger Arbeit führte er am 2. August 1873 in der Clay Street den ersten Wagen vor.

Seine Erfindung: Er bediente sich eines Kabels, das in einer Grube entlang der Straße lief und in entsprechend eingerichteten Schuppen durch riesige Räder in ständiger Bewegung gehalten wurde. Der 'grip man' (Mann am Greifer) genannte Fahrer mußte den Wagen an das Zugseil anklemmen, um ihn in Fahrt zu bringen, und die Verbindung lockern, um ihn anzuhalten. Damit wurde es möglich, auch die steilsten Hügel (bis 21 % Steigung) zu bezwingen. 1890 gab es nicht weniger als acht Gesellschaften, die Cable Cars betrieben. Insgesamt verfügten sie über einen Park von 600 Wagen und bedienten ein Streckennetz von 160 km.

Heutige Situation

Heute sind nur noch drei Linien mit knapp 40 Wagen übrig. Das Streckennetz umfaßt noch 17 km und wird im konstanten Tempo von 15 km/h befahren. Von den alten Betriebsschuppen existiert nur noch ein einziger. Die meisten der heute benutzten Wagen stammen noch aus dem vorigen

Jahrhundert, sind aus Holz gebaut und bieten 30 bis 34 Personen Platz – doch meist stehen oder hängen 50 weitere Fahrgäste an den Wagen.

Die Cable Cars sind trotz den nicht seltenen Unfällen den Bürgern von San Francisco so ans Herz gewachsen, daß die Stadtverfassung inzwischen eine Bestimmung enthält, nach der der Betrieb nicht eingestellt werden darf. Von Oktober 1982 bis 21. Juni 1984 wurden die Kabelwagen stillgelegt, um die längst fällige Generalüberholung des Streckennetzes und der Wagen selbst vornehmen zu können. Die Kosten für die Wiederinstandsetzung beliefen sich auf 60 Mio. Dollar, die bis auf 12 Mio. von der Bundesregierung kamen.

Cable Car Barn & Museum

G 2

Dieses 1887 errichtete Ziegelgebäude ist die Maschinenzentrale für die drei noch bestehenden Cable-Car-Linien. Hier kann man von einer Zuschauergalerie aus beobachten, wie die Cable Cars funktionieren – seit ihrer Erfindung im Jahre 1873 ist der Betrieb nur unwesentlichen Änderungen unterzogen worden.

Das Museum enthält drei der ersten Wagen, die in der Clay Street verkehrten, sowie Fotos und Modelle aller jemals benutzten Cable-Car-Typen. Fortlaufend Vorführung eines viertelstündigen Films über die Cable Cars und ihre Funktionsweise. Der Eintritt in das Museum ist frei.

Lage
Ecke Washington & Mason St.

Öffnungszeiten
April–Oktober
tgl. 10.00–18.00
November–März
tgl. 10.00–17.00
Geschlossen
Thanksgiving Day, 24. 12., 1. 1.

California Academy of Sciences

⟶ Golden Gate Park

Maschinenzentrum Cable Car Barn

California Historical Society (Museum) F 2

Anschrift
2090 Jackson St.

Buslinie
2 (Laguna Street)

Öffnungszeiten
Mi., Sa.–So.
13.00–17.00
am ersten Samstag im Monat
Eintritt frei

Die in dem 1896 errichteten Wohnhaus eines wohlhabenden Kaufmanns untergebrachte California Historical Society bewahrt nicht nur die zeitgenössischen Interieurs, die noch heute den aufwendigen Fin-de-siècle-Lebensstil der reichsten Bewohner San Franciscos erkennen lassen, sondern verfügt auch über eine umfangreiche Sammlung von Lithographien, Aquarellen, Gemälden und Zeichnungen zur Geschichte San Franciscos und Kaliforniens bis etwa 1906. Dieser Bestand wird in wechselnden Ausstellungen gezeigt.
Um die Ecke, 2099 Pacific Street, befindet sich die Bibliothek der Gesellschaft, die über eine der bedeutendsten Sammlungen von Büchern, Zeitschriften, Fotos u. a. zur Geschichte von Stadt und Staat verfügt. Sie ist Mittwoch bis Samstag von 10.00 bis 16.00 Uhr geöffnet.

*California Palace of the Legion of Honor (Museum) A/B 3

Lage
Lincoln Park

Buslinien
2, 38

In keinem anderen Museum außerhalb Frankreichs ist eine so umfassende Sammlung französischer Kunst zu sehen wie im California Palace of the Legion of Honor; daneben bietet das Museum einen Querschnitt durch die europäische Kunstgeschichte vom Mittelalter bis ins frühe 20. Jahrhundert. Nach umfangreichen Renovierungsarbeiten, die 1992 zur Schließung des Museums führten, sind die Ausstellungsräume dem Publikum seit Anfang 1996 wieder zugänglich.
Der neoklassizistische Museumsbau, malerisch auf einem Hügel im Lincoln Park im Nordwesten der Stadt gelegen, ist dem Pariser Palais de la Légion d'Honneur nachgebaut und war ein Geschenk des Deutschamerikaners Adolph B. Spreckels und seiner Frau Alma, geb. de Bretteville.

California Palace of the Legion of Honor, Haus großer europäischer Kunst

California Palace of the Legion of Honor

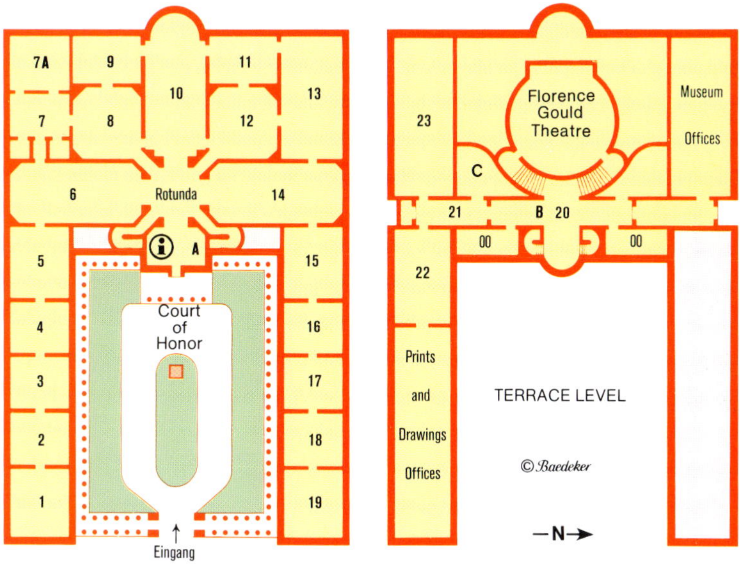

Säle 1, 2	Mittelalterliche Kunst
Saal 3	Deutsche und niederländische Renaissance
Saal 4	Italienische Kunst des 14. und 15. Jh.s
Saal 5	Italienische, spanische und französische Kunst des 16. Jh.s: Tizian, El Greco u. a.
Saal 6	Italienische und französische Kunst des 17. und 18. Jh.s
Saal 7	Robert Dollar Gallery: Französische Kunst des 18. Jh.s
Saal 7A	Pariser Salon, 18. Jh.
Saal 8	D. and A. Wilsey Court: Rodin-Skulptur
Saal 9	Französisches Kunsthandwerk des 18. Jh.s
Saal 10	Adolph B. and Alma Spreckels Rodin Gallery
Saal 11	Wattis Gallery: Graphik aus der Achenbach Foundation
Saal 12	W. and P. Shorenstein Court: Skulpturen von Rodin, Maillol u. a.
Saal 13	Wechselausstellungen
Saal 14	M.A. and H. Naify Gallery: Niederländische und flämische Meister des 17. Jh.s (Rubens, Rembrandt, Hals, Van Dyck u. a.)
Saal 15	Niederländische und flämische Maler des 17. Jh.s (de Hooch, Steen, Ter Borch, Brueghel u. a.)
Saal 16	Französische Kunst des 18. Jh.s
Saal 17	Neoklassische Kunst des 19. Jh.s
Säle 18,19	19. und frühes 20. Jh. (v. a. französische Impressionisten; Skulpturen von Maillol, Degas, Rodin)
Säle 20-22	Graphik aus der Achenbach Foundation
Saal 23	Porzellan
A	Museumsladen
B	Telefon
C	Café Chanticleer
00	Toiletten
(i)	Information

Sammlungen

Der California Palace of the Legion of Honor, eröffnet 1924, war als Museum ausschließlich für französische Kunst gedacht. Im Lauf der Zeit wurden durch Stiftungen aber auch Werke von Künstlern anderer Nationalitäten erworben.
Als 1972 der California Palace mit dem M. H. de Young Memorial Museum (⟶ Golden Gate Park) zur Kostenersparnis verwaltungsrechtlich vereinigt wurde – beide Museen unterstehen der Stadt –, transferierte man die nichtfranzösischen Werke in das M. H. de Young Memorial Museum, das seinerseits alle französische Kunst in den California Palace verlegte.

Heute sind die Bestände der beiden Museen wieder neu geordnet; der Palace vereinigt europäische, das De Young Museum konzentriert sich auf US-amerikanische Kunstwerke.

California Palace of the Legion of Honor (Fortsetzung)
Stiftungen

Drei Gönnerfamilien verdankt das Museum den Hauptteil seines Bestandes: dem Ehepaar Spreckels, das hauptsächlich Werke des 18. Jh.s sowie Originalbronzeabgüsse von Auguste Rodin sammelte; dem Ehepaar Archer B. Huntington, das ihm neben Möbeln und Wandteppichen eine Reihe von Gemälden vermachte; dem Ehepaar H. K. S. Williams, das dem Museum 1944 nicht nur eine umfangreiche Sammlung französischer Kunst schenkte, sondern auch eine größere Geldsumme für den Ankauf von Werken aus Frankreich zur Verfügung stellte.

Bestände

Die Bestände des California Palace of the Legion of Honor auch nur annähernd aufzuzählen, würde den Rahmen des Reiseführers sprengen. Eine erste Übersicht gibt der Grundriß. Hervorgehoben werden sollen ein Wandteppich aus Angers aus dem Jahr 1380, ein komplettes Interieur aus dem Hôtel d'Humières (Paris, 18. Jh.), Gemälde von Fra Angelico, Tizian, El Greco, Tiepolo; von niederländischen Meistern wie Rubens, Hals, van Dyck, Brueghel; Skulpturen von Houdon, Canova, Rodin. Daneben findet der Besucher Werke bedeutender französischer Maler: Claude Lorrain, Nicolas Poussin, Georges de La Tour, François Boucher, Jean-Honoré Fragonard, Jean-Antoine Watteau, Louis David, Camille Corot, Gustave Courbet, Edgar Degas, Edouard Manet, Claude Monet.

Achenbach Foundation for Graphic Arts

Eine weitere Attraktion des California Palace ist die Foundation for Graphic Arts, eine aus mehr als 100000 Blättern bestehende Sammlung graphischer Werke vom 15. bis zum 20. Jh., die die Stadt von dem Ehepaar Moore und Sadie Achenbach erhielt und die auf Wunsch der Achenbachs hierherkam. Zu dieser Sammlung gehören auch wertvolle illustrierte Bücher sowie eine aus 3000 Bänden bestehende Bibliothek über graphische Kunst.

*The Cannery (Einkaufs- und Vergnügungszentrum) G 1

Anschrift
2801 Leavenworth Street

Buslinien
15, 19, 30

Cable Cars
59, 60

Öffnungszeiten
Mo.–Sa. 10.00–18.00, So. 11.00–18.00; im Sommer bis 21.00 (Restaurants bis 24.00)

Auf der Südseite von → Fisherman's Wharf ist seit 1968 – ähnlich wie im → Ghiradelli Square und dem → Pier 39 – aus einem ausgedienten Fabrikgebäude der über 90 Jahre alten Del-Monte-Obstkonservenfabrik ein interessanter Komplex mit Mode- und Lebensmittelgeschäften, Boutiquen, Kunstgalerien, Restaurants, Cafés und Unterhaltungsstätten entstanden, wo Freilichtkonzerte, Dichterlesungen und andere Veranstaltungen stattfinden.

Gleichzeitig stellt dieser Komplex den Erneuerungsbestrebungen der Architekten von San Francisco ein gutes Zeugnis aus. In einem von fast hundertjährigen Olivenbäumen bestandenen Innenhof treten Musiker und Schausteller auf. In den Cannery Casuals im 3. Stock ist ein byzantinisches Deckenmosaik bemerkenswert. Ferner genießt man von der Cannery einen herrlichen Ausblick auf den Hafen.

*Carmel (Ausflugsziel)

Lage
170 km südlich von San Francisco (190 km über den '17 Mile Drive')

Carmel (4800 Einwohner), auf der Monterey-Halbinsel reizvoll gelegen, wurde von dem spanischen Seefahrer Sebastian Vizcaino nach den drei Karmelitermönchen benannt, die 1603 mit ihm unweit der zweiten kalifornischen Mission in → Monterey landeten. Die Besiedlung von Carmel ging nur langsam vonstatten; noch zu Beginn des 20. Jahrhunderts war es ein unbedeutendes Dorf, in dessen Umgebung die Kühe weideten. Dann wurde Carmel von Malern, Literaten und Fotografen entdeckt; zu einer Attraktion für den Massentourismus wurde es nach dem Zweiten Weltkrieg. Heute ist es weltberühmt, nicht zuletzt dadurch, daß der Filmschauspieler Clint Eastwood von 1986 bis 1987 Bürgermeister war.

Einkaufs- und Freizeitzentrum The Cannery

Das idyllische Städtchen Carmel verbindet ländliche Idylle mit luxuriösem Charme

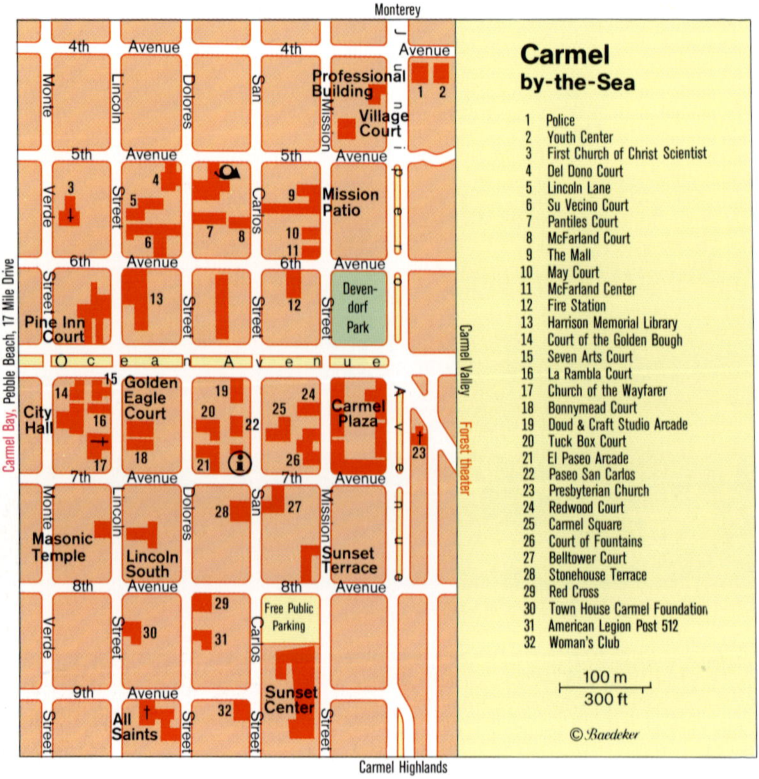

Reisezeit

Das Wetter ist das ganze Jahr hindurch mild. 300 Sonnentage jährlich sind die Regel. In den Monaten Juli (21 Tage), August (22) und September (16) gibt es jedoch häufig Morgennebel.

Tradition

Der lange Kampf zwischen Befürwortern des 'Fortschritts' und solchen des Status quo führte immer zu Kompromissen, so daß Carmel mit seinen von englischer Dorfarchitektur beeinflußten Häusern sich nur wenig verändert und seinen Charme bewahrt hat. Vergeblich wird man nach Straßenlaternen oder Neonreklamen suchen; immer noch gibt es nur wenige Bürgersteige; die Häuser tragen keine Nummern (Wegbeschreibungen lauten: "nördlich der Ocean Avenue" oder "westlich von San Carlos"); Monterey-Pinien wachsen mitten im Ort; Post wird nicht ausgetragen (sondern auf dem Postamt, Südostecke 5th und Dolores Street, abgeholt); es gibt eine Verordnung gegen das Tragen hoher Absätze; Essen ist auf den Straßen verboten; es gibt keine Parkuhren, keine Großgaragen und keine Hochhäuser; das Parken auf den Straßen ist auf ein oder zwei Stunden begrenzt; die Straßen werden von 26 Polizisten (weiblich und männlich) bewacht.

Tourismus

Carmel hat über 50 Restaurants (Fast-food-Restaurants waren bis vor kurzem nicht zugelassen), rund 70 Galerien und 40 Immobilienhändler. Die rund 1200 Geschäfte und Dienstleistungsbetriebe (auf knapp 5000 Ein-

Tourismus (Fortsetzung)

wohner!) sind für die zahlreichen Touristen gedacht, die hier alljährlich viele Millionen Dollar ausgeben. Vor allem in der Hauptsaison – an einem Wochenendtag fahren etwa 50000 Autos durch Carmel – ist der Andrang erdrückend. Die Verbindung von 'Gemütlichkeit' und Massentourismus ist das 'Geheimnis' Carmels. Der größte Teil der Besucher hält sich in der etwa eine Quadratmeile großen Innenstadt auf, nur wenige gehen in die reizvollen Wohngegenden oder an den kleinen, schönen Strand.

Alljährlich findet in der zweiten Juli-Hälfte ein Bach-Festival statt, das viele Zuhörer anzieht. Vielleicht eines der luxuriösesten Hotels Kaliforniens ist das Quail Lodge (800 Valley Greens Drive), in einem 100 ha großen Park mit Seen, Wiesen, Wäldern, einem großen Golfplatz, vier Tennisplätzen und zwei Schwimmbecken gelegen.

Auskunft

Monterey Peninsula Visitors and Convention Bureau
Monterey, Tel. 649-1770
Carmel Business Association, Carmel, Tel. 624-2522.

San Carlos Borromeo del Río Carmelo

Lage
3080 Rio Road

Öffnungszeiten
Mo.–Sa.
9.30–16.30,
So. 10.30–16.30

Tel. 805-624-3600

In Carmel befindet sich die zweitälteste der 21 von den Franziskanern in Kalifornien gegründeten Missionsstationen, San Carlos Borromeo del Río Carmelo (1770). Die Carmel Mission, wie sie allgemein genannt wird, ist wegen ihrer Architektur und ihrer Lage an der Bucht von Monterey eine der schönsten. Als sie gegründet wurde, stellte sie den nördlichsten Punkt der spanischen Herrschaft dar. Hier ist Pater Junípero Serra, der die ersten neun Missionen von San Diego (1769) bis San Buenaventura in Ventura (1782) gründete, 1784 im Alter von 71 Jahren gestorben.
Von 1934 an wurden die Mission und die im Jahr 1797 von einem mexikanischen Steinmetz im maurischen Stil erbaute Kirche restauriert. Es ist eine

Fanziskanerpater Juniperro Serra...

... bei der Carmel Mission

San Carlos Borromeo del Río Carmelo (Fortsetzung)

der wenigen Missionsstationen, deren quadratischer Innenhof erhalten blieb. Hier befindet sich auch die Grabstätte Serras, der am 25. September 1988 von Papst Johannes Paul II. seliggesprochen wurde (gegen den Protest der Indianer-Nachkommen, die in Serra den Conquistador sehen).
In der Kirche steht eine Holzskulptur der Jungfrau, die der Missionar aus Mexiko mitgebracht hatte. Zu sehen ist auch noch die spartanisch einfache Stube mit Holzbett und Schreibtisch, von der aus Serra die Missionsstationen und die Taufe von über 5000 Indianern überwachte.

Carmel Valley

Wer dem Nebel in Carmel entgehen will, kann seine Zelte in dem nur wenige Meilen südöstlich gelegenen Carmel Valley (erreichbar über die von der US 1 abzweigende Straße G 16) aufschlagen. Da am Fluß Carmel gelegen, bietet Carmel Valley viele Sportmöglichkeiten, z. B. Angeln und Schwimmen. Hier befindet sich auch das größte Zen-Kloster der Vereinigten Staaten von Amerika.

**Chinatown (Chinesisches Stadtviertel) G/H 2

Lage
Grant Avenue (Hauptachse) zwischen Columbus Avenue und Bush Street

Die zweitgrößte chinesische Stadt außerhalb Asiens (nach New York) ist San Francisco. Von den rund 120000 Chinesen in San Francisco lebt ein großer Teil in der Grant Avenue zwischen Bush Street und Columbus Avenue und ihren Seitenstraßen; hier befinden sich ihre Geschäfte, Restaurants und Institutionen. Chinatown ist eine Stadt in der Stadt; es kann vorkommen – etwa in einem Restaurant –, daß man sich nicht auf englisch verständlich machen kann.
Von 1850 an, also kurz nach dem Goldrausch, ließen sich in der Grant Avenue – damals noch Calle de la Fundación genannt und San Franciscos älteste Straße – die ersten Chinesen nieder. Durch das Erdbeben von 1906 fast völlig zerstört, wurde Chinatown ganz im chinesischen Stil und weitaus schöner als vor dem Beben wiederaufgebaut und bildet inzwischen mit seinen Tempeln, Theatern, Werkstätten, Kleinbetrieben, Geschäften, Antiquitäten- und Andenkenläden, den Apotheken mit ihren seltsamen Arzneien und den Teehäusern eine Hauptsehenswürdigkeit von San Francisco. Mit der steigenden Einwanderung aus Asien dehnte sich Chinatown in den letzten vierzig Jahren stark aus. Mehr als ein Zehntel der Bewohner San Franciscos ist chinesischer Herkunft. Rund ein Fünftel der Häuser in Chinatown gehört Chinesen.

Rundgang durch Chinatown

Chinatown Gateway

Ein Spaziergang durch Chinatown sollte an dem 1970 errichteten Chinatown Gateway (Ecke Grant Avenue/Bush Street) beginnen, einem Tor in typisch ostasiatischer Bauweise; Drachen und andere Tiere bilden die Verzierung. Während die Grant Avenue diesseits der Bush Street wie die meisten Straßen San Franciscos im 19. Jh. erweitert wurde, läßt der weitere Straßenverlauf hinter dem Chinatown Gateway noch am besten erkennen, wie San Francisco einmal ausgesehen haben muß.

Old St. Mary's Church

Die Old St. Mary's Church (Ecke Grant Avenue/California Street) ist die älteste katholische Kirche von San Francisco. Sie wurde 1854 erbaut, durch das Erdbeben von 1906 sowie durch ein 60 Jahre später wütendes Feuer stark beschädigt, ist aber wieder in den Zustand zurückversetzt worden, wie sie in der Frühzeit San Franciscos bestand. Ursprünglich eine Kathedrale, dient sie heute als Gemeindekirche. Die neue → St. Mary's Cathedral befindet sich auf dem Cathedral Hill.
Über dem Zifferblatt der Uhr ist die Warnung eingemeißelt: "Sohn, achte auf die Zeit und fliehe vor dem Bösen."
Außer der Kirche selbst verdient auch das Pfarrhaus Beachtung. Es wurde 1964 von den New Yorker Architekten Skidmore, Owings & Merrill erbaut.

Baedeker Special

Die Stadt am goldenen Berg

Mit dem Goldrausch kamen seit Mitte des 19. Jh.s auch Chinesen meist aus der Provinz Kanton in das gelobte Land ‘Gum San’ (=‘Goldener Berg’) Kalifornien, um ihr Glück zu versuchen. Sie wurden so lange geduldet, als sie die Arbeiten verrichteten, die die Weißen scheuten. Nachdem die weißen Goldschürfer ihnen aus Konkurrenzgründen das einträgliche Geschäft mit dem Gold untersagten, fanden die Chinesen in der ‘Stadt am goldenen Berg’, ‘Gum San Dai Fow’, Arbeit als Köche in Restaurants, als Hausangestellte oder in Wäschereien. Von den 300000 Chinesen, die in der zweiten Hälfte des 19. Jh.s in die Vereinigten Staaten einreisten, wohnten die meisten in San Francisco. Rund ein Drittel arbeitete im Wäschereigeschäft. Später wurden viele von ihnen beim Bau der transkontinentalen Eisenbahn eingesetzt und kamen bei den Sprengungen in der Sierra Nevada ums Leben. Als Landarbeiter auf den Weingütern des Napa Valley verdienten sie Hungerlöhne.

Um der Einwanderungswelle ein Ende zu setzen, wurde 1882 der ‘Chinese Exclusion Act’ erlassen, durch den die Zahl der Einwanderer von 132000 auf 62000 (1920) sank. Strenge, zum Teil unmenschliche Gesetze machten den Chinesen das Leben schwer: Sie durften keine Mischehen mit Weißen eingehen, keine Immobilien außerhalb von Chinatown erwerben, und ihren zurückgebliebenen Ehefrauen und Kindern wurde die Einreise nach Kalifornien verboten. So verkam Chinatown zu einem Ghetto für Junggesellen, das den Nährboden für Prostitution, Opiumhandel, geheime Organisationen und Straßenbanden bildete.

Ein weiterer Versuch, die ungeliebten Chinesen aus dem Stadtzentrum zu verdrängen, bot sich den Stadtvätern nach dem schweren Erdbeben von

Straßenszene in Chinatown

1906. Den Vorschlag, Chinatown am südlichen Stadtrand wieder aufzubauen, unterwanderten die findigen Chinesen mit einer List. Sie bauten ihre Häuser in Windeseile wieder auf und verkleideten sie mit besonders attraktiven Fassaden und roten Pagodendächern. Mit dem Argument eine Touristenattraktion geschaffen zu haben und somit die Steuereinnahmen der Stadt zu erhöhen, nahmen sie den Honoratioren den Wind aus den Segeln.

Erst nach dem Zweiten Weltkrieg wurden die chinesenfeindlichen Gesetze wieder aufgehoben. Heute verfügen Chinesen in den USA über Einkommen und Bildung, die weit über dem nationalen Durchschnitt liegen. Nicht so in Chinatown, das immer noch Anlaufstelle armer Flüchtlinge (zuletzt Chinesen aus Vietnam) ist. Diejenigen, die es geschafft haben, ziehen in andere Stadtteile um und besuchen Chinatown nur noch aus nostalgischen Gründen.

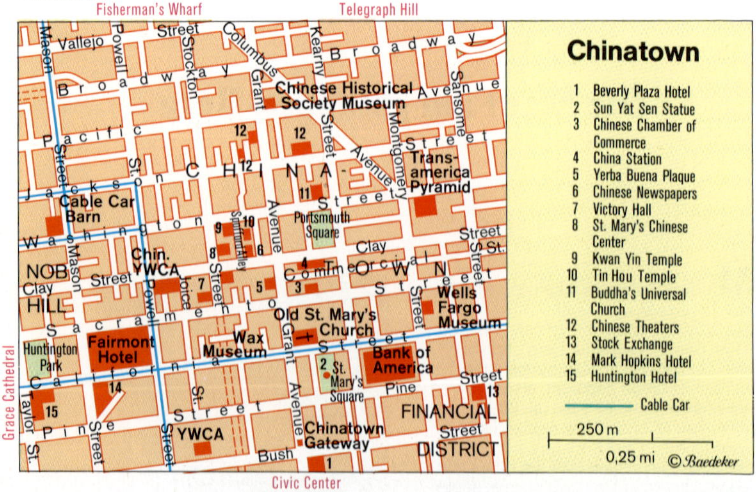

St. Mary's Square

Von der Old St. Mary's Church überblickt man den St. Mary's Square. Den Grund schenkte 1912 die katholische Diözese der Stadt. Heute befindet sich hier eine Tiefgarage.
Auf dem Platz erhebt sich das von Rafael Bufano geschaffene Standbild von Dr. Sun Yat-sen, dem ersten Präsidenten der chinesischen Republik (1. 1. 1912–14. 2. 1912). Anfang des 20. Jh.s verbrachte er mehrere Jahre seines politischen Asyls in San Francisco.

Pagoden-Telefonzellen

Weiter nördlich der Old St. Mary's Church ist eine der zahlreichen im chinesischen Stil gehaltenen Telefonzellen sehenswert.

Soo Yuen Benevolent Association

Das sehenswerte Gebäude der Soo Yuen Benevolent Association (Ecke Grant Avenue/Clay Street) erhielt sein chinesisches Gewand erst 1922.

Dick Young House

Wo sich heute zwischen Clay und Washington Street das Dick Young House erhebt (823 Grant Avenue), begann einstmals San Francisco. An dieser Stelle wurde am 25. Juni 1835 – eine am Haus angebrachte Plakette erinnert daran – die erste menschliche Behausung in Yerba Buena, wie San Francisco ursprünglich hieß, geschaffen: ein Zelt, das einige Monate später durch das erste Holzhaus ersetzt wurde.

Tin How Temple

Im obersten Stockwerk des Hauses 125 Waverly Street (zwischen Washington Street und Clay Street) befindet sich der Tin Hou Temple. Der Tempel, schon 1852 an anderer Stelle gegründet, trägt den Namen der buddhistischen Himmelsgöttin. Eine Besichtigung ist auch für Nichtbuddhisten relativ einfach (geöffnet täglich 9.00–17.00, 19.00–21.00 Uhr).

Kong Chow Benevolent Association & Temple

Dieses erst 1977 errichtete Gebäude (Ecke Clay/Stockton Street) ist der Sitz der ältesten chinesischen Familienvereinigung Amerikas, der Kong Chow Benevolent Association. Die Besichtigungszeiten des gleichnamigen Tempels sind an den Türen angeschlagen.
Im dritten Stock ist das Postamt von Chinatown untergebracht.

Chinese Six Companies

Die Zentrale der 'Chinese Six Companies' (843 Stockton Street) ist die vielleicht wichtigste Institution von Chinatown. Im 19. Jh. stellte sie chinesische Arbeiter, die sogenannten Kulis (das Wort bedeutet etwa 'harte Arbeit'), für den Bau der Transkontinental-Eisenbahn ein. Später funktio-

Chinese Six Companies (Fortsetzung)

nierte sie als eine Art Schiedsgericht zur Schlichtung von Streitigkeiten der Chinesen untereinander; heute hat sie etwas von dem früheren Prestige eingebüßt, besitzt aber noch große gesellschaftliche Bedeutung.

Bank of Canton

Das pagodenartige Gebäude (Ecke Grant Avenue/Washington Street) ist Sitz der Bank of Canton. 1909 war es als chinesisches Telefonamt erbaut worden, das von 1894 bis 1949 unabhängig von der Telefonzentrale in San Francisco Gespräche in chinesischer Sprache per Handbetrieb vermittelte. Im Jahre 1847 wurde hier die erste Zeitung San Franciscos, der "California Star", gedruckt.

Spofford Alley

Zwischen Clay und Washington Street biegt die Spofford Alley ab, eine jener interessanten Gassen, die man außerhalb von Chinatown kaum noch sieht. Jenseits der Washington Street schließt sich die Old Chinatown Lane an, in der sich vor Jahrzehnten Bordelle und Spielhöllen in großer Zahl befunden haben.

Buddha's Universal Church

Die Buddha's Universal Church, der größte buddhistische Tempel Amerikas, wurde 1961 an der Ecke Washington/Kearny Street von Mitgliedern des Pristine Orthodox Dharma errichtet, einer stark amerikanisierten modernen Richtung des Buddhismus.
Auf dem Dach befindet sich neben einem Lotosteich ein Bodhi-Baum, angeblich aus einem Ableger jenes Baums gezogen, unter dem vor mehr als 2500 Jahren Buddha die Erleuchtung (Bodhi) erlangte. Besichtigung nur nach telefonischer Voranmeldung (Tel. 982-6166).

Chinese Historical Society of America Museum

In diesem der Geschichte der Chinesen in Amerika gewidmeten Museum (650 Commercial Street, zwischen Kearny und Montgomery Street) sind vor allem Gegenstände, Fotografien und Dokumente gesammelt, die sich mit der Rolle der Chinesen während des Goldrauschs in Kalifornien befassen, doch verfügt das Museum auch über bedeutendes Material aus spä-

Kunstvoll verzierte Straßenlaternen...

... und Old Saint Mary's Church

Der Architektur des Viertels angepaßt: Bank of Canton

Chinese Historical Society Museum (Fortsetzung)

terer Zeit. Alle Ausstellungsgegenstände sind in chinesischer und englischer Sprache beschriftet. Das Museum ist Di.–Sa. 12.00–16.00 Uhr geöffnet (an offiziellen Feiertagen geschlossen). Eintritt frei.

Theater

In und bei der John Street befinden sich drei chinesische Theater. Der Besuch ist besonders eindrucksvoll wegen der einfachen Bühneneinrichtung, der für europäische Ohren fremden Musik, der prächtigen Kostüme und des vermeintlichen Mangels an Handlung in den Stücken, die früher oft Tage und Wochen in Anspruch nahmen und in denen einst auch die weiblichen Rollen ausschließlich von Männern gespielt wurden.

Restaurants

→ Praktische Informationen

Chinese Cultural Center H 2

Anschrift
750 Kearny Street

Öffnungszeiten
Di.–Sa.
10.00–16.00
Feiertags geschlossen
Eintritt frei

Das mit dem Bau des Holiday Inn Hotel ins Leben gerufene Chinese Cultural Center (im 2. Stock des Hotels) ist in erster Linie ein Ort der Begegnung für die Chinesen von San Francisco. In einem dazugehörigen Auditorium, in dem 650 Personen Platz haben, finden häufig Veranstaltungen kultureller, politischer und religiöser Art statt.
Das Kulturzentrum dient aber auch als Museum, in dem chinesische Kunstgegenstände ausgestellt sind und andere Aspekte chinesischer Kultur gepflegt werden.

City Hall

→ Civic Center

Die repräsentative City Hall im Civic Center

* Civic Center (Verwaltungs- und Behördenzentrum) G 3

Keine andere amerikanische Stadt verfügt über ein so großzügig angelegtes Behörden- und Verwaltungszentrum wie San Francisco. Mittelpunkt ist die Civic Center Plaza, ein rechteckiger Platz, um den die Gebäude gruppiert sind: das überdimensionale Rathaus (City Hall), die Louise M. Davies Symphony Hall, das War Memorial Opera House, das San Francisco Museum of Modern Art (im War Memorial Veterans Building), das Civic Auditorium, die Main Public Library, das Federal Building, das Federal Office Building, das State Office Building und andere.
Führungen Sa. 10.00 Uhr vom History Room der Main Public Library aus.

Lage
Market Street, Van Ness Avenue, McAllister Street

Buslinien
5, 31

City Hall (Rathaus)

An der Westseite des Platzes erhebt sich die 92 m hohe City Hall, inzwischen bereits das fünfte Rathaus, das San Francisco besitzt. Das vierte – es befand sich an der Stelle der heutigen Main Public Library – stürzte kurz vor Fertigstellung während des Erdbebens von 1906 ein.

Öffnungszeiten
während der Dienststunden

Führungen
Do. 12.00
Treffpunkt: History Room der Main Public Library

In den Jahren 1912–1915 wurde die jetzige City Hall nach einem Entwurf der kalifornischen Architekten John Bakewell und Arthur Brown jun. errichtet. Sie schufen ein der französischen Renaissance nachempfundenes Gebäude von 120 m Länge und 90 m Breite, dessen Büroflügel um einen Innenhof gruppiert sind. Über dem Innenhof wölbt sich die Kuppel, die mit 92 m Höhe selbst das Capitol in Washington um einige Meter überragt. Der von Säulen umgebene Tambour reicht bis in eine Höhe von 58 m; der Durchmesser der Kuppel beträgt hier knapp 26 m.
Die City Hall – in ihr befinden sich die Büros der Stadtverwaltung einschließlich des Oberbürgermeisters, die Sitzungsräume der elfköpfigen

City Hall
(Fortsetzung)

Stadtverordnetenversammlung (Board of Supervisors) und die städtischen Gerichte – spiegelt den Stolz der Bürger auf ihre Stadt wider. Hier sind über 1260 städtische Angestellte tätig.

Main Public Library (Stadtbibliothek)

Information
Tel. 557-4000

Geplant ist der Umzug der Stadtbibliothek in ein anderes Gebäude

Im Gegenzug verlegt ab 1998 das Asian Art Museum seinen Sitz hierher

An der Ostseite des Platzes gegenüber der Civic Hall erstreckt sich die Main Public Library, die Zentrale der Stadtbibliothek. Das Gebäude wurde 1917 von George Kelham im Beaux-arts-Stil errichtet, ein Projekt, das der Stahlindustrielle Andrew Carnegie mitfinanzierte. Die Bibliothek verfügt über einen Bestand von etwa 1,2 Mio. Büchern, außerdem über eine große Zeitschriften- und Handschriftensammlung (Wechselausstellungen im 2. und 3. Stock). Inzwischen ist das Gebäude allerdings längst zu klein.
Bereits im Jahre 1879 wurde die Stadtbücherei von San Francisco gegründet. Zunächst in gemieteten Räumen in der Bush Street untergebracht, nahm sie 1880 den Buchverleih auf. Das jetzige Gebäude der Stadtbibliothek – sie unterhält 26 Zweigstellen in San Francisco – erhebt sich an der Stelle, wo 1906 das noch nicht fertiggestellte vierte Rathaus einstürzte und der Friedhof von Yerba Buena (wie San Francisco ursprünglich hieß) lag.
Beachtenswert sind die beiden monumentalen Wandmalereien von Frank DuMond im Lese-und-Katalog-Raum; sie stellen Szenen aus der Pionierzeit Kaliforniens dar.
Hinter der Main Public Library erhebt sich das Old Federal Building.

Civic Auditorium (Kongreßzentrum)

An der Südseite der Civic Plaza steht das Civic Auditorium, das älteste Gebäude des Civic Center. Es dient heute gemeinsam mit der 1958 angebauten Brooks Hall als Kongreßzentrum. Das Civic Auditorium wurde für

Main Public Library von 1917

Civic Auditorium (Fortsetzung)

die große Panama-Pacific-Ausstellung von 1915 errichtet und hat Platz für 8000 Personen. Architekt war Arthur Brown jun., von dem auch die Entwürfe für die City Hall, das War Memorial Opera House und das Veterans Building stammen.

War Memorial Opera House (Opernhaus)

Südlich an das San Francisco Museum of Modern Art schließt sich das War Memorial House an, das 1932 zusammen mit dem Veterans Building gegenüber der City Hall von Arthur Brown jun. errichtet wurde. Es diente bis zum Herbst 1980 sowohl der 1923 gegründeten San Francisco Opera wie auch der San Francisco Symphony als Aufführungsstätte, so daß die jeweiligen Spielzeiten nur kurz sein konnten. Dem Symphonieorchester steht jetzt die Louise M. Davies Symphony Hall zur Verfügung.

War Memorial Opera House und Veterans Building waren die Gründungsstätte der UNO; auf der Bühne des Opernhauses wurde am 26. Juni 1945 von den Vertretern von 43 Nationen die Charta der Weltorganisation unterzeichnet. An dieses Ereignis erinnert die am Ostende des Civic Center befindliche United Nations Plaza.

*Louise M. Davies Symphony Hall (Konzertsaal)

Mit der Eröffnung dieses Konzertsaals im September 1980 ging ein langgehegter Wunsch der Musikfreunde der Stadt in Erfüllung: ein eigenes Heim für das Symphonieorchester, das sich bisher mit der Oper und dem San Francisco Ballett das War Memorial Opera House teilen mußte. Das Gebäude, von der New Yorker Architektenfirma Skidmore, Owings & Merrill unter Hinzuziehung von Pietro Belluschi entworfen, sollte sich in den

Louise M. Davies Symphony Hall

Civic Center, Louis M. Davis Symphony Hall (Fortsetzung)

Rahmen des Civic Center einfügen, zugleich aber modern gestaltet sein; eine Imitation des Art-deco-Stils der übrigen Gebäude kam nicht in Frage. Außen und innen stellt das Gebäude daher einen Kompromiß von alt und neu dar, von Tradition und Moderne, doch insgesamt muß es als einer der interessantesten neuen Bauten San Franciscos angesprochen werden. Trotz seiner 3000 Plätze wirkt es intim; akustische Probleme, die sich bald bemerkbar machten, sind inzwischen überwunden, so daß San Francisco mit Stolz auf die vollkommen aus privaten Mitteln finanzierte Konzerthalle blicken kann.

Coit Tower

→ Telegraph Hill

Conservatory of Flowers

→ Golden Gate Park

Cow Hollow (Stadtviertel) E 2

Lage
1600–2300 Union Street

Buslinie
41

In den Jahren nach dem Goldrausch war das Gebiet der jetzigen Union Street westlich der Van Ness Avenue ein grünes Tal, das im Volksmund den Namen 'Cow Hollow' (Kuhsenke) führte. Die Bezeichnung ist dem Stadtteil geblieben, obwohl es dort inzwischen längst kein Weideland und keine Kühe mehr gibt. Vor etwa 100 Jahren begann man die Gegend zu bebauen,

Viktorianische Häuser in Cow Hollow

Cow Hollow (Fortsetzung)

und vor 25 Jahren setzte eine wahre Stadtviertelrenaissance ein, als die zahlreichen → viktorianischen Häuser renoviert und z. T. für Geschäftszwecke umgebaut wurden.
Heute gibt es hier Modeboutiquen, Antiquitätengeschäfte, Galerien, Restaurants, einige der bekanntesten Single-Bars sowie Kaffeehäuser. Es ist eine Gegend mit echtem Flair entstanden.
Auch die Seitenstraßen der Union Street zwischen Octavia und Steiner Street sind beachtenswert, vor allem die Häuser 2038 und 1980 Union Street, die der Meiereibesitzer James Cudworth in den siebziger Jahren des 19. Jh.s errichten ließ; das Haus 2038 ist der größte hier noch verbliebene Bauernhof.

Crocker Center

→ Galleria at Crocker Center

De Young Memorial Museum

→ Golden Gate Park

*Embarcadero Center H 2

Lage
zwischen Embarcadero, Battery und Clay Street

Der Komplex des Embarcadero Center ist eines der interessantesten und originellsten Beispiele von Stadterneuerung. Die acht Gebäude – sechs Wolkenkratzer mit 32–42 Stockwerken, das zwanzigstöckige Hyatt

Das Büro- und Einkaufsviertel Embarcadero Center

Embarcadero Center (Fortsetzung

MUNI-Station
Embarcadero

Buslinien
2, 7, 8, 21, 31, 42, 55, 71, 72

Regency Hotel, das Park Hyatt San Francisco Hotel und die völlig erneuerte ehemalige Federal Reserve Bank – sind ein Werk des Architekten John Portman aus Atlanta. Die ersten vier Wolkenkratzer, in den Jahren 1971–1982 errichtet, sind durch Fußgängerbrücken verbunden, die Zugang zu mehr als 140 Geschäften und Restaurants schaffen; das fünfte Hochhaus (Embarcadero Central West) wurde 1988 seiner Bestimmung übergeben. Angesichts des milden Klimas spielt sich das Leben großenteils im Freien ab. Die Plazas zwischen den Gebäuden liegen auf verschiedenen Ebenen; vielerorts sind Skulpturen verschiedener Künstler aufgestellt. Insbesondere in der Mittagszeit herrscht hier lebhaftes Treiben.

Hyatt Regency Hotel

Während die Architektur der Wolkenkratzer konventionell ist, erregt das Hyatt Regency Hotel (1973) unvermindert Aufsehen. Der auf annähernd dreieckigem Grundriß errichtete Hotelbau weist auf der Nordseite eine Neigung von 45 Grad auf; von den Zimmern hat man Ausblick auf die Bucht. Noch sensationeller wirkt die fast 100 m lange und 57 m hohe Halle des Hotels, die sich bis zum 17. Stock erstreckt und um die Restaurants, Bars und Geschäfte gruppiert sind. Das Mittelstück dieses einzigartigen Raums ist eine vier Stockwerke hohe Kugel aus vergoldeten Aluminiumröhren von Ch. Perry.

Exploratorium E 1

Lage
3601 Lyons Avenue, nahe der Golden Gate Bridge

Buslinien
22, 28, 30, 41, 43

Dieses wohl am besten ausgestattete naturwissenschaftliche Museum der Vereinigten Staaten befindet sich im Palace of Fine Arts, dem einzigen noch erhaltenen der 323 Großbauten, die für die Panama-Pazifik-Ausstellung von 1915 erstellt wurden.
Fast alle der 650 ausgestellten Gegenstände können von den Besuchern in Bewegung gesetzt werden (was Kindern besonders Spaß macht),

Das Exploratorium im Palace of Fine Arts

Exploratiorium (Fortsetzung)

wodurch das Verständnis für die Naturvorgänge gefördert werden soll. In diesem interaktiven Museum kann man zum Beispiel elektrischen Strom zum 'Leuchten' bringen, in völliger Dunkelheit im 'Tactiledome' dem Geheimnis des Tastsinns nachspüren oder per Computer einen virtuellen Flug über die San Francisco Bay unternehmen. Geöffnet ist das Museum Di.–So. 10.00–18.00 Uhr, Mi. bis 21.30 Uhr. Freier Eintritt am ersten Mittwoch jeden Monats.

Ferry Building J 2

Lage
Anfang der Market Street

Foto S. 80

Am Anfang der → Market Street erhebt sich östlich der Embarcadero Plaza das Ferry Building mit seiner neoromanischen Fassade und dem 70 m hohen Turm, der der Giralda nachgebildet ist, dem Glockenturm der Kathedrale von Sevilla. Gebäude und Turm wurden in den Jahren 1896–1903 vom Staat Kalifornien errichtet und blieben beim Erdbeben von 1906 unversehrt. Einst galt das Ferry Building als das eigentliche Wahrzeichen San Franciscos; inzwischen ist es aber von anderen, vor allem von der → Transamerica Pyramid, abgelöst worden.

Bis zum Bau der → San Francisco–Oakland Bay Bridge und der → Golden Gate Bridge war die Gegend um das Ferry Building Verkehrsknotenpunkt der San-Francisco-Bucht. Täglich pendelten hier 170 Fähren der verschiedenen Linien zur anderen Seite der Bucht hinüber; inzwischen verkehrt nur noch eine Handvoll Boote nach → Sausalito, Larkspur und → Tiburon.

California State Division of Mines Museum

Das Gebäude enthält jetzt die Port Authority (Hafenbehörde) und das California State Division of Mines Museum mit einer wertvollen Gesteins- und Mineraliensammlung. Geöffnet Mo.–Fr. 9.00–17.00.

World Trade Center

Im Nordflügel ist das World Trade Center (Welthandelszentrum) untergebracht, mit einer Ausstellung von Erzeugnissen aus aller Welt. Das Welthandelszentrum ist Mo.–Fr. 9.00–15.00 Uhr geöffnet; der Eintritt ist frei.

*Fisherman's Wharf (Fischereihafen) G 1

Lage
Jefferson Street

Buslinien
15, 19, 30, 32, 42

Cable Cars
59, 60
Endstation

Fisherman's Wharf: einst ein blühender Fischerhafen, ein kleines Stück Italien, denn Ende des 19. Jh.s siedelten sich vor allem Genuesen an. Es folgten Neapolitaner, Kalabrier und Sizilianer, die heute tonangebend sind.
Obwohl der Hafen sich inzwischen in eine Art Rummelplatz mit vielen Geschäften und Restaurants, einem Wachsfigurenkabinett und anderen Sensationen ähnlicher Art verwandelt hat, wollen nur wenige der jährlich zwölf Millionen Touristen, die San Francisco besuchen, Fisherman's Wharf versäumen. Und es gibt auch noch Fischer, die zahlende Neugierige mit auf Fang nehmen: In einem Block zwischen Jones und Leavenworth Street, nördlich der Jefferson Street, liegen ihre Boote. Die täglichen Fänge, Krebse und Krabben, Seezungen, Lachse und andere Fische, werden vornehmlich an Restaurants geliefert.
Inzwischen wird auch erwogen, den Fischern wenigstens einen Teil dessen zurückzugeben, was sie in den letzten Jahrzehnten an tourismusorientierte Unternehmer verloren haben, um das ursprüngliche Lokalkolorit der Siedlung wiederherzustellen.

Museen

Auf unterhaltsame Art sehenswert sind die kleinen Museen, die Fisherman's Wharf zu bieten hat:
Das "Believe It or Not" Museum (175 Jefferson Street) besitzt rund 2000 Kuriositäten aus aller Welt. Es ist täglich von 9.00 bzw. 10.00 Uhr bis 22.00 bzw. 23.00 Uhr geöffnet.

Fisherman's Wharf – beliebter Touristentreff

Fort Point

Galleria im Crocker Center

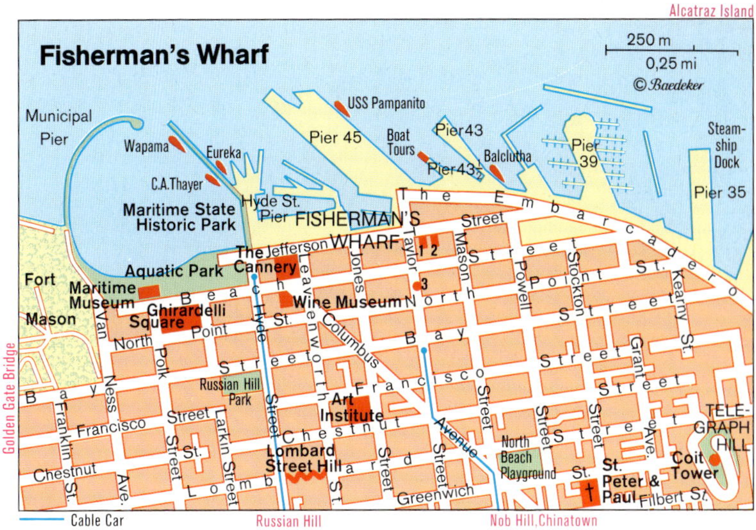

1 Ripley's "Believe it or Not" Museum 2 Wax Museum 3 St. Francis Statue

Fisherman's Wharf (Fortsetzung)

Östlich davon (145 Jefferson Street) befindet sich das Wax Museum at Fisherman's Wharf, wo 275 aus England importierte Wachsfiguren prominenter Persönlichkeiten in Lebensgröße zu sehen sind. Es ist täglich 10.00–22.00 Uhr geöffnet.

Fort Point C 1

Lage
Golden Gate National Recreation Area

Buslinien
Golden Gate Transit ab Market St. & 7th St. oder Nr. 30 bis Chestnut & Fillmore, dann umsteigen in Nr. 28 bis Toll Plaza

Öffnungszeiten
Mi.–So.
10.00–17.00
Fei. geschlossen

Fort Point, unterhalb der → Golden Gate Bridge gelegen und von der Toll Plaza in wenigen Gehminuten zu erreichen, wurde 1853–1861 zur Abwehr von Angriffen auf San Francisco errichtet, aber die dort stationierten 600 Soldaten konnten ihr Pulver sparen, und die 120 Kanonen wurden nur zu Saluten abgefeuert. 1896 wurde das Fort aufgegeben, 1933–1937 diente es als eine Art Bauhütte während des Baus der Golden Gate Bridge. Etwa 100 Soldaten bemannten es während des Zweiten Weltkriegs.

Seitdem es 1970 vom amerikanischen Kongreß zur historischen Stätte erklärt wurde, wird es allmählich wieder instandgesetzt. Ein Besuch, insbesondere im Rahmen der täglich stattfindenden Führungen (in Englisch), ist lohnend, da es sich um eines der frühesten Militärgebäude des amerikanischen Westens handelt. Im vergangenen Jahrhundert war es das größte Ziegelgebäude westlich des Mississippi.

Friends of Photography · Ansel Adams Center H 3

Lage
250 Forth Street, South of Market Street

Dieses Museum ist das erste in San Francisco, das sich ausschließlich mit Fotografie beschäftigt, und da vor allem mit dem Werk des berühmten Kaliforniers Ansel Adams. Von den fünf Galerien ist eine ständig dem

Einstige Schokoladefabrik Ghirardelli

Friends of Photography (Fortsetzung)

Werk von Adams und seinen künstlerischen Nachfahren gewidmet. In den übrigen werden Wechselausstellungen gezeigt. Das 1991 eröffnete Museum verfügt auch über eine Bibliothek sowie einen Buchladen mit einer großen Auswahl von Fotobüchern. Öffnungszeiten: Di.–So. 11.00–17.00 Uhr, erste Do. im Monat 11.00–18.00 Uhr.

Galleria at Crocker Center H 2

Lage
Ecke Post Street / Kearny Street

Information
Tel. 393-1505

An der Ecke Post Street / Kearny Street erhebt sich der 1983 erbaute, 38 Stockwerke hohe Wolkenkratzer der Crocker Bank mit einer Fassade aus rosa Granit. Die Arbeit der Architekten Firma Skidmore, Owings & Merrill wird allgemein als einer der gelungensten Neubauten der Stadt angesehen. Zu dem Bankgebäude gehört die sehenswerte Galleria, eine von Tageslicht erfüllte Arkade vornehmer Geschäfte. Die mehr als fünfzig Läden und die zwei Restaurants sind von Montag bis Samstag zu den üblichen Zeiten geöffnet. Der Dachgarten, wo man mit Mitgebrachtem picknicken kann, ist eine wahre Oase inmitten der geschäftigen Stadt.

*Ghirardelli Square (Vergnügungs- und Einkaufszentrum) G 1

Lage
900 North Front Street

Buslinien
19, 30

Cable Cars
60

Ghirardelli Square, 1964 eröffnet, war das erste der im Hafengebiet durchgeführten Umbauprojekte, durch die stillgelegte Fabrikanlagen einem neuen Zweck zugeführt wurden (weitere sind → The Cannery, → Pier 39 und → The Anchorage). Aus den roten Ziegelgebäuden der Ghirardelli-Schokoladefabrik ist ein Einkaufs-, Kunst-, Unterhaltungs- und Gaststättenzentrum mit brunnengeschmückten Gartenhöfen und Aussichtsterrassen geworden.

Ghirardelli Square (Fortsetzung) Geschichte der Schokoladefabrik

Domenico Ghirardelli aus der italienischen Stadt Rapallo kam 1849, im ersten Jahr des Goldrauschs, über Uruguay und Peru in das gerade gegründete San Francisco. Er betätigte sich zunächst als Gewürz-, Kaffee- und Schokoladehändler und begann dann mit der Schokoladeherstellung. Seine Söhne kauften das Grundstück, auf dem sich jetzt der Ghirardelli Square befindet, zusammen mit einer bereits dort bestehenden Wollweberei und bauten von 1900 bis 1916 die Schokoladefabrik auf. Ab Anfang der sechziger Jahre stand sie leer, da die Fabrikation an einen anderen Ort verlegt wurde.

Umgestaltung zum Kommunikationszentrum

Eine Bürgergruppe kaufte den Komplex und ließ ihn durch mehrere Architekten so umbauen, daß sich dort nun auf drei Ebenen über 70 Geschäfte, Galerien, Cafés und ein Kino befinden, die sich alle großen Zuspruchs erfreuen. Insbesondere an den lauen Abenden ist der Ghirardelli Square zu einem beliebten Treffpunkt der Bewohner San Franciscos geworden.

Glockenturm

Der 1916 erbaute Glockenturm – hier befanden sich die Chefbüros der Schokoladefabrik – wurde nach Plänen des Architekten William Mooser sen. erbaut; er ist dem Schloß in Blois (Frankreich) nachgebildet.

Rose Court

Im Rose Court ist ein Brunnen aus Beton (von Lawrence Halprin, dem Gartenarchitekten von Ghirardelli Square), und auf der East Plaza der Bronzebrunnen von Ruth Asawa bemerkenswert. Letzterer stellt zwei Meerjungfrauen dar, umgeben von Schildkröten, Wasserlilien und tanzenden Fröschen.

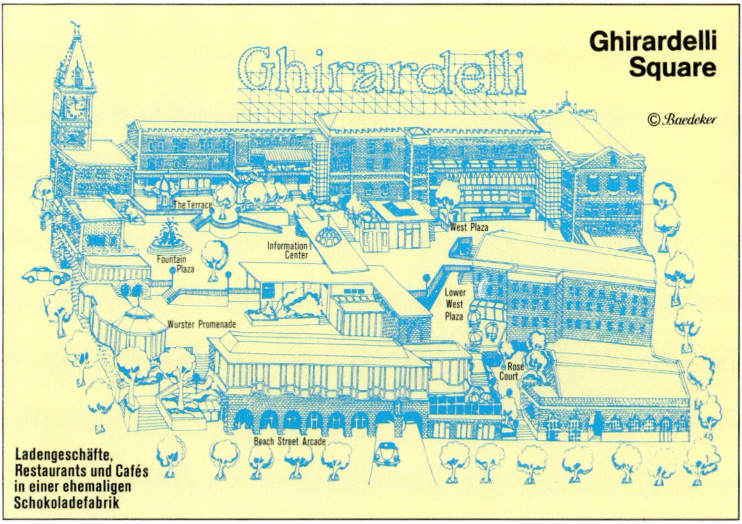

**Golden Gate Bridge (Hängebrücke) C 1

Bild s. S. 8/9

Die fast 3 km lange Golden-Gate-Hängebrücke, die San Francisco mit Marin County und den weiter nördlich gelegenen Gebieten verbindet, wurde vom U.S. Travel Service als die größte von Menschenhand geschaffene Sehenswürdigkeit der Vereinigten Staaten bezeichnet. Lange galt sie

Buslinien
Golden Gate Transit ab Market St. & 7th St.
Nr. 30 bis Chestnut & Fillmore, umsteigen in Nr. 28 bis Toll Plaza

Brückenzoll 3 $
für Kfz in südlicher Fahrtrichtung
Fußgänger gratis

als Wahrzeichen San Franciscos (heute beansprucht dieses Recht die → Transamerica Pyramid für sich); der prachtvolle landschaftliche Rahmen macht sie zur wohl schönsten Brücke der Erde.

Die Gesamtlänge der abends angestrahlten Brücke beträgt 2,7 km, die Breite 27,50 m und die Höhe über Mittelwasser 67 m. Die Pfeiler sind 227 m hoch.

Nach vierjähriger Bauzeit unter Leitung von Joseph B. Strauss – die Arbeiten erwiesen sich wegen der starken Gezeitenströme als sehr schwierig, es ereigneten sich tödliche Unfälle – fand am 28. Mai 1937 die Einweihung statt. Seither haben über 880 Mio. Fahrzeuge diese zur Zeit ihrer Fertigstellung längste Hängebrücke der Erde befahren. Im Tagesdurchschnitt wird sie von mehr als 100 000 Personen- und Lastwagen benutzt.

Allwöchentlich verbrauchen 25 Anstreicher etwa zwei Tonnen der rötlichen Bleifarbe ('International Orange') für die fortgesetzte Erneuerung des Anstrichs. Dieser auffallende Anstrich ist ein weiterer Grund, daß die Golden Gate Bridge in der ganzen Welt bekannt geworden ist.

Un die Brücke vor stärkeren Erdbeben zu schützen, sind nach amtlichen Angeben 170 Mio. Dollar nötig. Ein Teil davon soll durch die Mautgebühr aufgebracht werden.

Besichtigung

Die Brücke ist zwar von vielen Punkten San Franciscos aus zu sehen, vor allem vom Coit Tower auf dem → Telegraph Hill, doch sollte man dieses Wunderwerk aus der Nähe auf sich wirken lassen und sie zu Fuß überqueren. Die fast ständig wehenden Pazifikwinde erfordern selbst bei strahlendem Sonnenschein wärmere Kleidung; sie schützt auch bei dem häufig und plötzlich aufkommenden Nebel. Übrigens: Ein Drahtnetz soll Selbstmörder (bisher 900) vor dem Sprung in die Tiefe abhalten.

Nur ein Wölkchen verhüllt die berühmte Golden Gate Bridge

Golden Gate Bridge (Fortsetzung)

Am Ende der Brücke steht das Denkmal für den Erbauer, Joseph B. Strauss, der über 400 große Stahlbrücken in der ganzen Welt errichtet hat, darunter eine in St. Petersburg.
Ist man gut zu Fuß, kann man von der Hyde Street aus (Endstation Cable Car 60) über die Golden Gate Promenade bis zur Brücke gehen; die Entfernung beträgt 5 km, doch der Weg lohnt sich.

Brückenjubiläum

Am 24. Mai 1987, dem fünfzigsten Jahrestag der Brückeneinweihung, war die Golden Gate Bridge für den Kraftfahrzeugverkehr gesperrt und nur für Fußgänger und Radfahrer freigegeben. Schätzungsweise 250000 Menschen benutzten die Gelegenheit, um sich auf der Brücke zu versammeln; am Abend wurde das Bauwerk zum ersten Mal in seiner Geschichte auf der gesamten Länge illuminiert.

Golden Gate National Recreation Area (Naherholungsgebiet) A–D 1–3

Informationen
Fort Mason, Eingang Bay St. & Franklin St.

Buslinien
30 bis Chestnut & Laguna

Im Jahr 1972 schuf der amerikanische Kongreß ein großes Freizeitgebiet in San Francisco und Marin County (auf der gegenüberliegenden Seite der Bucht), das zugleich verhindern sollte, daß die Küstengebiete in irgendeiner Weise kommerziell genutzt oder verbaut werden.

Dieses Gebiet, in dem sich vor allem an den Wochenenden viele Tausende Bewohner San Franciscos aufhalten, wurde Golden Gate National Recreation Area, kurz GGNRA benannt. Es umfaßt auf rund 1600 km^2 Inseln und Küstenstreifen, Bootshäfen, historisch interessante Gebäude und im Gebiet von Marin County Wildgehege, Picknickplätze und über 150 km Wanderwege.

Vor einigen Jahren wurden große Teile des Militärgeländes Presidio diesem Freizeitgebiet zugesprochen. Der Verwaltungssitz der Golden Gate National Recreation Area befindet sich in der einstigen Militäreinrichtung Fort Mason (Auskunft Tel. 556-0560). Hier ist auch die Jugendherberge von San Francisco untergebracht.

**Golden Gate Park A–D 4

Lage
zwischen Fulton St., Stanyan St., Lincoln St. und Great Highway

Buslinien
5 (Nordseite, Museen), 7 (Ostseite, Gewächshäuser), 71 und 72 (Südseite, Strybing Arboretum)

Lageskizze s. S. 68/69

Der 5 km lange und 800 m breite Golden Gate Park mit einer Fläche von 4,1 km^2 ist die 'Lunge' San Franciscos, da es in der Stadt selbst nur kleine Grünanlagen gibt. Ehe im Jahr 1871 mit der Entwicklung begonnen wurde, befand sich hier trockenes Dünenland, und nur unter großen Mühen gelang es, diesem damals größten von Menschenhand geschaffenen Park der Welt sein jetziges Gesicht zu geben. Das war vor allem das Werk des Parkkommissars John McLaren, der von 1887 bis 1943 für die Gestaltung des Parks verantwortlich war.

Heute erwarten den Besucher ein großzügiges Netz von Fuß- und Radfahrwegen, mehr als 5000 Pflanzen- und Dutzende verschiedener Baumarten, mehrere Seen, Reitwege, ein Gehege mit Büffeln, drei Museen, ein japanischer Teegarten, Gewächshäuser, ein botanischer Garten und anderes mehr. Einen ganzen Tag kann man in diesem großzügig angelegten Park verbringen: durch schattige Eukalyptushaine wandern, vorbei an kunstvoll gestalteten Blumenarrangements und Gärten sowie die hervorragenden Museen besuchen.
Den Golden Gate Park zu Fuß zu durchmessen ist reizvoll, aber zeitraubend. Auch sollte man daran denken, daß häufig nach drei Uhr nachmittags die vom Pazifik heranziehenden Nebel den Aufenthalt recht ungemütlich machen können. Wie überall in Großstädten sollte man Parkanlagen in der Abenddämmerung und nachts meiden.

Innenhof der California Academy of Sciences

Schwere Regenstürme richteten im Dezember 1995 große Schäden im Golden Gate Park an. Über 200 Bäume fielen um, der gläserne Blumenpalast wurde weitgehend zerstört. Die vollständige Behebung der Schäden wird einige Jahre dauern.

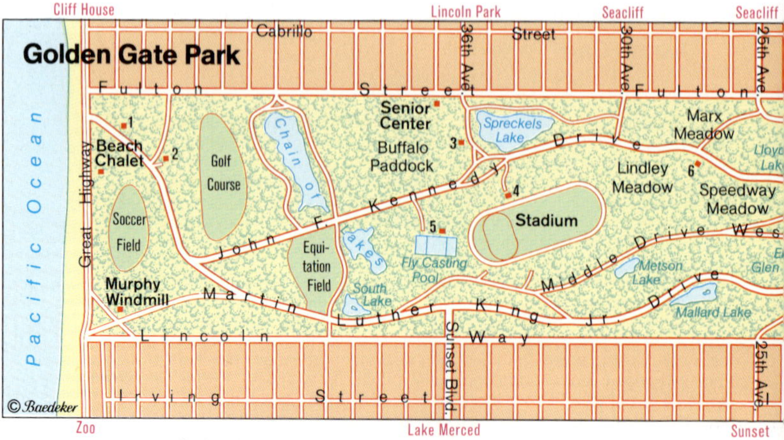

A Rose Garden
B Music Concourse
C John McLaren Memorial Rhododendron Dell
D Fuchsia Garden

1 Dutch Windmill
2 Club House
3 Model Yacht Club
4 Riding Academy
5 Angler's Lodge
6 Baseball Diamond
7 Portals of the Past
8 Prayerbook Cross

*California Academy of Sciences (Museum)

Lage
Golden Gate Park

Buslinie
5

Öffnungszeiten
tgl. 10.00–17.00, im Sommer bis 19.00

Die im Ostteil des Golden Gate Park gelegene California Academy of Sciences ist die bedeutendste naturwissenschaftliche Institution des US-Bundesstaats California. Bereits vier Jahre nach der Gründung von San Francisco ins Leben gerufen (1853), lockt sie heute jährlich über 1,5 Mio. Besucher an.
Die vor allem naturkundlichen Sammlungen enthalten im Westflügel Mineralien, Fossilien, Säugetiere und Vögel Nordamerikas, im Ostflügel eine Afrikaabteilung und Säle für Raumfahrt, Anthropologie und Botanik.

Steinhart Aquarium

Das Steinhart Aquarium am Ende des großen Brunnenhofes ist mit mehr als 14 000 Wassertieren eines der größten seiner Art. In knapp 250 Becken werden über 10 000 Fische, Delphine und Reptilien (Alligatoren) u. a. gezeigt.

Morrison Planetarium

Das Morrison Planetarium beherbergt das erste nicht aus Deutschland bezogene, sondern 1951–1952 in den USA erbaute "Sterntheater" ("Theater of the Stars"), das 3800 Sternbilder und zahlreiche kosmische Phänomene auf eine Kuppel mit einem Durchmesser von 20 m projiziert. Das Programm mit den realistisch wirkenden Simulationen wird jährlich gewechselt.

Laserium

Eine ungewöhnliche Sehenswürdigkeit ist das Laserium – ebenfalls im Morrison Planetarium untergebracht –, in dem täglich Konzerte mit Laserlicht stattfinden.

Watt's Hall of Man

Die Watt's Hall of Man zeigt lebensgroße Darstellungen aus der Entwicklung des Menschen. Weitere Säle sind Tieren, Pflanzen, Mineralien und Edelsteinen gewidmet.

Eintritt

Am ersten Mittwoch des Monats ist der Eintritt zu sämtlichen Einrichtungen der California Academy of Sciences frei. An allen übrigen Tagen wird neben dem normalen Eintrittspreis für den Besuch des Planetariums und des Laseriums eine zusätzliche Gebühr erhoben.

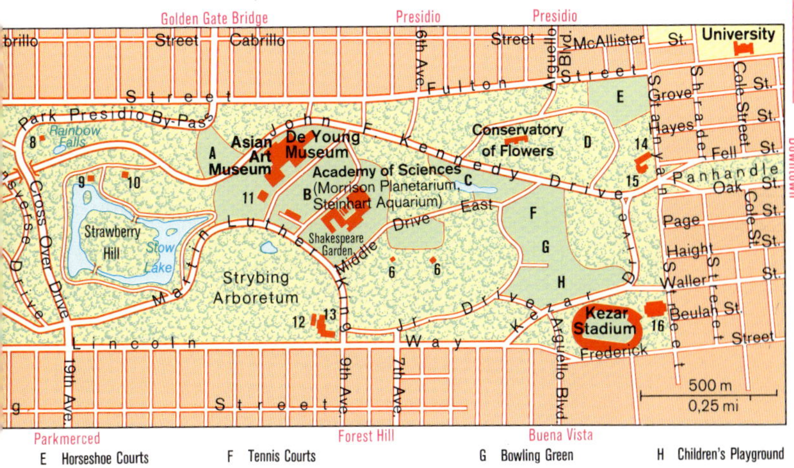

E Horseshoe Courts
F Tennis Courts
G Bowling Green
H Children's Playground

9 Boat House
10 Pioneer Log Cabin
11 Japanese Tea Garden
12 Helen Crocker Russell Library
13 Hall of Flowers
14 McLaren Lodge
15 Park Headquarters
16 Basketball Pavilion

Kunst der nordamerikanischen Indianer im De Young Museum

*M. H. de Young Memorial Museum

Buslinien
5 (bis Fulton Street & 8th Avenue)

Öffnungszeiten
Mi.–So. 10.00–17.00

Eintrittsgebühr
Am ersten Mittwoch im Monat gratis (dann geöffnet bis 20.45)

Das M. H. de Young Memorial Museum ist das älteste Museum in San Francisco und befaßt sich mit Kunst und Inneneinrichtung aus Nordamerika bzw. den USA von den Kolonialzeiten bis ins 20. Jahrhundert; daneben umfaßt die Sammlung Exponate aus Ägypten, Griechenland, Rom und dem Nahen Osten, weiterhin sind britische Kunst und die Volkskunst Afrikas, der Südsee und Amerikas vertreten.

Das Gebäude wurde 1894 anläßlich einer internationalen Kalifornien-Ausstellung, die im Golden Gate Park stattfand, als Kunsthalle errichtet. Sie wurde später dem Generaldirektor der Ausstellung, dem Zeitungsverleger Michael H. de Young (1849–1925), mit dem Auftrag übergeben, dort ein ständiges Museum einzurichten. Den Anfangsbestand bildeten einige Werke, die auf der Ausstellung gezeigt worden waren; Spenden ermöglichten den kontinuierlichen und gezielten Aufbau einer Sammlung. So wurden schon im Verlauf des nächsten Vierteljahrhunderts Anbauten notwendig, bis 1921 schließlich das ursprüngliche Gebäude in ägyptischen Formen, von dem heute nur noch zwei Sphingen zeugen, durch einen modernen Museumsbau ersetzt werden mußte.

Damals erhielt das Museum auch zur Erinnerung an seinen Gründer und zur Ehrung seines Förderers seinen jetzigen Namen. Inzwischen verfügt es über rund 40 Galerien auf über 18 500 m² Ausstellungsfläche. Der Innenhof trägt den Namen des Zeitungsverlegers William Hearst ("San Francisco Examiner"), der hinter seinem Kollegen M. H. de Young, Verleger des "San Francisco Chronicle", in der Förderung des Museums nicht zurückstehen wollte.

Im Gegensatz zu den meisten US-amerikanischen Museen untersteht das Museum nicht privater Leitung, sondern wird gänzlich von der Stadt unter-

M.H. de Young Memorial Museum

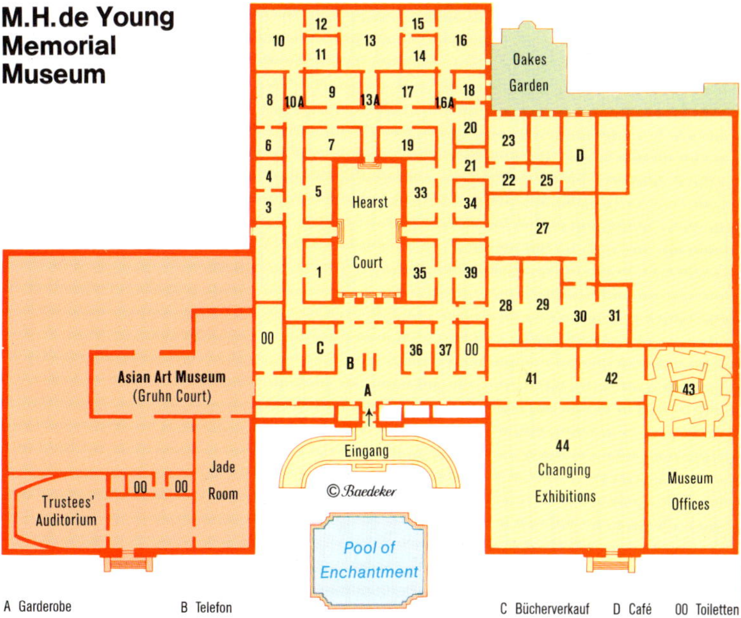

A Garderobe B Telefon C Bücherverkauf D Café 00 Toiletten

Saal 1 Alte Welt
Säle 3-5 England: Inneneinrichtung, Gemälde
Saal 6 Salon, Massachusetts 1805
Säle 7-19, 27, 33-35: Kunst aus den USA
Saal 7 Gemälde, 17. und 18. Jh.
Saal 8 Gemälde, spätes 18./frühes 19. Jh.
Saal 9 Interieur und Gemälde, 18. Jh.
Saal 10 Gemälde und Kunsthandwerk, frühes 19. Jh.
Saal 10A Tapeten, Sessel
Saal 11 Skulpturen, 19. Jh.
Saal 12 Volkskunst, 19. Jh. (Kunst der Shaker)
Saal 13 Gemälde und Möbel, Mitte 19. Jh.
Saal 13A Wechselausstellungen
Saal 14 Skulpturen, spätes 19./frühes 20. Jh.
Saal 15 Der amerikanische Westen in der Kunst: Gemälde, Skulpturen
Saal 16 Impressionisten und Emigranten: Gemälde
Saal 16A Gemälde, spätes 19. Jh.
Saal 17 Genre-Malerei, Mitte 19. Jh.
Saal 18 Trompe-l'œil und Stilleben
Saal 19 Genre-Malerei, spätes 19. Jh.
Saal 20 Hearst Art Education Room
Saal 21 Besucherinformation
Saal 22 Textilien aus der Sammlung des Museums
Saal 23 Sitzungsraum
Saal 25 Trinkgefäße seit dem 16. Jh.; F. W. and S. Sichel Glass Collection
Säle 27, 28, 35-37, 39, 41, 44 Wechselausstellungen
Säle 29-31 Galerie Caroline und H. McCoy Jones
Saal 33 Gemälde aus Kalifornien, spätes 19. Jh.
Saal 34 Kunsthandwerk
Saal 35 Gemälde, frühes 20. Jh.
Saal 42 Primitive Kunst aus Afrika
Saal 43 Kunst aus Mittel- und Südamerika und von der US-amerikanischen Westküste
Nicht aufgeführte Räume sind nicht zugänglich

halten. Sie sah sich vor ein paar Jahren gezwungen, eine Eintrittsgebühr einzuführen, die gleichzeitig auch zum Besuch (am gleichen Tag) des angrenzenden Asian Art Museum of San Francisco und des → California Palace of the Legion of Honor berechtigt.
Besonderer Aufmerksamkeit bei den Stadtbewohnern erfreuen sich die Wechselausstellungen, die in den Räumen 27/28, 35–37, 39 und 44 stattfinden.

Nordamerikanische Kunst

Besonders bemerkenswert ist der Bestand an Gemälden, Skulpturen und Möbeln aus Nordamerika von der Mitte des 17. bis zum 19. Jh., vor allem seit John D. Rockefeller jun. dem Museum eine umfangreiche Sammlung amerikanischer Kunst – insgesamt 175 Gemälde – zum Geschenk machte. Das älteste Exponat des Hauses, zweifellos eines der ältesten Gemälde, das auf nordamerikanischem Boden entstand, ist das Werk eines anonymen Künstlers aus Massachusetts von etwa 1670.

De Young Museum (Fortsetzung) Amerikanische Maler

Von amerikanischen Malern des 18. und 19. Jh.s sind vertreten: John Singleton Copley, Charles Tilson Peale, Benjamin West, John Trumbull, Thomas Cole, Caleb Bingham, um nur einige zu nennen.

Inneneinrichtung

Unter den Einrichtungsgegenständen verschiedener Zeiten (Möbel, Tapeten, Silber, Kunsthandwerk usw.) sind besonders ein englischer Speisesaal im eleganten klassizistischen 'Adam Style' (Robert Adam, 1728 bis 1792, schottischer Architekt) und ein Salon aus Massachusetts von 1805 hervorzuheben.

Primitive Kunst

Die Räume 42 und 43 zeigen Gegenstände sogenannter primitiver Kunst aus Afrika, Amerika und der Südsee.

*Asian Art Museum of San Francisco (Museum für asiatische Kunst)

Buslinien
5 (bis Fulton Street & 8t Avenue)

Öffnungszeiten
Mi.–So. 10.00–17.00
Am ersten Mi. des Monats 10.00–20.45 (Eintritt frei).
Fei. geschlossen

Geplant ist der Umzug 1998 in das Civic Center (heute Main Public Library)

Das 1966 eröffnete Museum nimmt den Westflügel des M. H. de Young Memorial Museum ein und ist eine der ungewöhnlichsten musealen Einrichtungen Amerikas. Ungewöhnlich – und hierin vergleichbar nur dem Hirshhorn Museum in Washington –, weil es zu 95 % die Sammlung eines einzigen Mannes präsentiert: die von Avery Brundage, wohlhabender Geschäftsmann und weltbekannt als langjähriger Präsident des Internationalen Olympischen Komitees.

Brundage begann sich 1936 für fernöstliche Kunst zu interessieren; er legte eine Privatsammlung an, die er 1959 der Stadt San Francisco "als eine Brücke des Wissens zwischen Ost und West" anbot. Die Bürger stimmten für den Bau eines eigenen Museums, das aber erst 1966 fertiggestellt wurde und von außen recht enttäuschend wirkt.
In den dazwischenliegenden sieben Jahren hatte Brundage seine Sammlung erneut ergänzt; auch diese Werke schenkte er der Stadt. Und schließ-

M. H. de Young Museum

Skulpturen im Asian Art Museum

Asian Art Museum of San Francisco (Fortsetzung)

lich erhielt das Museum nach seinem Tod (1975, im Alter von 88 Jahren) als Vermächtnis den Rest seiner Kunstwerke, so daß sich hier nunmehr aus seiner Sammlung fast 10000 Skulpturen, Gemälde, Bronzen, Keramiken, Jade-Arbeiten und Architekturelemente aus Japan, Korea, China, Indien, dem Iran und anderen Kulturen Asiens befinden.
Man hofft, das Museum im Lauf der Jahre zu einem der Hauptzentren asiatischer Kunst und Kultur in der westlichen Welt ausbauen zu können. Schon seine jetzigen Bestände und Publikationen lassen diesen Anspruch gerechtfertigt erscheinen. Es ist eines der bedeutendsten Museen von San Francisco, und dies sicherlich nicht nur für Besucher, deren Hauptinteresse der asiatischen Kunst gilt.

Aufbau

Fast die Hälfte der Brundage-Sammlung besteht aus Exponaten chinesischer Herkunft, die das gesamte Erdgeschoß einnehmen, darunter den Jade-Raum, der eine Sehenswürdigkeit für sich darstellt. Im Obergeschoß sind die Kunstwerke aus den übrigen Ländern – Iran, Türkei, Syrien, Afghanistan, Indien, Pakistan, der Mongolei, Korea, Japan und Indonesien – untergebracht.
Da häufig auch Sonderausstellungen asiatischer Kunstwerke stattfinden, die von privater Seite oder anderen Museen zur Verfügung gestellt werden, können nur knapp zehn Prozent des Gesamtbestands gezeigt werden. Dieser Tatsache wird dadurch Rechnung getragen, daß die Exponate von Zeit zu Zeit ausgewechselt werden. Aufgrund dieses Rotationsprinzips können hier keine Einzelstücke hervorgehoben und näher beschrieben werden. Die ausgestellten Gegenstände sind durchweg chronologisch angeordnet.

China-Abteilung

Hervorragend sind die Beispiele chinesischer Lack- und Elfenbeinkunst, während Brundage nur wenige chinesische Gemälde gesammelt hat. Hier waren Lücken aufzufüllen, was dank eines gut ausgestatteten Ankaufsfonds möglich wurde. Heute verfügt das Museum über mehr als 150 chinesische Rollen und Alben, von denen allerdings nur wenige ausgestellt sind.

Jade-Raum

Hauptattraktion des Museums ist der Jade-Raum: Mit rund 1200 Jadekunstwerken gilt die Sammlung als die größte in einem westlichen Land. Sie umfaßt nahezu alle chinesischen Perioden, angefangen vom 5. Jh. v. Chr.; der Hauptakzent liegt auf Werken aus der Ming- und der Ching-Periode (ca. 1400–1900 n. Chr.).

Weitere Abteilungen

Die relativ kleine japanische Abteilung verfügt über erlesene Stücke fast aller Perioden. Japanische Kunstgegenstände sind auch in der Filiale des Museums in ⟶ Japantown ausgestellt.
Da Brundages Sammelleidenschaft sich erst spät auf die Kunst Indiens, Indonesiens und Indochinas erstreckte, treten diese Abteilungen qualitativ und quantitativ hinter der chinesischen Kunst zurück.

Bibliothek

Eine aus 12000 Bänden bestehende Bibliothek zur Kunst des Nahen und Fernen Ostens steht Besuchern und Wissenschaftlern zur Verfügung. Studenten und angehende Kustoden aus den Vereinigten Staaten, Japan, Taiwan und Korea werden hier zu Museumsfachleuten in asiatischer Kunst ausgebildet.

*Japanese Tea Garden (Zen-Garten)

Öffnungszeiten
9.00 Uhr bis 18.30

Eine weitere Attraktion des Golden Gate Parks und eine der bedeutendsten Sehenswürdigkeiten der Stadt ist der Japanese Tea Garden. Auch er wurde – wie das M. H. de Young Memorial Museum – 1894 anläßlich der Internationalen Kalifornien-Ausstellung angelegt. Damals bildete er Rahmen und Bestandteil eines japanischen Dorfes; heute kann man ihn als weiterführendes Element des Asian Art Museum betrachten, denn er befindet sich neben dem Museumsgebäude.

Japanese Tea Garden im Golden Gate Park

Das Conservatory of Flowers ist von einem kunstvollen Garten umgeben

Japanese Tea Garden (Fortsetzung)

Die Gestaltung des Gartens lag in den Händen des Japaners Makoto Hagiwara, der ihn auch in den folgenden drei Jahrzehnten pflegte; er wohnte auch im Garten. Von 1925 bis 1942 erfüllten seine Tochter, sein Schwiegersohn und seine Enkel diese Aufgabe. Wie viele andere Japaner wurden die Hagiwaras dann interniert, aus dem Japanese Tea Garden wurde ein Oriental Tea Garden, mehrere der noch existierenden Häuser wurden zerstört, und ein Wohnhaus wurde zum Andenkenladen umfunktioniert. Erst 1952 erhielt der Garten seinen ursprünglichen Namen zurück. Im darauffolgenden Jahr wurde als Geschenk japanischer Kinder an das amerikanische Volk die Friedenslaterne aufgestellt und der Zen-Garten angelegt. Seither ist sein japanisch-buddhistischer Charakter immer stärker betont worden. Die bunte Pagode und die Mondbrücke sind besondere Anziehungspunkte. Einen äußerst reizvollen Anblick bietet der Park im Frühjahr, wenn die zahlreichen Kirschbäume blühen und in ⟶ Japantown das Kirschblütenfest gefeiert wird.

Strybing Arboretum (Botanischer Garten)

Buslinien
71, 72 (bis 9th Avenue & Lincoln Way)

Öffnungszeiten
Mo.–Fr. 8.00–16.30
Sa., So., Fei. 10.00–17.00

Gegenüber dem Japanese Tea Garden, auf der anderen Seite des M. L. King jr. Drive, liegt das Strybing Arboretum, eine 26 ha große Anlage. Sie wurde nach der Stifterin Helen Strybing benannt.
Hier sind mehr als 6000 Pflanzenarten geographisch geordnet und mit Beschriftungen versehen. Enten und Schwäne lassen sich von den Besuchern füttern, und Pfauen beleben mit ihrem prachtvollen Schwanzschmuck das Grün der Rasenflächen.

Am Eingang ist ein Plan der Gesamtanlage zur Orientierung erhältlich. Die Teilnahme an der empfehlenswerten Führung wird alle Schönheiten dieser besonderen Attraktion des Golden Gate Park erschließen (tgl. 10.30 und 13.30 Uhr; Treffpunkt: Kiosk).

Conservatory of Flowers (Gewächshaus)

Buslinie
7 (bis Endstation)

Öffnungszeiten
tgl. 8.00–16.20

Das Conservatory of Flowers ist das älteste Gebäude im Golden Gate Park und zweifellos eines der besten Beispiele viktorianischer Architektur in und um San Francisco. Es wurde in England gekauft und in einem Frachter um das Kap Hoorn nach San Francisco gebracht, wo der Wiederaufbau 1879 beendet war. Heute steht es unter Denkmalschutz.
Im Conservatory sind neben einem tropischen Garten, Orchideen, Farnkräutern und anderen Blattpflanzen wechselnde, der Jahreszeit angepaßte Ausstellungen von Osterlilien, Begonien, Chrysanthemen und vielen anderen Blumen zu sehen.

Grace Cathedral G 2

Lage
1051 Taylor Street

Cable Car
61 (California Street)

Diese im neugotischen Stil erbaute und sichtlich von Notre Dame in Paris beeinflußte Kirche wurde 1964 nach einer Bauzeit von 63 Jahren eingeweiht. Der Vorgängerbau, der weiter unterhalb am Abhang des Nob Hill gestanden hatte, war Opfer des Erdbebens von 1906 geworden. Die Grace Cathedral ist Sitz des Bischofs der Episkopalkirche von California.
Holte man sich für den Bau das Vorbild aus Paris, so nahm man sich für die Portale florentinische Kunstwerke als Vorgabe: Abgüsse der 'Paradiestüren' des Lorenzo Ghiberti vom Baptisterium in Florenz.

Inneres

Im Kircheninneren befinden sich dagegen einige bemerkenswerte Originale, darunter ein katalonisches Kruzifix aus dem 13. Jh., ein flämischer Altar aus dem späten 15. Jh., ein Brüsseler Gobelin aus Seide und Gold aus dem 16. Jh., ein Terrakottarelief ("Mutter und Kind") des Renaissance-

Grace Cathedral auf dem Nob Hill

Grace Cathedral (Fortsetzung)

künstlers Antonio Rossellino und an der Wand des nördlichen Ambulatoriums eine Sammlung mittelalterlicher Bibelseiten, die die Geschichte der Reproduktion der Heiligen Schrift veranschaulichen.

Bemerkenswert sind die Glasfenster aus den Werkstätten von Charles Connick, Henry Lee Willet, Mark Adams und Gabriel Loire. Die große Fensterrose an der Ostseite (von G. Loire, 1963) wird bei Dunkelheit von innen beleuchtet. Die Kathedrale verfügt über einen weitbekannten Männer- und Knabenchor; auf der Orgel (7286 Pfeifen) werden häufig Kirchenmusikkonzerte gegeben.
Die 44 Glocken im Nordturm ertönen jeden Abend; die 6 t schwere Stundenglocke gilt als die größte im amerikanischen Westen.

Haas-Lilienthal House F 2

Lage
2007 Franklin Street

Buslinie
2

Öffnungszeiten
Mi. 12.00–15.30, So. 11.00–16.00

Das Haas-Lilienthal House ist eines der größten Privathäuser San Franciscos. Es blieb seit gut 100 Jahren unbeschädigt und wurde nur durch einige Anbauten ergänzt. Der Architekt Peter R. Schmidt erbaute es im Jahre 1886 für den aus Bayern eingewanderten Kolonialwaren-Großhändler William Haas im sogenannten Eastlake-Stil mit einem Queen-Anne-Turm. Die asymmetrische Verwendung von Würfeln, Kegeln, Pyramiden, Zylindern und anderen Formen ist auffallendstes Charakteristikum. Innen verfügte es schon – ungewöhnlich für die Zeit – über eine vollständige Stromanlage, wenn auch sicherheitshalber in die Kronleuchter noch Glühstrümpfe eingebaut waren. Alles in allem soll der Bau damals nur 18 500 Dollar gekostet haben.
Bis Ende der 1970er Jahre wurde das Haus noch von den Nachkommen des Erbauers bewohnt; seitdem sind hier die Büros der Foundation for San Francisco's Architectural Heritage untergebracht, die sich um die Erhal-

Haas-Lilienthal House

Haas-Lilienthal House (Fortsetzung)

tung bedeutender Stadtarchitektur bemüht. Der Ballsaal indes wird auch heute noch seiner ursprünglichen Funktion gerecht: Er wird für gesellschaftliche Veranstaltungen vermietet. Das Haus wurde kürzlich renoviert.

Hyde Street Pier

→ National Maritime Museum

Jackson Square (Historischer Stadtbereich) H 2

Lage
begrenzt von Pacific Street, Montgomery Street, Washington Street und Battery Street

Der Jackson Square, eine der historisch interessantesten Gegenden San Franciscos, ist – anders als man vermutet – kein Platz. Er umfaßt den 400. Block der Jackson Street und einige Seitenstraßen, wo eine große Zahl von Geschäftshäusern aus dem 19. Jh. erhalten ist, die heute in erster Linie Innenarchitekten als Schauräume dienen. Doch sind inzwischen auch eine Reihe sehenswerter Geschäfte eröffnet worden.

Jackson Square war 1972 der erste Teil San Franciscos, der zum historischen Distrikt erklärt wurde, und die Mehrzahl der Häuser steht unter Denkmalschutz. Dazu gehören u. a. die Hausnummern:
407: Das 1860 erbaute Haus diente der Ghirardelli-Schokoladenfabrik bis 1894 als Lagerhaus.
415–431: 1853 erbaut, Ghirardelli-Schokoladefabrik bis 1894.
432: Hier stand das 1855 erbaute Tremont Hotel. In dem jetzigen Haus sind Elemente des abgerissenen Hotels verwendet worden.
441: 1861 auf den vergrabenen Wracks zweier während des Goldrauschs verlassener Schiffe errichtet.

Jackson Square (Fortsetzung)

470: 1852 erbaut, nacheinander Sitz der Konsulate von Spanien, Chile und Frankreich sowie Verlagsgebäude der italienischsprachigen Zeitung “La Parola”.
472: Eines der ältesten und in seiner Einfachheit schönsten Bürogebäude San Franciscos aus den Jahren 1850–1852, von 1865 bis 1875 Sitz des französischen Konsulats.
445, 463–473 und 451: Die beiden ersten aus dem Jahre 1860, letzteres aus dem Jahre 1866 von dem um diese Zeit bedeutendsten Spirituosenhändler der Stadt, Anson Parsons Hotaling, erbaut.
Die meisten dieser Häuser überstanden das Erdbeben von 1906, andere wurden nur leicht beschädigt und später wieder instandgesetzt.
Um die Ecke (722–728 Montgomery Street) befindet sich ein ehemaliges Tabaklagerhaus, das der bekannte Strafverteidiger und Spezialist für Schadenersatzklagen Melvin Belli 1958 für seine Anwaltskanzlei herrichten ließ.

Japanese Tea Garden

→ Golden Gate Park

Japantown (Japanisches Viertel) F 3

Lage
begrenzt von Post St., Geary St., Laguna St. und Fillmore St.

Das Viertel Japantown ist das kulturelle und geschäftliche Zentrum der Japaner in San Francisco. Die ersten Japaner trafen bereits vor 120 Jahren in San Francisco – sie nennen es Soko – ein, aber erst nach dem verheerenden Erdbeben von 1906 begannen sie sich in dem Gebiet der jetzigen Japantown anzusiedeln. Auf japanisch hieß der Stadtteil Nihonmachi.

Justin Herman Plaza mit dem Uhrturm des Ferry Building

Während des Zweiten Weltkriegs wurden die meisten Japaner und Nippo-Amerikaner (Nisei) zwangsinterniert; von ersteren gingen viele nach der Freilassung in die ferne Heimat zurück, die anderen zogen nur allmählich wieder in ihr früheres Wohngebiet. Inzwischen leben wieder über 12000 Japaner in San Francisco.

Japantown (Fortsetzung)

Buslinien
2, 3, 4 und 38 (bis Laguna St.)

Mit der Eröffnung des Japan Center im Jahre 1968 erhielt die Gegend starken Auftrieb; heute befinden sich hier zwei japanische Hotels, zahlreiche japanische und koreanische Restaurants, rund 40 Läden und ein Theater. Besonders sehenswert ist die japanische Friedenspagode, aber auch Tempel und Schreine, Kunstausstellungen und zahlreiche Geschäfte lohnen einen Besuch.
Die durch das von Yoshiro Taniguchi entworfene Tor (Romon) zugängliche Peace Plaza mit der fünfstöckigen Friedenspagode (Peace Pagode) ist im Frühjahr der Schauplatz des Kirschblütenfestes (Sakura Matsuri; ⟶ Golden Gate Park, Japanese Tea Garden).

Justin Herman Plaza H/J 2

Dieser kleine Park, im Zuge der Entwicklung des ⟶ Embarcadero Center entstanden und unmittelbar vor dem Hyatt Regency Hotel gelegen, ist insbesondere während der Mittagszeit ein beliebter Aufenthalt der in den Downtown-Wolkenkratzern tätigen Büroangestellten, die auf den Bänken ihren Mittagsimbiß einnehmen. Musiker und Schausteller finden sich ebenfalls um diese Zeit ein.
Besonders bemerkenswert ist der Vaillancourt-Brunnen, von dem kanadischen Bildhauer Armand Vaillancourt aus mächtigen Betonquadern geschaffen, die bestiegen werden können.

Lage
gegenüber dem Ferry Building, am Anfang der Market Street

*Lombard Street G 1

Ein kurzer Abschnitt dieser auf dem Russian Hill gelegenen Straße ist zu einer der großen Sehenswürdigkeiten San Franciscos geworden: Als 'the crookedest street' (wörtlich: 'die krummste Straße', gemeint 'die kurvenreichste Straße') verläuft sie auf einer einen Block langen Strecke mit einem Gefälle von 14 % in zehn S-Kurven. Der kurvige Abschnitt der Lombard Street ist mit Hortensien bepflanzt und erhält dadurch ein reizvolles Aussehen.
Wenige Autotouristen ließen sich dieses Stück entgehen; man fuhr die Lombard Street von der Pazifikseite hinauf und vom Scheitel an der Ecke Hyde Street hinunter zur Columbus Avenue. Da die Lombard Street vor kurzem einen anderen Belag erhalten hat, war sie lange Zeit nicht befahrbar und soll auch in Zukunft den Fußgängern vorbehalten bleiben.

Cable Car
60 (bis Ecke Hyde Street & Lombard Street)

Bild s. S. 80

Louise M. Davies Symphony Hall

⟶ Civic Center

Maiden Lane H 2/3

Die einst wegen ihrer Spelunken und Bordelle berüchtigte Maiden Lane ('Mädchengasse') ist heute eine der vornehmsten Einkaufsstraßen San Franciscos. Hier befinden sich ausschließlich Spezialgeschäfte mit erlesenem Warenangebot.

Lage
Ostseite des Union Square, zwischen Post Street und Geary Street

Lombard Street: einst besondere Attraktion für Autofahrer, heute nur zu Fuß erkundbar

Maiden Lane (Fortsetzung)

Architektonisch besonders interessant ist das Haus Nr. 140, das einzige von dem berühmten Architekten Frank Lloyd Wright in San Francisco errichtete Gebäude. Manche halten das Haus wegen der Rampe im Innern für einen Vorläufer des ebenfalls von Wright stammenden Guggenheim Museum in New York; das ist aber nicht richtig (wenn auch das Haus 140 Maiden Lane vier Jahre vor dem Baubeginn 1953 des New Yorker Museums fertig wurde); Wright hatte den Entwurf für das Museum schon Ende der vierziger Jahre vorgelegt.
Heute befindet sich hier eine Galerie.

Main Public Library

→ Civic Center

Market Street **E–H 2–6**

Stadtplanung

Die pompöse Market Street, eine der wenigen das Rasternetz diagonal durchschneidenden Straßen San Franciscos, bildet die Grenze zwischen dem heruntergekommenen Süden und dem vornehmen Norden der Stadt. Diese Teilung geht auf einen Stadtplan zurück, den der Ingenieur Jasper O'Farrell 1847 im Auftrag der amerikanischen Militärregierung anfertigte. Im nördlichen Teil plante er relativ enge Straßen, der südliche Teil – damals Sumpfgelände – sollte weite Straßen (etwa vier Meter breiter als im Norden) und Einzelblocks erhalten.

Die Market Street wurde als eine fast 40 m breite Prachtstraße geplant. Da die Straßenraster zu ihren beiden Seiten unabhängig voneinander ange-

Market Street mit Finanzviertel

Stadtplanung (Fortsetzung)

legt sind, ist bis zum heutigen Tag der Nordsüdverkehr über die Market Street schwierig: Von der Market Street ausgehend werden die Hausnummern aller Straßen gezählt, und die (Einbahn-)Querstraßen ändern ihre Richtung. "Es gibt kaum eine andere Straße mit so vielen Kreuzungen und so wenigen Übergängen", spotten die Bewohner San Franciscos.

Sanierungsmaßnahmen

Überraschenderweise waren es die Gegenden der breiten Straßen südlich der Market Street, die immer mehr herunterkamen; die Bewohner der Slums drohten den Norden zu überfluten, und man glaubte, daß nur eine gründliche Restaurierung der Market Street diesen Trend umkehren könnte. So wurden in den Jahren 1964 bis 1979 über 50 Mio. Dollar in die Erneuerung dieser Straße gesteckt, die dadurch zumindest vom → Ferry Building bis zur Powell Street ihr Gesicht grundlegend verändert hat: die Straße selbst durch die Anpflanzung von Bäumen, die Neupflasterung der Bürgersteige mit roten Steinen, die Aufstellung von geschützten Bushaltestellen; das Straßenbild durch den Bau zahlreicher neuer Wolkenkratzer. Doch jenseits der Powell Street hat der Gesamtplan, den Architekt John Carl Warnecke ausgearbeitet hat, noch nicht die gewünschte Wirkung gezeigt.

Umgebung

Die Market Street führt südwestlich zu den → Twin Peaks, nordöstlich zur Embarcadero Plaza und zum → Ferry Building an der San Francisco Bay. Am nordöstlichen Zweig liegt rechts das Greyhound Bus Depot, links bei der Einmündung der Powell Street befindet sich die südliche Wendeplatte der → Cable Cars. Dahinter erheben sich das 1971 vollendete 46stöckige San Francisco Hilton Hotel (Aussichtsplattform in 150 m Höhe) und das 1986 vollendete Park Fifty-Five Hotel.

Nördlich hinter der Cable-Car-Wendeplatte steht das 1904 erbaute Westin St. Francis Hotel (120 m hoch) mit einem Turm aus dem Jahre 1972 und einer Aussichtsbar. Hier öffnet sich rechts der → Union Square.

Mexican Museum F 1

Lage
Fort Mason,
Building D

Buslinie
30

In den Vereinigten Staaten von Amerika ist das Mexican Museum das einzige Museum, das ganz der mexikanischen Kunst und Volkskunst von der Zeit vor Kolumbus bis zur Gegenwart gewidmet ist. Besonders reich sind die Bestände an Keramiken, interessant auch die Gemälde der Chicanos, der in den USA tätigen mexikanischen Erntearbeiter. Geöffnet ist das Museum Mi.–So. 12.00–17.00, am ersten Mittwoch des Monats 12.00–20.00 Uhr bei freiem Eintritt.
An jedem zweiten Samstag des Monats veranstaltet das Museum um 10.00 Uhr eine Führung zu den zahlreichen Wandgemälden im Stadtteil Mission District, in dem das Museum liegt. Viele dieser Gemälde zeigen den starken Einfluß mexikanischer Künstler wie Rivera und Orozco.

M. H. de Young Memorial Museum

→ Golden Gate Park

*Mission Dolores F 4

Lage
Dolores Street &
16th Street

MUNI-Station
16th Street

Die Mission Dolores oder, wie ihre eigentliche Bezeichnung lautet, Mission San Francisco de Asís, ist die sechste der 21 Missionsstationen, die aus Mexiko kommende spanische Franziskanermönche an der kalifornischen Küste gegründet haben. Pater Junípero Serra (geb. 1713 in Petrá auf Mallorca, gest. 1784 in Carmel) legte am 9. Oktober 1776 den Grundstein,

Mission Dolores

Mission Dolores (Fortsetzung)

und das Gebäude wurde 1791 fertiggestellt. Es ist damit das älteste erhaltene Bauwerk in San Francisco. Die Mission Dolores ist 34 m lang, 6,50 m breit und hat über 1 m dicke Mauern. Die restaurierte Decke schmücken von Indianern mit Naturfarben gefertigte Gemälde. In der Mission fanden insgesamt 28000 Taufen statt, größtenteils von Indianern.
Die Basilika neben dem Missionsgebäude stammt aus dem Jahr 1918; die frühere Kirche wurde im Gegensatz zum Missionsgebäude 1906 ein Opfer des Erdbebens. Der barocke Altar kommt aus Mexiko. In einem Raum sind Dokumente zur Geschichte der Mission ausgestellt. Auf dem inzwischen verkleinerten Friedhof fanden in den achtziger Jahren des 17. Jh.s und bis zum Ende des 19. Jh.s Beerdigungen statt; hier wurden auch die mehr als 5000 Indianer begraben, die während zweier großer Masernepidemien in den Jahren 1804 und 1826 starben.
Von den 21 Missionsstationen ist die Mission Dolores – übrigens eine der wenigen Sehenswürdigkeiten südlich der → Market Street – die einzige, die heute mitten in einer Großstadt liegt und daher leicht zu besichtigen ist.

Öffnungszeiten
Tgl. 9.00–16.00
Geschlossen Thanksgiving Day, 25. 12., 1. 1.

Eintrittsgebühr

Mission District

Im Mission District leben überwiegend spanisch sprechende Latinos. In der Valencia Street Nummer 150 werden heute noch die berühmten Levi-Strauss-Jeans im ursprünglichen Fabrikgebäude hergestellt.

*Monterey (Ausflugsziel)

Lage
160 km südlich von San Francisco (Küstenstraße 1 oder Highway 101)

Monterey, heute eine Stadt von etwa 29000 Einwohnern, hat außer ihrer schönen Lage an der Monterey Bay eine interessante Vergangenheit. Von 1770 bis 1822 war Monterey die Hauptstadt des spanischen Kalifornien (Los Angeles, San Francisco und die jetzige Hauptstadt Sacramento existierten um diese Zeit noch nicht) und blieb, nachdem sich Mexiko von Spanien losgesagt hatte, noch 24 Jahre weiterhin Hauptstadt der Provinz. Dann verlor es rasch an politischer Bedeutung.
Nachdem die Fischkonservenindustrie durch das Verschwinden der Sardinen aus den Gewässern Montereys schon vor Jahren zum Erliegen kam – der schottische Schriftsteller John Steinbeck hat ihr in seinem Roman "Cannery Row" (1945, "Die Straße der Ölsardinen") ein literarisches Denkmal gesetzt –, bildet jetzt der Fremdenverkehr die Haupterwerbsquelle. Es gibt viele gute Hotels, Motels und Restaurants; eine vollständige Liste ist bei der Handelskammer erhältlich (Chamber of Commerce, 380 Alvarado Street, Tel. 408-649-3200).

Tip zur Reisezeit

Für einen Besuch der Halbinsel eignen sich am besten die Monate September bis Juni (Regenfälle sind allerdings im Januar und Februar zu erwarten). In den drei Sommermonaten gibt es oft Nebel und niedrighängende Wolken.

Cannery Row

Hauptattraktion ist natürlich die Cannery Row. Diese einstige Industriestraße ist vor einigen Jahren in einen Komplex von Restaurants, Geschäften und Galerien umgebaut worden; von dem, was John Steinbeck in seinem Roman schildert, sind nur noch die Mauern der Gebäude erhalten.

Nr. 851 – Kalisa's Lak Ida Café, 1929 erbaut, ab 1936 ein Bordell (von Steinbeck verewigt), seit Mitte der fünfziger Jahre ein Kaffeehaus.
Nr. 835 – 1918 als chinesischer Wing-Chong-Kolonialwarenladen eröffnet (Won Yee aus dem oberen Stockwerk erscheint in Steinbecks "Cannery Row" als Lee Chong; der Roman beginnt mit einer Schilderung des Geschäfts). Heute befinden sich hier Erinnerungsstücke an den Schriftsteller.
Nr. 800 – Pacific Biological Laboratory, bei Steinbeck Western Biological Laboratory, wo der Autor von 1930 bis 1935 manche Stunde verbrachte.
Nr. 799 – Hier befand sich Flora Woods 'Lone Star Café', bei Steinbeck Dora Floods 'Lone Star Café/Bear Flag Restaurant', ein anderes Bordell von 1923 bis 1941. Das heutige Betongebäude ist ein Antiquitäten-Lager.

Ehemaliges Fabrikgebäude in der Cannery Row

Cannery Row Nr. 711 — Einst befand sich hier das Lagerhaus der Monterey Canning Co., jetzt sind hier Geschäfte und ein Fischrestaurant.

Nr. 650, 654 — An dieser Stelle befanden sich die zweite Chinesenstadt Montereys und die Hotels von Herrn Wu und Herrn Sam, vor Jahren ersetzt durch den eleganten Spindrift Inn.

Nr. 400 — Wo sich früher eine herrschaftliche Villa, 1924 durch ein Feuer fast ganz zerstört, und später eine Fischkonservenfabrik befanden, steht jetzt das Luxushotel Monterey Plaza.

Nr. 242 — Hier doste die Enterprise-Konservenfabrik Sardinen ein; heute steht auf diesem Platz ein weiteres Luxushotel, das Monterey Bay Inn.

Monterey State Historic Park — Der Monterey State Historic Park umfaßt einige interessante alte Häuser. Sie sind, wenn nicht anders vermerkt, tgl. 10.00–18.00 Uhr anzusehen und durch die rote Markierung 'Path of History' gekennzeichnet.

Casa del Oro — Ecke Scott / Oliver Street (nur Mi.–So. geöffnet): Ein aus dem Jahr 1845 stammendes, restauriertes Kolonialwarengeschäft.

Casa Soberanes — Ecke Pacific / Del Monte St.: Ein Adobe-Haus mit 1 m dicken Mauern aus dem Jahre 1842, jetzt Museum zur lokalen Geschichte von 1830 bis 1970.

Custom House (Zollhaus) — Im Jahr 1827 zur Zeit der mexikanischen Oberherrschaft im Adobe-Stil erbaut, beherbergt jetzt eine historische Ausstellung zu den Jahren 1830–1850. In einem Garten vor dem Haus wachsen zwei der berühmten Monterey-Zypressen.

Custom House Plaza — Ecke Pacific / Scott St.: Kaliforniens ältestes Theater, ursprünglich Pension und Gastwirtschaft (ebenfalls im Adobe-Stil errichtet). Seit 1847 fin-

Custom House Plaza (Forts.)

den hier ununterbrochen Theatervorstellungen statt (Juli und August Mi.–Sa., in den übrigen Monaten nur Fr., Sa.; Auskunft: Tel. 375-4916).

Larkin House

510 Calle Principal: Aus den dreißiger Jahren des vorigen Jahrhunderts, diente Thomas Larkin in den Jahren 1843 bis 1846 als amerikanisches Konsulatsbüro in Mexiko (Di. geschlossen).

Pacific House

Custom House Plaza: Aus dem Jahr 1847, heute Museum zur Geschichte Kaliforniens mit einer Indianer-Ausstellung.

Pacific Grove, 17 Mile Drive Cannery Row

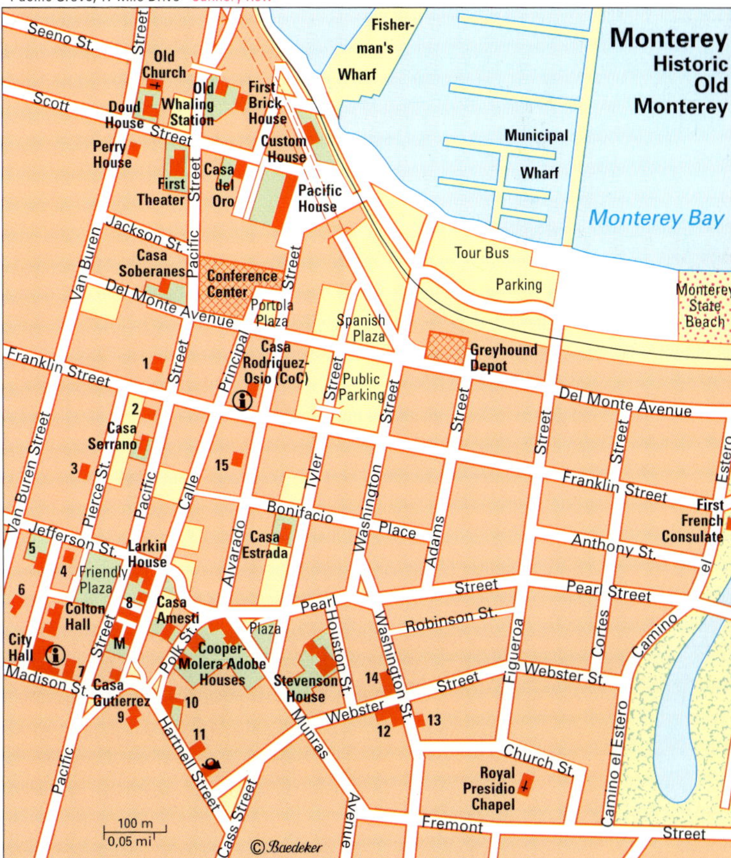

Sand City · Dennis the Menace Playground · Seaside

Carmel, Pebble Beach, 17 Mile Drive

M = Museum of Art & Maritime Museum

ⓘ Visitor Information

BEMERKENSWERTE PRIVATHÄUSER

1 Merritt House
2 Capitular House
3 Casa de Soto
4 Casa de la Torre
5 Casa Alvarado
6 Casa Vasquez
7 Brown Underwood Adobe House
8 Sherman Headquarters
9 Stokes Adobe House
10 First Federal Court
11 General Freemont's Quarters
12 Casa Pacheco
13 Casa Madariaga
14 Casa Abrego
15 Casa Sanchez

Robert Louis Stevenson House

530 Houston Street: Errichtet für eine wohlhabende Familie. Der englische Dichter wohnte vier Monate lang hier, als er seine künftige Frau besuchte. Zahlreiche Stevenson-Erinnerungsstücke (Mi. geschlossen).

Presidio
Pacific Street

Das Presidio von Monterey, jetzt Sitz des Defense Language Institute, zeigt Artefakte und Dioramen zur Geschichte des Presidio Hill aus der Zeit der Indianer, Mexikaner, Spanier und Amerikaner. Der Eintritt ist frei.

Die Royal Presidio Chapel (San Carlos Cathedral, 550 Church Street) ist die einzige in Kalifornien noch existierende Presidio-Kapelle und wird seit 1795 ununterbrochen genutzt. Beachtlich die reich verzierte Fassade.

Museen

Monterey verfügt über zwei Museen: das Monterey Peninsula Museum of Art mit kalifornischer, indianischer und asiatischer Kunst sowie wechselnden Fotoausstellungen (559 Pacific Street; Tel. 372-7591) und das Allen Knight Maritime Museum mit Exponaten zur marinen Geschichte der Region (550 Calle Principal; Tel. 375-2553).

Fisherman's Wharf

Auch der Besuch von Fisherman's Wharf (Fischerhafen) mit Geschäften und preiswerten Fischrestaurants ist empfehlenswert.

**Monterey Bay Aquarium

Lage
886 Cannery Row

Öffnungszeiten
Tgl. 10.00–18.00
Geschl. 25.12.
Hohe Eintrittsgebühr

An der Stelle der von 1916 bis 1980 hier befindlichen, seit 1972 aber nicht mehr betriebenen Konservenfabrik Hovden Cannery (eine der größten der 18 an der Cannery Row) wurde 1984 das höchst sehenswerte Monterey Bay Aquarium eröffnet, das als das größte seiner Art in den USA gilt. Die verzweigte, der ursprünglichen Fabrikarchitektur nachempfundene Anlage steht unmittelbar am felsigen Ufer der Bucht. Ein Restaurant mit Meeresblick und eine Austernbar sorgen für das leibliche Wohl der Besucher.

Das Schwergewicht dieses vorbildlich eingerichteten Seeaquariums liegt auf der Darstellung der Lebewesen und ihres Lebensraums in der Bucht von Monterey, einem außergewöhnlich reichhaltigen Meeresbiotop. Dem Besucher bieten sich mannigfaltige Beobachtungsmöglichkeiten von Küstenformationen, Wasserpflanzen, Fischen und anderen Meerestieren sowie Küsten- und Seevögeln durch gläserne Beckenwände, Tele-, Makro- und Mikroskope sowie mittels Unterwasser-Videokameras, die man selbst fernlenken kann. Fachkundige Aquariumsführer in Taucherausrüstung berichten über Lautsprecher unmittelbar aus den Großaquarien, wo sie sich zwischen den Tieren und Pflanzen aufhalten.

Die Anlage verfügt über insgesamt rund 80 Wasserbecken (z. T. zweistökkig) und 20 Galeriegänge unter Dach oder im Freien. Hier leben ca. 6000 Tiere aus annähernd 60 verschiedenen Arten (Haie, viele andere Großfische, Seeotter, Riesenkraken, Krebse, Seesterne u. v. a.).

Im Hauptgeschoß führt ein 'Habitat Path' an den vielfältigen Aquariumsabteilungen vorüber; die eindrucksvollsten sind 'Monterey Bay Habitats' (ein 27,50 m langer Buchtschnitt), 'Kelp Forest' ('Tangwald'; ein 8,50 m hohes Riesenbecken mit 1,26 Mio. l Wasserinhalt) oder 'Great Tide Pool' ('Großes Gezeitenbecken').

In der weiten 'Marine Mammals Gallery' sind zahlreiche in der Bucht beheimatete Wassersäugetiere nachgebildet, v. a. Wale, Delphine, Seelöwen und Seehunde. In einem doppelstöckigen Spezialaquarium tummeln sich vom Aussterben bedrohte Seeotter, die hier nachgezüchtet werden.

In der 1989 eröffneten Abteilung 'Mexico's Secret Sea' ('Mexikos geheimnisvolle See') kann die tropische Unterwasserwelt des Golfs von Kalifornien mit über 300 seltsamen Lebewesen bewundert werden. Die im selben

Marina, San Francisco

Big Sur, San Simeon

Carmel Valley Village

Salinas

Jahr eröffnete Abteilung 'Jewels of the Pacific' zeigt ein großes Spektrum von Meerestieren und Unterwasserformationen der Pazifikküste.

Umgebung von Monterey

Pacific Grove

Das nahegelegene Pacific Grove, ein Ort mit ca. 15 000 Einwohnern, verfügt über zahlreiche viktorianische Häuser, ein naturgeschichtliches Museum und das Asilomar Conference Center. Vom 6 km langen Ocean View Boulevard (für Spaziergänger geeignet) kann man die felsige Küste überblicken. Südlich von Monterey liegen die Orte Pebble Beach und Del Monte, beide mit fast schon palastartigen Villen und Golfplätzen, die zu den schönsten der Monterey-Halbinsel gehören.

***17 Mile Drive**
Privatstraße
(Gebühr)
Auskunft
Tel. 800-654-9300

Nur ein paar Kilometer von Monterey entfernt, auf der Südseite der Monterey-Halbinsel, liegt → Carmel. Wegen der vielen landschaftlichen Reize lohnt es, den längeren Weg, den '17 Mile Drive', zu benutzen. Er beginnt am Pacific Grove Gate und führt dann an der Pazifikküste entlang und teilweise durch den Del-Monte-Wald (in dem sich viele große Villen befinden), der durch seinen reichen Bestand an Zypressen und sogenannten Monterey-Pinien beeindruckt; weiter passiert man malerische Strände, einsame Felsen, die 'Lone Cypress' ('Einsame Zypresse', Foto S. 90), den Pebble-Beach-Golfplatz und das Hotel 'Lodge at Pebble Beach'.
In den Seal und Bird Rocks sind viele Möwenarten zu Hause, auch Seelöwen und Seehunde sind häufig zu sehen. Vom Cypress Lookout bietet sich ein besonders schöner Ausblick auf die Pazifikküste nach Norden und Süden.

Wasservögel im Monterey Bay Aquarium

Kormorane auf einem Felsen vor der Monterey-Halbinsel

Moscone Convention Center

H 3

Dieses im Dezember 1981 eröffnete Tagungszentrum liegt südlich der Market Street auf einem knapp 5 ha großen Gelände, das von der Third, der Howard, der Fourth und der Folsom Street begrenzt wird. Hier befinden sich eine ca. 22 600 m² große Ausstellungshalle, der größte säulenfreie Raum in den USA, sowie 41 Tagungsräume mit Platz für 30 bis 7000 Personen und ein Ballsaal.

Lage
südlich der Market Street, zwischen Howard Street und Folsom Street
Eingang:
777 Market Street

An das Center schließen sich die Buena Yerba Gardens an, wo Ende 1993 ein Kultur-, Freizeit- und Geschäftszentrum mit einem Theater, drei Kunstgalerien, einem Kino und einem Skulpturengarten entwickelt wurde (Tel. 978-2700). Führungen starten samstags 13.00 Uhr am Eingang an der Howard Street.

Center for the Arts in den Yerba Buena Gardens (Bild s. S. 12)

Mount Tamalpais

Vom 820 m hohen Mount Tamalpais, dem höchsten Berg in der unmittelbaren Umgebung San Franciscos, genießt man einen herrlichen Ausblick auf das Golden Gate. Man kann mit dem Auto (über die Golden Gate Bridge und US 101) bis zum Gipfel hinauffahren, man kann den Wagen aber auch am Fuße des Tamalpais parken und einen der zahlreichen Fußpfade benutzen. Das Gebiet des Mount Tamalpais ist zum größten Teil Staatspark von Kalifornien mit größeren Picknick- und sogar zwei Zeltplätzen. Wie in den nur wenige Kilometer entfernten Muir Woods (s. rechts) wachsen auch hier zahlreiche Redwood-Bäume.

Lage
32 km nördlich von San Francisco

*Muir Woods (Mammutbaumwälder)

Die berühmtesten Redwood-Mammutbäume, die höchsten der Welt – sie gedeihen nur in Kalifornien und Oregon –, wachsen wenige Kilometer von San Francisco entfernt in den Muir Woods. Der Park ist seit 1908 als 'National Monument' in der Obhut des National Park Service gegeben, der am Eingang einen Kiosk unterhält, wo Besucher alle gewünschten Informationen erhalten.
Die Muir Woods sind nach John Muir benannt, der schon im 19. Jh. die Amerikaner für die Erhaltung der Natur zu gewinnen suchte und mit der Gründung des Sierra Clubs in San Francisco die erste bedeutende Organisation schuf, die sich mit Fragen der Ökologie befaßte.

Lage
Mill Valley, CA (24 km nördlich von San Francisco)

Anfahrt
Über Highway 101 und California 1
Busverbindung über Sausalito

In dem 223 ha großen Waldgebiet wachsen viele der berühmten Mammutbäume (botanischer Name: Sequoia sempervirens). Man findet diese bis zu 6 m dicken Bäume ausschließlich in einem 870 km langen und 48 km breiten Gürtel am Pazifik, der südlich von → Monterey beginnt und bis in die Südwestecke des US-Bundesstaats Oregon reicht. Neben starken Regenfällen in den Monaten November bis April erzeugt hier in den trockenen Sommermonaten ausreichender Morgen- und Abendnebel die für das Wachstum optimale feuchte Atmosphäre. Die Mammutbäume in Muir Woods sind bis 73 m hoch. In den ersten 100 Jahren wachsen sie alljährlich um 30 cm, danach verlangsamt sich das Wachstum. Der älteste (inzwischen eingegangene) Mammutbaum war 2200 Jahre alt; das durchschnittliche Alter beträgt 400–800 Jahre. Das Wurzelwerk der Bäume erstreckt sich seitlich bis zu 46 m weit, doch nur max. 2 m tief ins Erdreich.
In Muir Woods gibt es insgesamt 10 km Wanderwege, sie sind gut ausgeschildert. Da es hier oft kühl und feucht ist, selbst im Sommer, sollte man sich mit warmer Kleidung ausrüsten.

Redwoodbäume

Ein alteingesessenes Weinbauunternehmen im Napa Valley – die Mondavi Winery

Museum of Modern Art

→ San Francisco Museum of Modern Art

Museum of Money of the American West

→ Bank of California

Museum of the City of San Francisco G 1

Lage
2801 Leavenworth Ave. (3. Stock)

Dieses neue Museum ist das erste, das ausschließlich der Geschichte der Stadt gewidmet ist. Ausgestellt sind Fotos, Stadtkarten, Gemälde und stadtgeschichtlich bedeutsame Gegenstände, so die Statue der Göttin des Fortschritts, die die Kuppel des beim Erdbeben 1906 zerstörten Alten Rathauses zierte. Öffnungszeiten: Mi.–So. 11.00–16.00 Uhr; Eintritt frei.

*Napa & Sonoma Valleys (Weinbaugebiete)

Lage
70–85 km nördlich von San Francisco

Napa Valley und Sonoma Valley sind die bekanntesten und größten Weinanbaugebiete Kaliforniens. Die hervorragenden Weine erobern sich allmählich auch den europäischen Markt. Die Temperaturen im Napa Valley, vor allem im nördlich gelegenen Calistoga, sind bedeutend höher als in San Francisco und bieten ideale Bedingungen für den Weinbau. Da jedes Stückchen Land nicht nur bei Weinbauern heiß begehrt ist, sind die Grund

Allgemeines (Fortsetzung)

stückspreise und Lebenshaltungskosten im Napa Valley verhältnismäßig hoch. Doch wird man mit einer für US-amerikanische Verhältnisse hervorragenden Küche, exzellenten Weinen zu gemäßigten Preisen und romantischen Gasthäusern belohnt. Vieles im Napa Valley erinnert an den Mittelmeerraum, nicht nur das Klima, sondern auch die prächtig angelegten Weingüter mit stattlichen Häusern und Kellereien. Abschluß jeder Kellerei-Besichtigung ist die Weinprobe, an der man sich genüßlich laben kann.

Weinbau

Der Weinbau in Kalifornien wurde um 1825 von spanischen Franziskanern eingeführt und in der Folgezeit von deutschen, elsässischen, französischen, ungarischen und italienischen Winzern auf den heutigen Stand gebracht. Die Weinlagen nördlich der Bay gelten inzwischen als die besten der USA. Die Weinlese dauert von September bis Anfang November. Insgesamt gibt es im Napa- und im Sonoma-Tal annähernd 150 Kellereien, in den übrigen Teilen Kaliforniens etwa die gleiche Zahl. Im Sonomatal nehmen die Rebstöcke heute eine Fläche von 2100 ha ein. Daran läßt sich die Bedeutung dieses Zweigs der Landwirtschaft für Kalifornien erkennen.

Sonoma

Sonoma liegt etwa 70 km nördlich von San Francisco an der landschaftlich schönen US 12. Die Ortsbezeichnung 'Sonoma' ist nicht – wie vielfach angenommen – spanischen Ursprungs, sondern geht auf die Wintun-Indianer zurück, in deren Sprache es die Bedeutung 'Nase' hatte. Warum gerade dieser Name bei der Stadtgründung im Jahre 1835 gewählt wurde, ist aber unklar.

Geschichte

Während Napa keinerlei historische Bedeutung erlangt hat, ist Sonoma als zeitweilige Hauptstadt der Republik Kalifornien (1846) in die Geschichte des Staates eingegangen. Mariano Guadelupe Vallejo, geboren in → Monterey, der damaligen Hauptstadt der spanischen Kolonie Alta California,

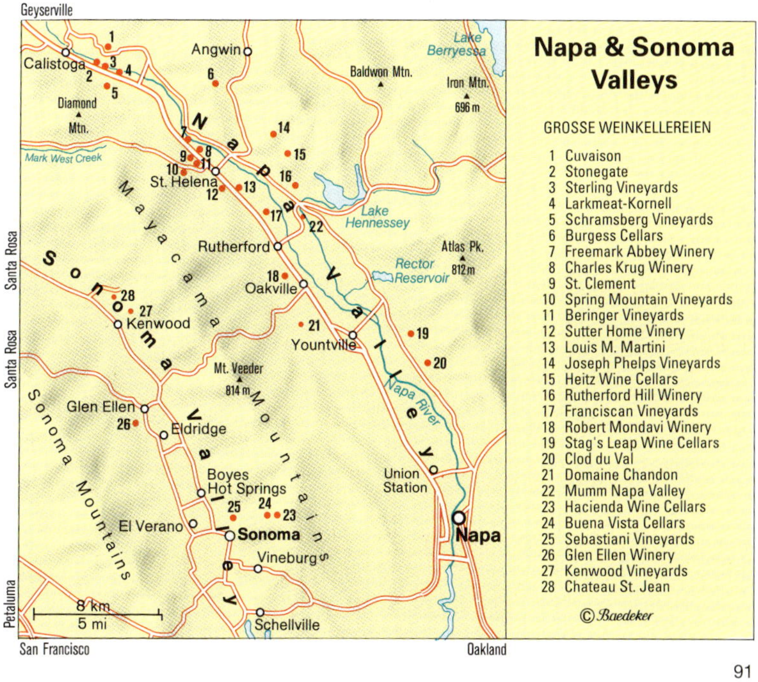

Sonoma, Geschichte (Fortsetzung)

wurde nach der Befreiung vom spanischen Joch Oberbefehlshaber der mexikanischen Streitkräfte in der Provinz und regierte von 1836 bis 1846 als unumstrittener Herrscher Nordkaliforniens mit Sitz in Sonoma.
Doch mehr und mehr Amerikaner kamen in die Provinz, und am 14. Juni 1846 nahmen sie in einem Handstreich die Kaserne in Sonoma, verhafteten Vallejo und riefen eine unabhängige Republik Kalifornien aus, der sie eine eigene Flagge gaben, die Bärenflagge, die gelegentlich noch in Kalifornien zu sehen ist. Aber nur einen Monat später brachten US-Truppen ganz Alta California in ihre Gewalt, und der Traum von der selbständigen Republik war ausgeträumt.

Kellereien im Sonoma Valley

Wenn man die Straßen CA 12 und CA 128 talaufwärts fährt, trifft man unentwegt auf Kellereien. Am Ostrand von Sonoma liegt die Buena-Vista-Kellerei, die 1857 von dem ungarischen Grafen Agoston Haraszthy gegründet wurde. Er gilt allgemein als Vater des kalifornischen Weinbaus, obwohl die franziskanischen Padres schon 1825 Reben für ihren Meßwein zogen. Heute gehört die Kellerei dem Deutschen Hubertus von Wulffen, der hier in den Sommermonaten auch interessante Konzerte veranstaltet.
Erheblich jünger (1904) ist die Sebastiani Vineyards & Winery, die sich allerdings noch heute im Besitz des Firmengründers befindet (Führungen 10.00–17.00 Uhr). Auch die Haywood-Kellerei ist zu besichtigen.

Wein

Zu den bekanntesten Weinsorten, alle von europäischen Rebstöcken stammend, gehören Chardonnay, Pinot Noir, Merlot, Johannisberg Riesling und Gewürztraminer, in höheren Lagen auch Cabernet Sauvignon; ferner die in Amerika gezüchtete Rebsorte Zinfandel.

State Historic Park

Auf der Plaza von Sonoma sind die Überreste des Hauses von Vallejo von 1850/1851 zu besichtigen (Ecke W. Spain St./3rd St. West; der größte Teil fiel 1867 einem Brand zum Opfer), ferner die Adobe-Kaserne von 1834, in der Vallejos Soldaten stationiert waren (E. Spain St./1st St. West). Sehens-

Ruinen des von Jack London erbauten Wolf House bei Glen Ellen

wert sind auch das ehemalige Toscano Hotel und die vielen Häuser aus der Mitte des 19. Jahrhunderts.

State Historic Park (Fortsetzung)

In Sonoma befindet sich die nördlichste der von den Franziskanern entlang der kalifornischen Küste gegründeten Missionen, San Francisco Solano, die nur knapp 10 Jahre, von 1823 bis 1833, ihrem Zweck diente. 1909 wurde mit dem Wiederaufbau der Mission begonnen; archäologische Arbeiten werden auch jetzt noch von Zeit zu Zeit durchgeführt.

Jack London State Park

In der Nähe von Glen Ellen im Sonoma-Tal beginnt der Jack London State Park, benannt nach dem kalifornischen Autor von 50 Romanen und zahllosen Kurzgeschichten. Unweit des Eingangs zum Park steht das von seiner Witwe erbaute 'House of Happy Walls', und etwa 1,5 km entfernt befindet sich die Grabstätte des nur 40 Jahre alt gewordenen Schriftstellers sowie die auch jetzt noch imposante Ruine des von London erbauten Wolf House, das abbrannte, noch ehe es bezogen werden konnte.

Santa Rosa

Die im Weinbaugebiet von Sonoma County am nördlichen Ende des Sonoma-Tals gelegene Stadt (89000 Einwohner), in deren unmittelbarer Umgebung etwa 100 Weinbaubetriebe arbeiten, ist – da nur etwa 85 km von San Francisco entfernt – bevorzugtes Wohngebiet für Städter, die den weiten Weg nicht scheuen. Santa Rosa ist durch Luther Burbank bekannt geworden, einen bedeutenden amerikanischen Agronomen, der hier neue Obst- und Gemüsesorten züchtete (Luther Burbank Memorial Gardens, Ecke Sonoma / Santa Rosa Avenues; geöffnet tgl. 8.00–17.00 Uhr bei freiem Eintritt).

Peanuts Museum

Snoopy Place Nr. 1 ist die Adresse der Villa des bekannten Comic-Zeichners Charles M. Schulz. Der deutschstämmige, 1922 in Minneapolis (MN) geborene Schulz ist der geistige Vater der 'Peanuts' mit Charly Brown, dem Beagle Snoopy, Lucy und Linus usw.; seit ihrem ersten Erscheinen 1950 zählt diese Comic-strip-Serie zu den erfolgreichsten überhaupt.

Napa – Hauptort im aufstrebenden Weinbaugebiet Napa Valley

Wie ein griechisches Kloster thront das Weingut Sterling Vineyards auf einem Hang

Napa

Napa, ca. 22 km östlich Sonoma, ist mit 53000 Einwohnern eine der größten kalifornischen Städte nördlich von San Francisco. Sie wurde 1848 gegründet und trägt den Namen der längst ausgestorbenen Napa-Indianer. In dem Hauptversandort für die im Napa-Tal bis Calistoga (s. unten) erzeugten Weine gibt es weiterhin Gerbereien, Leichtindustrie und Elektronikbetriebe. Die westliche Grenze bilden die Mayacama-Mountains, die östliche Grenze die Howell-Berge, die das Tal vor Unwetter schützen.

Besichtigung der Kellereien im Napa Valley

Folgt man dem Highway 29 oder dem Silverado Trail nordwärts gelangt man zu den wichtigsten Kellereien des Napa Valley. Die meisten liegen auf der Strecke von Yountville nach St. Helena bei Oakville und Rutherford: Namen wie Mondavi, Beaulieu, Inglenook, Heitz und Louis Martini haben in Amerika und inzwischen auch in Deutschland einen guten Klang. Vorbei an der Schaumweinkellerei Domaine Chandon kommt man zum idyllisch im Missionsstil errichteten Weingut Robert Mondavi. Auf den Hanglagen bei Rutherford wachsen die wohl besten Rotweine der Marke Cabernet Sauvignon (v. a. vom Weingut Beaulieu). Von den weißen Weinen ist Johannisberg Riesling hervorzuheben.
Östlich von Rutherford liegt am Silverado Trail das Weingut Mumm Napa Valley, der kalifornische Ableger des französischen Sektherstellers Mumm. Nördlich von St. Helena kommt man auf der Straße CA 128 an den Weinkellereien Beringer Brothers und Charles Krug vorbei (letztere ist eine der ältesten im Tal, gegründet 1861 von einem Deutschen), und noch weiter nördlich folgen Hans Kornell und Schramsberg, einer der wenigen amerikanischen Sekthersteller.

Im Lauf der letzten Jahre sind etwa 50 kalifornische Kellereien ganz oder teilweise in ausländischen Besitz übergegangen. Zu diesen gehören etwa Inglenook und Beaulieu (Großbritannien) sowie Beringer (Schweiz). Seit etwa 1970 ist die Zahl der Weinbaubetriebe im Napa-Tal von 30 auf über 200 gewachsen.

Napa Valley, Kellereien (Fortsetzung)

Je weiter man nach Norden kommt, desto enger wird das Tal und die Landschaft entfaltet ihr mediterranes Flair. Eine besondere Attraktion ist kurz vor Calistoga der im Stil eines griechischen Klosters errichtete Weinbaubetrieb Sterling, der auf einem steilen Hügel thront und eine herrliche Aussicht auf das Tal gewährt.

Tourismus

Durch die Besichtigungsfahrten, die vor allem von San Francisco aus veranstaltet werden, erhält das Tal ein immer stärkeres touristisches Gepräge (rund 2,5 Mio. Touristen pro Jahr).

Wine Train

Seit geraumer Zeit gibt es die Möglichkeit, in authentischen Pullmann-Salonwagen (George Mortimer Pullman baute in Chicago ab 1858 die bekannten luxuriösen Salon- und Schlafwagen) auf einer stillgelegten Bahnstrecke das Weinbaugebiet Napa Valley kennenzulernen; Weingüter werden besichtigt, Weinproben veranstaltet. Auf der 36 Meilen (etwa 58 km) langen Fahrt von Napa nach St. Helena und zurück werden im vornehmen Speisewagen Feinschmeckergerichte angeboten.

Ballonflug

Bild s. S. 160

Zunehmend größerer Beliebtheit erfreuen sich Ballonflüge über das Napa Valley in den frühen Morgenstunden, wenn die Thermik noch ruhig ist. Unmerklich steigen die farbenfrohen Heißluftballons in die Höhe und bieten einen herrlichen Ausblick auf das gesamte Weinbaugebiet. Nach der sanften Landung wird man etwa von dem Veranstalter 'Balloons Above the Valley' (P.O. Box 3838, Napa, CA 94558, 800-646-6824) zu einem 'Sektfrühstück' auf das Weingut Domaine Chandon gefahren.

St. Helena

Will man sich nicht nur Kellereien und Weinberge ansehen, schalte man einen kurzen Aufenthalt in St. Helena (5000 Einwohner) ein, etwa 29 km nordwestlich von Napa gelegen. Das Silverado Museum (1490 Library Lane) erinnert an den schottischen Schriftsteller Robert Louis Stevenson (s. unten Calistoga) mit Erstausgaben seiner Werke, Manuskripten, Fotos

Auf dieser idyllisch gelegenen Terrasse lassen sich Weinproben besonders gut genießen

Napa & Sonoma Valleys, St. Helena (Fortsetzung)

und Briefen des Dichters. Geöffnet Di.–Fr. 12.00–16.00 Uhr; Eintritt frei. – In oder in der Nähe des bedeutenden Weinorts haben sechs große Kellereien ihren Sitz: Beaulieu, Beringer, Inglenook, Hans Kornell, Charles Krug und Louis M. Martini.

Berryessa-See

Etwa 20 km östlich von St. Helena liegt der Berryessa-See, der durch den Bau des Monticello-Damms entstand, mit einer Uferlänge von 265 km und vielen Wassersportmöglichkeiten.

Calistoga

Calistoga liegt am nördlichen Ende des Napa-Tals. Die Stadt wurde 1859 von Sam Brannan gegründet, der in den heißen Quellen ideale Voraussetzungen für einen Badeort witterte. In den 1870er Jahren erreichte Calistoga (der Name ist eine Verbindung von California und Saratoga, ein bedeutender Badeort im Staat New York) seinen Höhepunkt; seitdem ist der Weinbau die Haupteinnahmequelle. Die heißen Quellen und der heilwirksame Schlamm werden heute noch für Kuranwendungen und Schlammpackungen verwendet. Zahlreiche Kur- und Schönheitsfarmen (genannt 'Spa') vor allem entlang dem Silverado Trail (z. B. Calistoga Village Inn & Spa, 1880 Lincoln Avenue) bieten Entspannung und Unterkunft.

Sharpsteen Museum

An der Hauptstraße von Calistoga (1411 Washington Street) erinnert das Sharpsteen Museum mit Fotos, Dioramen und Gegenständen an die Frühzeit der Stadt, als sie noch Badeort war; neben dem Museum eine damals für Badegäste gebaute Hüttenwohnung. Geöffnet Mai–Okt. 10.00–16.00, sonst 12.00–16.00 Uhr.

Mount St. Helena

Etwa 8 Meilen (13 km) nördlich von Calistoga an der CA 29 liegt der ca. 1300 m hohe erloschene Vulkan Mount St. Helena, wo Robert und Fanny Stevenson 1880 einen Teil ihrer Flitterwochen verbrachten (Robert Louis Stevenson State Park, mit einer Statue des Dichters). Der Berg, der das Napa-Tal überragt, gehört zu den Mayacama Mountains (benannt nach dem alten Indianerdorf Miyakmah bei Calistoga).

Old Faithful Geyser

Nur eine Meile (1,6 km) entfernt, zwischen den Straßen 29 und 128, ist der 'Old Faithful Geyser of California' zu sehen, der alle 40 Min. eine bis zu 20 m hohe Fontäne ausstößt. Die Wassertemperatur liegt wegen des Überdrucks im Erdinnern weit über dem Siedepunkt, nämlich bei ca. 200 °C! Das Wasser entstammt einem unterirdischen Fluß unter dem Napa Valley, der durch die Magma im Erdinnern erhitzt und in Höhlen tief im Erdinneren gesammelt wird. Gewisse 'Rhythmusstörungen' und die unterschiedliche Höhe des Ausbruchs sind bedingt durch Luftdruckschwankungen, Gezeiten, den Stand des Mondes und durch tektonische Spannungen. Zwei Tage bis zwei Wochen vor einem Erdbeben schießen alle paar Minuten kleine Fontänen (etwa 1 m) in die Höhe, so daß der Old Faithful Geyser auch für die Vorhersage von Erdbeben geeignet ist. Im Sommer tgl. 9.00–18.00, sonst bis 17.00 Uhr geöffnet.

Redwoods

Etwa fünf Meilen (9 km) westlich an der Petrified Forest Road sind versteinerte Redwoods sowie ein Museum zu besichtigen. Im Sommer tgl. 9.00–18.00, in den übrigen Monaten bis 17.00 Uhr geöffnet.

National Maritime Museum F 1

Lage
im Aquatic Park, Ende Polk Street

Buslinien
19, 30, 32, 47

Cable Car 60

Das National Maritime Museum schildert die Geschichte der Seefahrer und ihrer Schiffe, die wesentlich zur Entwicklung des Handels und der Besiedlung der amerikanischen Westküste beigetragen haben. Die Schiffe aus der Frühzeit Kaliforniens, die Gebrauchsgegenstände und andere Ausstellungsstücke vermitteln einen lebendigen Eindruck von der Arbeit und Lebensweise der Männer, die die Schiffe bauten und fuhren.
Das Museum hat an verschiedenen Orten untergebrachte Abteilungen:

Museumsschiffe am Hyde Street Pier

Schiffahrtsmuseum

In einem aus dem Jahre 1939 stammenden Gebäude mit wechselvoller Geschichte, das erst ein gutes Dutzend Jahre später in das jetzige National Maritime Museum umgewandelt wurde, befinden sich Modelle von Passagier-, Fracht- und Kriegsschiffen, die häufig durch das Goldene Tor fuhren.

Öffnungszeiten
Mi.–So.
10.00–17.00
Geschlossen
25. 12., 1. 1.

Die im Obergeschoß untergebrachte Bibliothek (nur Mittwoch bis Freitag geöffnet) besitzt historische Zeitungsartikel zur Geschichte der kalifornischen Seefahrt, Bücher, Broschüren, Bordbücher, See- und Landkarten. Das Fotoarchiv verfügt über ca. 100 000 Fotos von Segelschiffen, Dampfern, Häfen und Ansichten der sich ständig verändernden Hafengegend San Franciscos. An einem Bücherstand ist Literatur zur Geschichte der Seefahrt an der amerikanischen Westküste erhältlich.

Eintritt frei

Museumsschiffe am Hyde Street Pier

Am Hyde Street Pier liegen fünf Schiffe vor Anker:
"Eureka": eine Fähre, die von 1890 bis 1957 in Betrieb war und Passagiere zwischen Marin County und Oakland beförderte. Die zu ihrer Zeit größte Personenfähre der Welt besaß Schaufelradantrieb.
"C. A. Thayer": ein 1895 erbauter Segelschoner, der zunächst als Holztransportschiff diente, später gesalzenen Lachs beförderte und zuletzt (bis 1950) als Kabeljauschiff in der Bering-See eingesetzt war.
"Wapama": ein Dampfschoner aus dem Jahre 1915, der Holz beförderte, aber auch Passagierkabinen hatte.
"Alma": ein Leichter von 1891 mit zwei Masten, der bis 1958 Kohle, Sand, Holz u. ä. in der Bucht und auf den einmündenden Flüssen beförderte.
"Hercules": ein Hochseedampfschlepper, der von 1907 bis 1962 Schiffe in die Westküstenhäfen bugsierte.

Öffnungszeiten
Mai–Sept.
tgl. 10.00–18.00
Okt.–Apr.
tgl. 10.00–17.30

Eintrittsgebühr

Museumsschiffe (Fortsetzung)

Weitere Museumsschiffe an anderen Liegeplätzen:
Pier 43: "Balclutha", ein Segelschiff mit Stahlrumpf, wurde 1886 in England gebaut und brachte bis 1954 in erster Linie Kohle um das Kap Hoorn nach San Francisco und Getreide nach Europa. Es wurde originalgetreu restauriert. Geöffnet tgl. 9.00–18.00 Uhr (Gebühr).
Pier 45: USS "Pampanito", ein US-amerikanisches Unterseeboot (Baujahr 1943), das während des Zweiten Weltkriegs im Pazifik eingesetzt war. Öffnungszeiten: Mo.–Do. 9.00–18.00, Fr.–So. bis 21.00 Uhr (Gebühr).

Navy / Marine Corps / Coast Guard Museum

Lage
auf Treasure Island

Buslinie
A/C Transit vom Busbahnhof Mission St. & 1st St.; Auskunft über Abfahrtszeiten: 653-3535

Mit dem Aufbau des Navy / Marine Corps / Coast Guard Museum wurde anläßlich der Zweihundertjahrfeier der Vereinigten Staaten begonnen. Das Museum schildert in Ausstellungsstücken, Dokumenten und Bildern die Rolle der US-Marine und des Marinekorps im Pazifik. Riesiges Wandgemälde von Lowell Nesbitt. Geöffnet tgl. 10.00–15.30 Uhr.
Bei der Fahrt über die San Francisco Bay–Oakland Bridge und vor allem von Treasure Island aus genießt man reizvolle Ausblicke auf die Wolkenkratzer von San Francisco. Treasure Island ist übrigens ein von Menschenhand geschaffener Teil der Insel Yerba Buena. Das Projekt wurde für die Golden-Gate-Ausstellung von 1939 verwirklicht.

*Nob Hill G 2

Lage
westlich von Chinatown

Nob Hill, eine der vornehmsten Gegenden in San Francisco, ist ein über 100 m hoher Hügel, auf dem vor dem Erdbeben von 1906 die Reichen wohnten und noch heute zahlreiche palastähnliche Gebäude stehen.

Blick durch steile Straße auf die Liegeplätze im Hafen – im Hintergrund Alcatraz

Die Residenz des Pacific Union Club auf dem Nob Hill

Cable Car
61 (California St.)

Für den Namen gibt es drei Erklärungen: eine Zusammenziehung des aus dem Indischen stammenden Wortes 'Nabob', das einen reichen Mann bezeichnet; eine Zusammenziehung des Wortes 'Snob', oder – am wahrscheinlichsten – der Gleichklang mit dem Wort 'knob', das soviel bedeutet wie 'Rundhügel' oder 'Berg'. Ursprünglich hieß der Hügel 'California Street Hill' nach der Straße, die vom Finanzviertel hinaufführt.
Seit dem Ende der fünfziger Jahre des 19. Jh.s siedelten sich hier die Reichen an: Bankiers, Industrielle, Zeitungsverleger. Ihnen folgten 15–20 Jahre später die Neureichen, die durch den Bahnbau Millionäre geworden waren: Charles Crocker, Leland Stanford, Mark Hopkins und Collis Huntington, "nicht die Eigentümer Kaliforniens, die sehr wohl aber die Mehrheitsinteressen darstellen dürften", wie es in einem Buch über San Francisco heißt.

Sehenswerte Gebäude

Stanford Court Hotel (905 California Street): Ursprünglich ein 1911 erbautes Luxuswohnhaus; bis zum Erdbeben stand hier die Villa Stanfords. 1972 in ein Hotel umgebaut.
Mark Hopkins Inter-Continental Hotel (999 California Street): Hier befand sich die Hopkins-Villa, die ebenfalls dem Erdbeben zum Opfer fiel. Erst 1925 wurde das zwanzigstöckige Hotel erbaut, dessen Bar 'Top of the Mark' einen der schönsten Ausblicke auf die Stadt gewährt.
Fairmont Hotel (950 Mason Street): Von dem 'Silberkönig' James G. Fair finanziert und kurz vor der Eröffnung 1906 total ausgebrannt, so daß ein weiteres Jahr für die Instandsetzungsarbeiten benötigt wurde. Die Eingangshalle kann wohl als einer der schönsten öffentlich zugänglichen Räume San Franciscos angesehen werden. Die Außenfahrstühle des 1962 hinzugefügten Turms sind eine besondere Attraktion.

Pacific Union Club (1000 California Street): San Franciscos exklusivster Herrenklub, 1886 als Villa eines anderen Silberkönigs, James Flood, erbaut und 26 Jahre später erneuert.

Nob Hill, Sehenswerte Gebäude (Fortsetzung)

University Club (800 Powell Street, Ecke California Street; ursprünglich Stanfords Stallungen): 1912 als eine Art florentinischer Stadtpalast errichtet.
Grace Cathedral → dort

Masonic Memorial Auditorium (1111 California Street), eines der wenigen kaum hierher passenden modernen Gebäude (aus dem Jahr 1958); mehrere Art-deco-Häuser aus den zwanziger Jahren (1250 Jones, 1298 Sacramento, 1000 Mason, 1100 Sacramento).
Huntington Park (California Street) zwischen Pacific Union Club und → Grace Cathedral: Den Grund schenkte Collis Huntingtons Witwe 1915 der Stadt; es entstand einer der schönsten Kleinparks von San Francisco.

North Beach (Vergnügungsviertel) G/H 1/2

Lage
Broadway, Columbus Avenue, Washington Square

Buslinie
15

North Beach ist einer der schillerndsten Stadtteile San Franciscos. Einwanderer aus aller Herren Länder prägen das Straßenbild. Der Name ist irreführend: Weit und breit ist kein Strand zu sehen. Noch um 1850 war hier allerdings noch Wasser, ein Arm der San Francisco Bay.

Man gelangt zu den wichtigsten Stellen von North Beach, wenn man die Grant Avenue, die Hauptstraße von → Chinatown, weitergeht. Hinter Columbus Avenue und Broadway beginnt North Beach, wo man das Nachtleben San Franciscos in vollen Zügen genießen kann – das zum 'Tagleben' erweitert ist, denn die durch grelle Lichtreklamen gekennzeichneten Lokale sind fast ununterbrochen geöffnet. Hier tanzen und agieren Frauen in verschiedenen Graden der Nacktheit, hier gibt es Pornofilme und -theater, aber auch Jazzclubs, in denen regelmäßig berühmte Musiker spielen. Auch einige stadtbekannte Diskotheken befinden sich in dieser Gegend. Von den einst zahlreichen Vergnügungslokalen sind heute jedoch nur noch etwa die Hälfte übrig geblieben.
An der Ecke Kearny Street / Columbus Avenue hat man einen besonders schönen Ausblick auf die → Transamerica Pyramid.

Washington Square

Aber North Beach ist mehr als seine Nachtlokale: Geht man die Columbus Avenue weiter bis zum Washington Square, befindet man sich mitten im Italienerviertel, das vermutlich mehr Lokalkolorit hat als das 'Little Italy' vieler anderer amerikanischen Städte. Hier leben über 50000 Italiener – ein Blick auf die Geschäfte und Restaurants genügt, um den Besucher davon zu überzeugen, wie sehr in diesem Viertel die heimatlichen Gepflogenheiten noch lebendig sind. In der Geschichte San Franciscos haben italienische Einwanderer vielleicht eine größere Rolle gespielt als irgendein anderes europäisches Volk. – In den 60er und 70er Jahren war Washington Square Sammelpunkt der Hippies ('Blumenkinder'), deren psychedelische Bewegung von hier ausging.
Auch der → Telegraph Hill mit dem Coit Tower gehört zu North Beach.

Oakland

Lage
12 km nordöstlich von San Francisco

BART-Station
Lake Merritt

Buslinie
A/C Transit Linie A

Oakland, mit San Francisco durch die San Francisco – Oakland Bay Bridge verbunden und am Westufer der großen Bucht in einem bis auf 535 m ansteigenden Hügelland gelegen, war zunächst ein Holzfäller-Ort, die nahe der Bucht große Eichenwälder und Redwood-Bestände vorfanden, von denen heute fast nichts mehr zu sehen ist. Dann kamen die Goldgräber, und 1852 wurde die nach ihren Eichen benannte Stadt gegründet. Oakland gewann an Bedeutung, als es 1869 Endpunkt der transkontinentalen Eisenbahn wurde; im gleichen Jahr legte der damalige Mayor den nach ihm benannten Merritt-See in der Stadt an.

Children's Fairyland in Oakland – der erste Themenpark der USA

Allgemeines (Fortsetzung)

Der Bau von Piers und eines Schiffskanals unterstrich die wichtige Rolle, die Oakland als Verkehrsknotenpunkt spielen sollte. Oakland besitzt einen der fünf größten Container-Häfen Nordamerikas. Im Jahre 1991 wurden ganze Stadtviertel durch eine Feuersbrunst zerstört. Heute hat Oakland über 372 000 Einwohner.
Die Rivalität der Städte San Francisco und Oakland ist groß, und die Witze, die die Bewohner über die jeweils andere Stadt machen, sind keineswegs freundlich. Obwohl Oakland im Schatten des für Touristen besonders attraktiven San Francisco steht, lohnt sich ein Tagesausflug in diese Stadt.

Wirtschaft

Nach dem verheerenden Erdbeben von 1906, von dem Oakland weitgehend verschont blieb, erhielt die Stadt so starken Zuzug von Bewohnern San Franciscos, daß sich seine Einwohnerzahl von 1900 bis 1910 verdoppelte. In den zwanziger Jahren faßte die Industrie Fuß, größere Bürogebäude entstanden. Der Zweite Weltkrieg brachte zusätzliche Veränderungen: Die Hafenanlagen wurden verbessert, und in den fünfziger Jahren stellte sich Oakland, darin weitblickender als San Francisco, auf den Container-Frachtverkehr um und lief bald San Francisco als größter Container-Hafen an der Westküste den Rang ab. Als Folge davon siedelten sich über 1000 Lastwagen-Speditionen in Oakland an. Weiter arbeiten hier mehrere große Werften und ca. 1600 Fabriken.

Black Panthers

Zugleich erwies sich Oakland als attraktiv für viele Schwarze, die aus dem Süden kamen und 1970 etwa ein Drittel der Einwohner ausmachten. Im Jahre 1966 gründeten Bobby Seale und Huey Newton in Oakland die 'Black Panthers'; ihre radikalen Forderungen machten nach mehreren Zwischenfällen mit der Polizei und verschiedenen Gewalttaten einer gemäßigteren Haltung Platz.

Lake Merritt

In der Stadtmitte liegt der Lake Merritt, ein 64 ha großer Salzwassersee (Bootsfahrten möglich), der vom Lakeside Park umgeben ist. Hier liegt

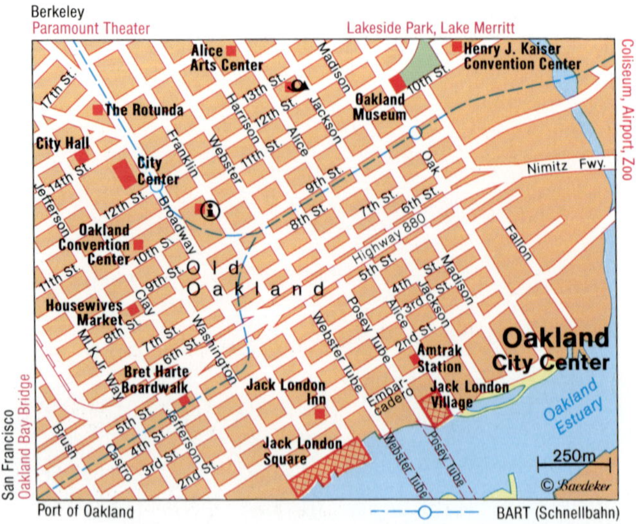

Lake Merrit (Fortsetzung)

auch der Märchenpark Children's Fairyland und ein Japanischer Garten. Am Südwestende des Sees befindet sich das Oakland Museum mit seinem großen Freigelände.

Children's Fairyland

Der erste Themenpark der Vereinigten Staaten, Children's Fairyland (1520 Lakeside Drive), wurde 1950 gegründet und diente dem Trickfilmzeichner und Filmproduzenten Walt Disney (1901 – 1966) als Inspirationsquelle für seinen 1955 errichteten Märchenpark 'Disneyland' in Anaheim. Children's Fairyland (geöffnet Di. bis Fr. 10.00 – 16.30 Uhr, Sa., So. 10.00 – 17.30 Uhr) versinnbildlicht die bekannten Märchen (für Kinder unter 10 Jahren).

Bret Harte Boardwalk

Von den Schriftstellern, die in ihrer Jugend in Oakland lebten, sind Bret Harte und Jack London die bekanntesten (→ Berühmte Persönlichkeiten). Nach ersterem wurde der Bret Harte Boardwalk benannt, nach letzterem der Jack London Square am Ende des Broadway, wo sich seit Anfang 1996 eine lebensgroße Statue des Autors befindet.

***Jack London Square**

An Jack London erinnert auch 'Heinhold's First and Last Chance Saloon', die Kneipe, in der der Schriftsteller nicht nur seinen Whiskey trank, sondern auch viele seiner Kurzgeschichten schrieb. Daneben steht die wiederaufgebaute Klondike-Hütte, in der London einen Winter verbrachte. Besonders attraktiv ist der malerisch am Hafen gelegene Freizeitkomplex mit zahlreichen Restaurants und Bistros während des Farmers Market am Sonntag 10.00 – 14.00 Uhr, wenn die Bauern aus dem Central Valley ihre Erzeugnisse feilbieten.

Luxusjacht "Potomac"

Am Ende der Clay Street (FDR Pier am Jack London Square) liegt die für 5 Mio. US-Dollar restaurierte Luxusjacht des einstigen US-amerikanischen Präsidenten Franklin D. Roosevelt (1882 – 1945). In der "Potomac", dem 'Schwimmenden Weißen Haus', führte der an den Rollstuhl gefesselte Politiker zahlreiche Gespräche, die die Weltgeschichte verändern sollten. Besichtigungszeiten sind unter der Telefonnummer 510/839-8256 zu erfragen. Einmal im Monat kann man eine anderthalbstündige Kreuzfahrt (Abfahrt 10.30 und 13.00 Uhr) mit der Potomac entlang der Küste von San Francisco unternehmen (Reservierung: Tel. 510/839-7533).

Jack London Village

Östlich vom Jack London Square schließt das Jack London Village am Fuß der Alice Street an. Neben Souvenirgeschäften, Restaurants und einer Marina kann man in dem historischen Vorlagen nachempfundenen 'Dorf' der Jahrhundertwende das Jack London Museum mit Memorabilien des Schriftstellers besuchen.

Gertrude Stein

Auch die Schriftstellerin Gertrude Stein, im benachbarten San Francisco geboren, hat einen Teil ihrer Jugend in Oakland verbracht. Sie wohnte in den frühen 1880er Jahren mit ihren Eltern auf einer Farm. Ihr berühmter Ausspruch "When you get there, there is no there there", häufig auf Los Angeles bezogen, drückte ihre Enttäuschung darüber aus, daß nach vierzig Jahren, die sie in Europa verbracht hatte, das Haus nicht mehr bestand.

J. Miller Park

Ein weiterer Park, der Joaquin Miller Park, ist ebenfalls nach einem kalifornischen Schriftsteller benannt, der in Oakland lebte.

Preservation Park Historic District

Im Herzen von Oakland liegt ein Komplex mit liebevoll restaurierten viktorianischen Häusern – sie beherbergen Büros und Konferenzräume –, die einen reizenden Kontrast zum modernen Stadtzentrum bieten.

Oakland Zoo

Der Zoo, 11 km südlich von der Stadtmitte gelegen, ist über die Straße US 580 zu erreichen (täglich geöffnet 10.00–16.00 Uhr; Tel. 632-9523).

Paramount Theatre of the Arts

Wer sich am ersten oder dritten Samstag eines Monats in Oakland aufhält, sollte einen Besuch des Paramount Theatre of the Arts nicht versäumen (2025 Oakland Broadway), einer der letzten Art-deco-Kinopaläste der zwanziger Jahre, die in den USA zu besichtigen sind.
Führungen durch das von dem Architekten Timothy L. Pflueger entworfene Haus, in dem jetzt das Oakland Symphony Orchestra seine Konzerte gibt, finden am ersten und dritten Samstag jeden Monats um 10.00 Uhr statt (Tel. 893-2300).

Historische Jacht des einstigen US-Präsidenten Franklin D. Roosevelt

Auch in Oakland findet man liebevoll restaurierte viktorianische Häuser (Preservation Park)

Western Aerospace Museum

Verläßt man Oakland auf dem Highway 880 in Richtung Flughafen, gelangt man zum Western Aerospace Museum (8260 Boeing Street). Das Museum mit zahlreichen historischen Flugzeugen ist in einer 1939 gebauten Flugzeughalle am North Field untergebracht, die während des Zweiten Weltkriegs als Ausbildungsstätte des Flugzeugunternehmens Boeing diente. Hauptattraktion ist das historische Wasserflugzeug 'Flying Boat', ein Nachbau (1946) des berühmten britischen Kriegsflugzeugs Short Sunderland. Öffnungszeiten: Mi. – So. 10.00 – 16.00 Uhr.

*Oakland Museum of California

Lage
1000 Oak Street
Tel. 510/238-3401

Öffnungszeiten
Mi.–Sa.
10.00–17.00,
So. 12.00–19.00

Führungen
werktags auf
Anfrage

Das im Südwesten des Lake Merritt gelegene Oakland Museum enthält sehenswerte Sammlungen zur Naturgeschichte, Geschichte und Volkskunde Kaliforniens (großes Freigelände). Die Ursprünge dieses Museums gehen auf das Jahr 1910 zurück, als das Oakland Public Museum entstand, dem wenige Jahre später die Oakland Art Gallery folgte. Das jetzige Museum, ein größtenteils unter der Erde liegender Bau, den der bekannte Architekt Kevin Roche entworfen hat, ist als einziges Museum ausschließlich der Geschichte und Kultur Kaliforniens gewidmet. Diese Einschränkung auf ein Thema war vor allem durch wirtschaftliche Notwendigkeiten diktiert, denn Oakland konnte beim Ankauf teurer Gemälde nicht mit anderen Museen konkurrieren.
Die oberste Etage – durch sie betritt man das Museum – ist den Werken kalifornischer Maler gewidmet. Darunter befindet sich ein großer Ausstellungsraum zur Geschichte und Kunstgeschichte Kaliforniens. Neben kalifornischen Malern sind vor allem Fotografen stark vertreten, unter ihnen Ansel Adams, Dorothea Lange, Edward Weston und Edward Muybridge. Im untersten Stockwerk (die Bezeichnung Stockwerk stimmt nicht ganz, da die Etagen terrassenförmig angeordnet sind) wird die Kulturgeschichte des Bundesstaates behandelt. Anhand von topographischen Modellen

Front der Old Mint

Oakland Museum (Fortsetzung)

kann man einen 'Rundgang' durch die verschiedenen Naturräume Kaliforniens machen: Küstenzone, Küstengebirge, Central Valley, Sierra Nevada, Wüste. Das Museum bietet unter anderem ein Auditorium für Vorträge und Filmvorführungen sowie eine Bibliothek.

Octagon House (Museum) F 2

Lage
2645 Gough Street
Ecke Union Street

Buslinie
41

Ende der fünfziger Jahre des 19. Jh.s kam in San Francisco, angeregt durch ein Buch, das achteckige Häuser mit Mansarde und Kuppel für eine gesündere Lebensweise empfahl, die kurzlebige Mode auf, oktogonale Häuser zu bauen. Nur zwei sind noch erhalten, und nur das Octagon House, 1861 erbaut, kann noch besichtigt werden (Führungen: 2. Sonntag und 2. und 4. Donnerstag des Monats 12.00–15.00; freier Eintritt). Das Octagon House ist zweifellos ein Kuriosum; es dient jetzt der National Society of Colonial Dames of America als kalifornische Zentrale. Die ausgestellten Gegenstände stammen aus der Kolonialzeit noch vor der Gründung San Franciscos und wirken eher anachronistisch.

Old Mint (Münze) H 3

Lage
5th Street &
Mission Street

Öffnungszeiten
Mo.–Fr.
10.00–16.00

Dieses 1873/1874 entstandene Gebäude war eines der wenigen in der Gegend um die Mission Street, die dem Erdbeben von 1906 standhielten und nicht einmal beschädigt wurden. Mehrere Räume haben wieder das Aussehen des 19. Jh.s erhalten. Am bemerkenswertesten ist das Büro des Münzdirektors. Eine aus Goldbarren gebildete Pyramide wird in einem kreisrunden Safe gezeigt; ferner sind zahlreiche privat geprägte Münzen aus der kalifornischen Frühzeit sowie Fotos und Kunstwerke zu sehen (Ein-

Old Mint
(Fortsetzung)

tritt frei).Wechselausstellungen finden ebenfalls statt. Auf einer aus dem Jahr 1869 stammenden Presse kann jeder Besucher seine Andenkenmünze prägen.

Old St. Mary's Church

→ Chinatown

Pacific Coast Stock Exchange (Effektenbörse) H 2

Lage
Ecke Pine Street / Sansome Street

Die 'Börse für die Pazifik-Küste', deren Gründung auf das Jahr 1873 zurückgeht, befindet sich jetzt in einem 1930 von den Architekten Miller und Pflueger errichteten Gebäude, dessen reiche Verzierungen das Baujahr verraten. Die Bildhauerarbeiten stammen von Ralph Stackpole ("Fruchtbarkeit der Erde" und "Erfindergeist des Menschen").
Von einer Galerie kann man die hektische Atmosphäre einer Börse fast hautnah miterleben; allerdings benötigt man zum Besuch die Empfehlung einer Maklerfirma aus San Francisco.

*Pier 39 (Einkaufs- und Unterhaltungskomplex) G 1

Lage
östlich Fisherman's Wharf

Buslinien
19, 30

Cable Car
59

Bild s. S. 126/127

Aus einem stillgelegten Pier wurde hier, ganz in der Nähe von → Fisherman's Wharf, ein Komplex von etwa 130 Geschäften und vielen Restaurants geschaffen, der sich seit seiner Eröffnung 1978 großer Anziehungskraft erfreut. Pier 39 wurde vollständig umgebaut, wobei man die Holzplanken alter Schiffe und Piers verwendete. Die benachbarten Piers wurden abgerissen, um Anlegestellen für kleine Boote zu schaffen.

Im Erd- und Obergeschoß des über 300 m langen Piers spielt sich ein buntes Straßenleben ab. Fast zu jeder Tageszeit finden Schaustellungen aller Art statt, zahlreiche Geschäfte locken mit ihrem Angebot.

Der Pier 39 steht in der Gunst der Touristen weit oben, noch vor der Golden Gate Bridge oder Chinatown. Über 10 Millionen Besucher pro Jahr tummeln sich vor allem in den Sommermonaten auf dem jahrmarktähnlichen Platz.
Vom Ende des Piers (auch aus den direkt an der Bucht gelegenen Restaurants) bietet sich tagsüber und abends ein schöner Ausblick auf die Bucht und die Wolkenkratzer von San Francisco. Hier wird auch der Film "San Francisco Experience" gezeigt (→ Praktische Informationen, Kino).

Wenn das Ausflugsschiff den Pier 39 in Richtung Bucht verläßt, sieht man an den Bootsstegen unzählige Seerobben, die sich genüßlich in der Sonne räkeln und sich von neugierig Vorbeifahrenden nicht stöhren lassen.

Pioneer Hall (Museum) G 3

Lage
456 McAllister St.

Öffnungszeiten
Mo.–Fr.
10.00–16.00
Feiertags geschlossen

In der Pioneer Hall (gegenüber der City Hall) unterhält die Society of California Pioneers ein Museum und eine Bibliothek, die sich auf die frühe Geschichte Kaliforniens vor 1869 konzentrieren. Neben Kutschen sind historisch bedeutsame Dokumente und Gegenstände im Bestand (Eintritt frei). Eine der umfangreichsten Bibliotheken auf diesem Gebiet und eine große Fotosammlung stehen Benutzern zur Verfügung, die sich für die Geschichte der Besiedlung Kaliforniens interessieren.

Seelöwen suhlen sich genüßlich vor dem Pier 39 und lassen sich...

... von vorbeifahrenden Ausflugsschiffen, die hier anlegen, keinesfalls stören

*Point Reyes National Seashore (Ausflugsziel)

Lage und Geschichte

Point Reyes, 48 km nördlich von San Francisco an der Straße CA 1, wurde 1962 zur 'National Seashore' erklärt und ist Teil der in San Francisco beginnenden Golden Gate National Recreation Area. An dieser Halbinsel landete Sir Francis Drake im Jahr 1579, 41 Jahre früher als die Pilgerväter in Plymouth. Er nahm das Land für die britische Krone in Besitz, aber das Mutterland kümmerte sich nicht weiter um den Westen des neuentdeckten Kontinents. 24 Jahre später, am 6. Januar 1603, landete der spanische Seefahrer Don Sebastian Vizcaino auf dieser Halbinsel und nannte sie – es war der Dreikönigstag – La Punta de los Reyes (Spitze der Könige).

'Erdbebenweg'

In Point Reyes endet die San-Andreas-Verwerfung, die für die Erdbeben in der Region verantwortlich ist. Am Bear Valley Visitor Center beginnt der etwa 1 km lange sog. 'Erdbebenweg' mit handgreiflichen Nachweisen für die Erdbewegungen, z. B. zwei Teile eines Zauns, die vor dem Erdbeben zusammenhingen und nun fünf Meter voneinander entfernt sind.

Naturschutzgebiet

In dem geschützten Küstengebiet überwintern zahllose Meeresvögel; in den Wäldern leben mehrere Rotwildarten sowie Füchse. Neuerdings wird versucht, den Elch hier wieder heimisch zu machen.

Grauwale

In den Monaten Dezember und Januar kommen die kalifornischen Grauwale von der Arktis nach Baja California, April und Mai kehren sie in den Norden zurück. Da es in Point Reyes mehr Nebel als an jedem anderen Teil der kalifornischen Küste gibt, wurde 1870 ein Leuchtturm errichtet. Von hier aus sind die Wale gut zu sehen.

Wander- und Reitwege

Vom Bear Valley Visitor Center gehen mehr als 120 km Wander- und Reitwege in alle Teile des geschützten Küstengebiets. Informationen über den Zustand und die Länge der Wege ebenso wie Kartenmaterial sind im Visitor Center erhältlich (nur von Donnerstag bis Montag geöffnet; Tel. 663-1092). In der Nähe die Nachbildung eines Miwok-Indianerdorfs (die Miwoks waren die Ureinwohner des Gebiets).

Presidio (Parkareal) C/D 1/2

Lage
im Nordwesten am Golden Gate

Buslinie
28

Touren
Nach Voranmeldung
Tel. 556-0865

Seit spanische Truppen im Jahre 1776 auf diesem Gelände ihre erste Garnison etablierten, trägt das Presidio seinen Namen. Das 2,2 km² große, von Straßen durchzogene Waldstück erstreckt sich an der Nordspitze der Halbinsel von San Francisco bis zum Stillen Ozean und ist heute das Hauptquartier der 6. US-Armee. In dem größtenteils frei zugänglichen Park mit schönen Ausblicken stammt nur noch der Officers' Club (1776) aus der spanischen Zeit. Eine Flaggenparade findet tgl. 17.00 Uhr statt.

Zum Presidio gehört auch der National Military Cemetery, ein Friedhof mit den Gräbern von über 15000 Gefallenen des Ersten Weltkriegs. Bemerkenswert ist hier der Grabstein für Pauline Tyler ('Union Spy'), einer im nordamerikanischen Bürgerkrieg für die Union als Spionin tätigen Schauspielerin, die für ihre Dienste zum Major befördert wurde.

Große Areale des Presidio wurden vor einiger Zeit der → Golden Gate National Recreation Area zugesprochen.

Presidio Army Museum
Lincoln & Funston St.

Das Presidio Army Museum ist in dem aus dem Jahr 1857 stammenden alten Militärlazarett untergebracht. Anhand von Ausstellungsstücken und Dokumenten wird hier die Rolle des Militärs bei der Entwicklung San Franciscos dargestellt. Geöffnet Mi.–So. 10.00–16.00 Uhr; geschlossen Thanksgiving Day, 25. 12. und 1. 1.; Eintritt frei.

St. Mary's Cathedral: Außenansicht

*St. Mary's Cathedral F 3

Von allen Kirchen San Franciscos ist die St. Mary's Cathedral, die dritte dieses Namens in San Francisco, die bei weitem eindrucksvollste; kein Besucher sollte sie auslassen.
Nachdem die zweite Kathedrale an der Van Ness Avenue im Jahre 1962 abgebrannt war, wurde der Bau einer neuen auf dem Cathedral Hill in Angriff genommen, wo zuvor ein Supermarkt stand. Sie wurde 1971 eingeweiht und bietet 2500 Menschen Platz.

Lage
Gough Street & Geary Street

Buslinie
38

Öffnungszeiten
Mo.–So. 8.30–17.00; So. und Fei. nur nachmittags

Die Architekten Angus McSweeney, Paul A. Ryan und John M. Lee aus San Francisco, Pietro Belluschi vom Massachusetts Institute of Technology in Cambridge bei Boston und Pier Luigi Nervi aus Rom gestalteten den Bau: ein säulenloses Kirchenschiff mit einer 60 m hohen Kuppel, wobei farbige Glasbänder als senkrechte Fenster in ein kreuzförmiges 'Dachfenster' münden. Die vier Fenster in der Kuppel symbolisieren Feuer (Westen), Luft (Norden), Wasser (Osten) und Erde (Süden). Den Altar, an dem der Geistliche der Gemeinde zugewandt ist, umgeben die Sitzreihen nach drei Seiten hin. Über ihm schweben ein Kreuz und ein Baldachin aus 7000 Aluminiumstäben, die sich ununterbrochen bewegen. Wie eine Skulptur wirkt die auf einem Podest stehende Orgel, ein Werk der Gebrüder Ruffati in Padua.

Die Öffnung der Kirche nach außen wird durch große Glasfenster symbolisiert, durch die von innen gesehen der Kirchenraum und die Stadt miteinander zu verwachsen scheinen. Besonders beeindruckend ist der Blick nach Südwesten mit den → Twin Peaks als Mittelpunkt, San Franciscos zweithöchstem Stadthügel.
Zum Kirchenkomplex gehören noch eine Schule mit drei Innenhöfen, ein großes Auditorium und Sitzungsräume.

San Francisco African-American Historical and Cultural Society F 1

Lage
Fort Mason, Buildung C (Marina Boulevard)

Buslinien
41, 47

Das einzige Museum zu Kultur und Geschichte der Schwarzen westlich des Mississippi befindet sich in San Francisco. Ständig ausgestellt sind Dokumente und Bilder zur Geschichte der Schwarzen in Kalifornien und zu ihrer Rolle im nordamerikanischen Bürgerkrieg 1861–1865. Wechselnde Ausstellungen von Werken schwarzer Künstler, vorwiegend aus dem Gebiet von San Francisco. Geöffnet Mi.–So. 12.00–17.00 Uhr. Führungen nach Voranmeldung (Tel. 441-0640).

San Francisco Fire Department Pioneer Memorial Museum E 2/3

Lage
655 Presidio Avenue

Buslinie
38

Öffnungszeiten
Do.–So. 13.00–16.00
Feiertags geschlossen

Hinter den massiven Türen dieses Museums – wenn geschlossen, am Spritzenhaus läuten – befindet sich eine einzigartige Sammlung von Fotos, Ausrüstungsgegenständen und Dokumenten aus dem Besitz der verschiedenen Feuerwehrkompanien von San Francisco, insbesondere auch der Freiwilligen Feuerwehr, die von 1849 bis 1866 bestand.
Einen breiten Raum nimmt die Dokumentation der Ereignisse während der verheerenden Brände nach dem Erdbeben von 1906 ein.

Eine Sonderausstellung gilt Lillie Hitchcock Coit, die den Coit Tower auf dem → Telegraph Hill als eine Art Ehrenmal für die Feuerwehr stiftete und zum Ehrenmitglied einer Feuerwehrkompanie ernannt wurde.

*San Francisco Museum of Modern Art H 3

Lage
151 Third Street zwischen Mission und Howard Streets

Öffnungszeiten
Di.–So. 11.00–18.00,
Do. 11.00–19.00

Freier Eintritt jeden ersten Dienstag im Monat

Angrenzend an die Yerba Buena Gardens and Center for the Arts wurde in der Third Street im Januar 1995 der Neubau des San Francisco Museum of Modern Art eröffnet. Davor war das Museum im War Memorial Veterans Building an der Westseite der Civic Center Plaza untergebracht. Der vom Schweizer Stararchitekten Mario Botta, einem Schüler von Le Corbusier und Louis Kahn, kunstvoll gestaltete rote Backsteinbau ist zu einem neuen Wahrzeichen der Stadt geworden. Charakteristisch ist der Rundturm aus schwarz und silbergrau gestreiftem Granitstein. Im Vergleich zum Vorgängerbau besitzt das Museum eine doppelt so große Ausstellungsfläche und ist nach dem Museum of Modern Art in New York das zweitgrößte US-amerikanische Museum für moderne Kunst.

Das Museum, das seinen jetzigen Namen erst seit 1976 führt (vorher hieß es San Francisco Museum of Art), ist im Gegensatz zu den drei anderen großen Kunstmuseen San Franciscos, dem Asia Art Museum im → Golden Gate Park, dem → California Palace of the Legion of Honor und dem M. H. de Young Memorial Museum im → Golden Gate Park, eine Privatinstitution. Seine Anfänge gehen auf die neunziger Jahre des 19. Jh.s zurück, doch die eigentliche Gründung erfolgte im Jahre 1916 durch die San Francisco Art Association.
Das Museum war zunächst in dem für die Panama-Pacific-Ausstellung erbauten Palace of Fine Arts im Presidio (heute befindet sich dort das Exploratorium) untergebracht, zog aber 1925 aus dem allmählich verfallenden Gebäude aus und mußte seine Bestände einlagern, bis ihm zehn Jahre später der dritte Stock des der Stadt gehörenden War Memorial Veterans Building angeboten wurde.
Bis zur Schaffung eines Museums für moderne Kunst in Los Angeles 1986 war das San Francisco Museum of Modern Art das einzige seiner Art an der Westküste.

Das Museum of Modern Art wurde von Mario Botta entworfen

Westcoast-Kunst des 20. Jahrhunderts

Verständlicherweise bemüht sich das Museum sehr um kalifornische Künstler, die noch nicht allgemein bekannt sind, dann vor allem aber auch um amerikanische Bildhauer und Maler, deren künstlerische Heimat die Westküste ist, etwa Mark Rothko, Clyfford Still, Robert Motherwell, Jackson Pollock, Philip Guston und Sam Francis. Der 1981 verstorbene Still schenkte dem Museum 28 seiner großformatigen abstrakten Gemälde, Guston übergab dem Museum vor seinem Tod 1980 mehrere Werke. Auch der international bekannte kalifornische Maler Richard Dieberkorn hat dem Museum bereits größere Schenkungen zukommen lassen.

Kunst aus Europa und den USA

Zum festen Bestand des Museums gehören heute Werke fast aller bedeutenden europäischen und amerikanischen Künstler. Was Zahl und Qualität der europäischen Kunstwerke betrifft, darf man jedoch keinen Vergleich mit dem Museum of Modern Art in New York anstellen.

Besonders gut vertreten ist Henri Matisse mit neun Gemälden; von Georges Braque ist das vielbewunderte Meisterwerk “Le Guéridon” zu sehen; 1980 wurde die Josef-Albers-Sammlung durch eine Schenkung von sieben weiteren Werken in hervorragender Weise ergänzt.

Von deutschen Künstlern findet man hier Werke von Max Ernst, George Grosz, Hans Hartung, Karl Hofer, Ernst Ludwig Kirchner, Franz Marc, Max Pechstein, Hans Purrmann, Kurt Schwitters und Fritz Winter, von den Russen Alexej Jawlensky und Wassily Kandinsky. Unter den Franzosen ragen Pierre Bonnard, Paul Cézanne, Jean Dubuffet, Fernand Léger, Camille Pissarro und George Rouault hervor, unter den Spaniern Joan Miró und Pablo Picasso.

Skulpturen

Das Museum besitzt Skulpturen von Alexander Archipenko, Hans Arp, Constantin Brancusi, Jacob Epstein, Henri Laurens, Jacques Lipchitz, Marino Marini und Henry Moore.

Avantgarde

Neben den bereits genannten Amerikanern zeigt das Museum Werke von Künstlern, die in den letzten Jahrzehnten von sich reden machten, etwa Stuart Davis, Jim Dine, Helen Frankenthaler, Arshile Gorky, Adolph Gottlieb, Robert Indiana, Elsworth Kelly, William de Kooning, Kenneth Noland, Georgia O'Keeffe, Claes Oldenburg, Ad Reinhardt, Frank Stella und Mark Tobey.

Das Museum verfügt über eine große Fotosammlung. Besondere Erwähnung verdienen die mehreren hundert Originalaufnahmen des 1984 verstorbenen Fotografen Ansel Adams.

*San Francisco – Oakland Bay Bridge (Buchtbrücke) J/K 1/2

Brückenzoll
1 $ westwärts

Die gewöhnlich nur 'Bay Bridge' genannte Brücke, die die Stadt mit → Oakland und den Orten auf der Ostseite der San Francisco Bay verbindet, wurde 1936, ein halbes Jahr vor der → Golden Gate Bridge, in Betrieb genommen. Die 13,3 km lange Brücke, eine der längsten Stahlbrücken der Welt, besteht aus zwei miteinander verbundenen Hängebrücken auf der San-Francisco-Seite, einem Tunnel durch die Insel Yerba Buena und einer Gitterträgerbrücke auf der Oakland-Seite. Bei dem schweren Erdbeben im Oktober 1989 (→ Geschichte) wurde sie schwer beschädigt. Bis zu ihrer Instandsetzung war sie lange Zeit geschlossen.
Einen besonders schönen Blick auf diese Brücke, die nicht ganz die dramatischen Linien der Golden Gate Bridge aufweist, genießt man von der Abfahrtsstelle der Fähren nach Sausalito und Larkspur rechts vom Turm des → Ferry Building. Auch bei den Schiffsrundfahrten, die an den Piers 39 bis 41 starten, kommt man an der Bay Bridge vorbei. Mit der malerischen Stadtkulisse im Hintergrund hinterläßt sie einen bleibenden Eindruck.

Die Bay Bridge mit der Skyline von San Francisco

San Francisco Shopping Center H 3

Dieses jüngste der zahlreichen Einkaufszentren von San Francisco (die anderen sind → Ghirardelli Square, → Pier 39, → The Cannery, → Embarcadero Center, → The Anchorage und → Crocker Galleria) ist architektonisch zweifellos das imposanteste. Nur drei Blocks vom Union Square entfernt hat das 140 Millionen Dollar teure neunstöckige Gebäude mit einem fast 50 m hohen Atrium als erstes sechs spiralförmige Rolltreppen – eine aus Japan kommende Neuerung. Die Architekturfirma Whisler-Petri, San Francisco, hat viel italienischen Marmor, grünen Granit und Glas verwandt. Im Shopping Center sind rund 100 Geschäfte untergebracht.

Lage
Market St. & Fifth St.

San Francisco Zoological Gardens (Zoo) A 7

Der Zoo war seit seiner Gründung 1889 im → Golden Gate Park beheimatet und wurde 1929 an seinen jetzigen Standort verlegt. Er gehört heute zu den sechs bedeutendsten in den Vereinigten Staaten. Die Schneeleoparden, Eisbären, Elefanten, Zwergnilpferde, weißen Rhinozerosse und die eine eigene Insel bewohnenden Affen sind die Hauptattraktionen dieses Tiergartens, als dessen Vorbild Carl Hagenbecks Tierpark in Hamburg-Stellingen gilt. 1985 ist eine Primatenabteilung hinzugekommen.
Zu der Anlage gehört auch ein Kinderzoo, der täglich von 11.00 bis 16.00 Uhr geöffnet ist und Kindern Gelegenheit gibt, mit jungen Tieren zu spielen und sie zu füttern. Sie können auch auf Riesenschildkröten reiten oder Karussell fahren.

Lage
Sloat & Skyline Ave., am Ende des Great Highway

MUNI
Linie L

Öffnungszeiten
tgl. 10.00–17.00
Freier Eintritt am ersten Mittwoch des Monats

*Sausalito

Das ehemalige Fischerdorf an der San Francisco Bay am Nordende der Golden Gate Bridge ist benannt nach der ersten Ranch des Gebiets, Rancho Saucelito. Diese bis 1900 übliche Schreibweise rührt von dem spanischen Wort 'saucelito' für 'kleiner Weidenhain'; einen solchen würde man heute vergeblich suchen. Ursprünglich war Sausalito ein Hafen für Walfänger und andere Handelsschiffe; heute liegen im Hafen zahlreiche Hausboote, die als das eigentliche Wahrzeichen Sausalitos gelten.
Die engen, verwinkelten Straßen, teilweise durch Holztreppen miteinander verbunden, haben zur Anziehungskraft Sausalitos beigetragen, wo jetzt vorwiegend San-Francisco-Pendler wohnen (7000 Einwohner). In den höhergelegenen Teilen unmittelbar an der Bay haben sich zahlreiche Künstler niedergelassen. Die meisten Geschäfte befinden sich am Bridgeway und in der Princess Street.
Von Sausalito aus hat man einen schönen Blick auf San Francisco, vor allem, wenn dichter Nebel in den frühen Morgenstunden die Stadt umhüllt und bestenfalls die Spitzen der Wolkenkratzer zu sehen sind, während in Sausalito die Sonne scheint.
Interessanterweise sind von Sausalito schon mehrere Bewegungen für ein gesünderes Leben ausgegangen, so etwa die Einführung eines nationalen Nichtrauchertags. Jetzt soll Sausalito die erste cholesterinfreie Stadt der USA werden, im Wettbewerb mit Palm Springs.

Lage
13 km nördlich von San Francisco

Buslinie
Golden Gate Bus, ab Market und 7th Street

Fähren
Golden Gate Ferry Pier und White Fleet Pier 41 (Fisherman's Wharf)
Pier 1 am Ferry Building

Sigmund Stern Grove (Amphitheater) C 13

Im Sigmund Stern Grove, einem natürlichen Amphitheater inmitten von Kiefern und Eukalyptusbäumen, finden alljährlich von Mitte Juni bis Mitte August an Sonntagen um 14.00 Uhr musikalische Veranstaltungen statt

Lage
Sloat Boulevard & 19th Avenue

Hausboote in Sausalito

Spreckels Mansion, ehemalige Residenz des Zuckerkönigs

(Konzerte, Operetten, Musicals, gelegentlich auch Opern und Ballett), die sich großer Beliebtheit erfreuen (Eintritt frei). In unmittelbarer Nähe liegt der Pine Lake Park, ein hübscher Ort für ein Picknick.

MUNI: Linie K oder M bis Sloat Boulevard

Sonoma Valley

→ Napa & Sonoma Valleys

Spreckels Mansion F 2

Dieser im Stadtteil Pacific Heights zwei Blocks von der Van Ness Street entfernt gelegene Stadtpalast ist interessant sowohl wegen seines Bauherrn Adolph B. Spreckels, Sohn des aus Hannover eingewanderten Claus Spreckels, der es zum 'Zuckerkönig' Kaliforniens brachte, wie auch wegen seiner Architektur. Er wurde von dem Architekten George Applegarth im Stil eines französischen Barockpalasts erbaut. Applegarth, der für die einen halben Straßenblock einnehmende Residenz weißen Stein benutzte, erbaute 1915, drei Jahre später, im Auftrag von Spreckels den der Stadt geschenkten → California Palace of the Legion of Honor im Lincoln Park. Einige Zimmer werden jetzt an Touristen vermietet.

Lage
2080 Washington St. (am Lafayette Park)

Buslinie
48

*Stanford University Museum of Art

Wie die Universität geht auch das Museum auf Spenden von Leland A. Stanford zurück, einen der reichsten Männer San Franciscos (er war u. a. Präsident der Central Pacific Railroad, Gouverneur von Kalifornien und Bundessenator). Stanford ließ auf seiner Farm in Palo Alto 1887 ein College bauen, das sich zu der heutigen bedeutenden Universität entwickelte, und einige Jahre später folgte das Museum – beide zum Gedenken an Stanfords mit 15 Jahren verstorbenen Sohn, der schon als Kind vor allem archäologische Artefakte zu sammeln begann (in dem Museum sind die beiden Räume, die er im Haus seines Vaters auf dem → Nob Hill bewohnte, aufgebaut worden).

Das Museum wurde 1894 eröffnet, aber erst 1905 vollendet. Es ist dem Nationalmuseum von Athen nachgebildet, hat eine ionische Kolonnade, Marmorkorridore und große Ausstellungsräume. Stanford und nach seinem Tod seine Witwe kauften große Sammlungen für das Museum an: Hunderte archäologischer Gegenstände aus Zypern vom Metropolitan Museum in New York, eine Sammlung von Indianer-Grabbeigaben von einer Ausstellung in New Orleans, die große Sammlung japanischer und chinesischer Kunst des Barons Ikeda (die Fernost-Abteilung ist inzwischen auf mehr als 7000 Stück angewachsen). Die Stanford-Familiensammlung amerikanischer Gemälde des Westens (William Keith, Thomas Hill und Charles Nahl, ein Deutschamerikaner) wanderte ebenfalls in das Museum, das in den letzten Jahrzehnten versuchte, in größerem Maß europäische Kunst der letzten 200 Jahre anzukaufen, so daß auf diesem Gebiet, bis hin zu Paul Klee, wichtige Werke zu sehen sind. Neben dem Museum ein Garten mit zahlreichen Rodin-Skulpturen.

Lage
48 km südlich von San Francisco (Highway 101)

Öffnungszeiten
Di.–Fr. 10.00–17.00, Sa. und So. 13.00–16.00
Im August geschlossen

Eintritt frei

Telegraph Hill (Stadthügel) H 1

Der 90 m hohe Telegraph Hill an der Nordostseite der Innenstadt ist einer der 43 Hügel San Franciscos. An seinen Hängen liegen, ähnlich wie am Pariser Montmartre, zahlreiche Künstlerstudios und vornehme Villen.

Buslinien
15, 30 bis Columbus & Union St., umsteigen in 39

Blick vom Hotel Holiday Inn Chinatown auf den Telegraph Hill mit dem Coit Tower

Oft wird San Francisco in Anlehnung an Rom und Lissabon als 'Stadt mit den sieben Hügeln' bezeichnet, doch dabei denkt man nur an die wichtigsten, zu denen auch der Telegraph Hill gehört (die anderen sechs sind der → Nob Hill, der Rincon Hill, die → Twin Peaks, der Russian Hill, der Lone Mountain und der Mount Davidson). Der Name des Telegraph Hill, auf dem sich heute keine Telegraphenanlage mehr befindet, geht auf den sogenannten Semaphorturm zurück, der während des Goldrauschs auf dem damals unbewachsenen Hügel aufgestellt wurde. Von diesem Turm aus wurden den Kaufleuten in der Yerba Buena Cove, dem jetzigen Finanzviertel, Signale gegeben, wenn Schiffe durch das Goldene Tor einliefen. Auf diese Weise konnten sich die Kaufleute am Ankerplatz einfinden, noch ehe die Schiffe festgemacht hatten, und ohne Zeitverlust ihre ersten Geschäfte tätigen. Der Signalturm war allerdings nur wenige Jahre in Betrieb.

*Coit Tower

Öffnungszeiten
tgl. 9.00–17.00

Der 150 m über den Meeresspiegel auf dem Gipfel des Telegraph Hill aufragende Coit Tower mit seinen sehenswerten Fresken ist einer der besten Aussichtspunkte San Franciscos, obwohl er die Höhe der → Twin Peaks nicht ganz erreicht. Mit dem Fahrstuhl gelangt man auf die plexiglasverkleidete Aussichtsterrasse, von der aus man bei klarem Wetter bis zum → Mount Tamalpais sehen kann.

Der Name geht auf Lillie Coit (1843–1929) zurück, Ehrenmitglied einer Feuerwehrkompanie. Sie hinterließ 100000 Dollar für den Bau eines Turms, der die Feuerwehr ehren sollte. Der Architekt Arthur Brown jun., der auch für die City Hall (→ Civic Center) und andere öffentliche Bauten verantwortlich zeichnet, errichtete ihn 1934; in seiner Form wollen manche Betrachter das Ventil eines Feuerwehrschlauchs erkennen (diese Deutung wird durch ein Schild zurückgewiesen).

Aus dem Freskenzyklus im Coit Tower: Arbeitsleben in Kalifornien

Fresken

Das Innere des Turms ist mit 16 monumentalen Fresken ausgeschmückt, an denen 25 Maler mit 19 Assistenten gearbeitet haben. Sie waren im Rahmen eines zur Überwindung der Depression begonnenen Arbeitsbeschaffungsprogramms tätig. Thema des Zyklus ist das Arbeitsleben in Kalifornien. Das größte Fresko (11×3 m), von Ralph Stackpole, zeigt die Industrien Kaliforniens und läßt – wie die meisten anderen Wandgemälde – den starken Einfluß des mexikanischen Malers Diego de Rivera erkennen, der sich in den 30er Jahren vorübergehend in San Francisco aufhielt. Abgesehen von den ebenerdig gelegenen Fresken sind die im Innern des Turms befindlichen nur an Samstagvormittagen ab 11.00 Uhr zu besichtigen.

Pioneer Park

Den Coit Tower umgibt der Pioneer Park, bis zu dessen Anlage im Jahre 1876 anläßlich der Hundertjahrfeier der Vereinigten Staaten von Amerika der Telegraph Hill ein steiniger Hügel ohne Vegetation war. Bemerkenswert ist die Bronzestatue von Christoph Columbus, deren Podest die italienische Hafenstadt Genua gestiftet hat.

Tiburon (Ausflugsziel)

Lage
25 km nordöstlich von San Francisco (Highway 101)

Fähren
Pier 43½
Mai bis August
10.00, 12.00, 14.00, 15.45
letzte Fähre von Tiburon: 16.20

Tiburon (zu deutsch: Haifisch), auf der gleichnamigen Halbinsel gelegen, hat wie → Sausalito noch viel von seiner Vergangenheit als Fischerdorf bewahrt. In den Holzhäusern der Hauptstraße (Main Street) haben sich elegante Geschäfte einquartiert: Boutiquen, Antiquitätenläden und Galerien; in den Fischrestaurants kann man vorzüglich essen. Die engen, hügeligen Straßen führen in den modernen Teil von Tiburon mit den Villen der wohlhabenden Städter.
Wie in Sausalito scheint man auch in Tiburon viel weiter als nur 25 km (mit der Fähre ist die Strecke weniger als halb so lang) von San Francisco entfernt zu sein. Man befindet sich hier in einer anderen Welt.

TOSCA

**Transamerica Pyramid H 2

Seit ihrer Fertigstellung im Jahre 1972 ist die fast überall in San Francisco sichtbare Transamerica Pyramid das neue Wahrzeichen der Stadt geworden. Inmitten des Finanzviertels gelegen, ist der 48 Stockwerke aufweisende, fast 260 m hohe Wolkenkratzer einer Versicherungesellschaft, die ein Drittel des gesamten Büroraums belegt, einzigartig in seiner Form und hat seinesgleichen nirgends auf der Welt. Architekt des Gebäudes mit der 65 m hohen, nachts von innen erleuchteten hohlen Spitze war William Pereira aus Los Angeles. Die Seiten der Pyramidenspitze sind mit Aluminiumplatten bedeckt; das Gebäude hat 6000 Fenster.

Standort
600 Montgomery Street

Öffnungszeiten
Aussichtsraum
Mo.–Fr.
9.00–16.30

Auf der Ostseite des Gebäudes, an der Clay Street, befindet sich ein kleiner Park, in dem 80 der berühmten kalifornischen Redwood-Bäume angepflanzt wurden (⟶ Muir Woods). Er steht während der üblichen Geschäftsstunden auch der Öffentlichkeit zur Verfügung.
Nebenan, wo sich jetzt der Bank Exchange Saloon befindet, stand der 1959 abgerissene Montgomery Block, der 106 Jahre zuvor errichtete erste größere Bürokomplex San Franciscos.

*Twin Peaks E 5/6

Die beiden fast 300 m hohen Hügel (der südliche ist 2 m höher als der nördliche) sind zwar nicht die höchsten der 43 Hügel San Franciscos (diesen Rang beansprucht der um 10 m höhere Mount Davidson), aber sie sind leichter erreichbar und bieten den vielleicht schönsten Ausblick auf Stadt und Bucht.

MUNI
Linien K, L und M bis Forest Hill Station

Buslinie
36

Am bequemsten ist es, die Autostraße bis zum Gipfel zu benutzen, aber wer den ziemlich steilen, doch kurzen Pfad nicht scheut, kann sich den öffentlichen Verkehrsmitteln anvertrauen. Mit dem Bus 37 geht es bis Parkridge und Crestline, der Fahrer weist dann den Weg hinauf. Besonders am Spätnachmittag wehen hier selbst bei sonst warmem Wetter oft kräftige, kühle Winde vom Pazifik; wärmere Kleidung ist daher angebracht.

Die Gipfel der Twin Peaks sind die einzigen Hügel von San Francisco, die nicht besiedelt sind oder Anlagen aufweisen, sondern in ihrem ursprünglichen Zustand belassen wurden. Von hier hat der Betrachter die gesamte Stadt San Francisco und die gleichnamige Bucht im Blick. Nirgendwo kann man die Ausmaße der Stadt besser erkennen als von den Twin Peaks. Die Spanier nannten die Zwillingsgipfel 'Los pechos de la chola' (Die Brüste des Indianermädchens).

Union Square H 2/3

Der Union Square kommt in einer Stadt, die keinen eigentlichen Mittelpunkt hat, dieser Funktion am nächsten. Hier oder in unmittelbarer Nähe laufen zahlreiche Verkehrslinien zusammen, hier befinden sich die bedeutenden Kaufhäuser (Macy's, Magnin, Neiman-Marcus, Saks Fifth Avenue) und Hotels (Grand Hyatt San Francisco, Westin St. Francis, Sir Francis Drake), die wichtigsten Theater sind nur ein paar Schritte entfernt (in der Geary Street), und die Südwestecke des Platzes, Ecke Geary/Powell Street, gilt als die belebteste von ganz San Francisco. Nur drei Blocks südlich, an der ⟶ Market Street, befinden sich die Drehscheibe der ⟶ Cable Cars und das Informationsbüro der Stadt.

Lage
Geary Street & Powell Street

Cable Car
59

◀ *Neben dem alten Columbus Tower wirkt die Transamerica Pyramid überdimensional*

Union Square
(Fortsetzung)

Das Areal des palmengeschmückten Platzes (einzigartig im Zentrum von San Francisco), unter dem sich seit 1942 eine Großgarage befindet, wurde der Stadt von ihrem ersten amerikanischen Bürgermeister John W. Geary geschenkt. Seinen Namen erhielt der Union Square während des amerikanischen Bürgerkriegs (1861–1865), als hier Massenkundgebungen zugunsten der Unionstruppen und gegen die abtrünnigen Südstaaten stattfanden. Im Jahre 1902 wurde in der Mitte eine korinthische Säule aus Granit mit einer bronzenen Siegesgöttin zur Erinnerung an den Sieg Admiral George Deweys in der Bucht von Manila während des kurzen Amerikanisch-spanischen Kriegs von 1898 aufgestellt.
Auch heute finden auf dem Union Square noch politische Kundgebungen statt. Tagsüber sitzen auf den Bänken während der warmen Stunden vorwiegend Stadtstreicher und ärmere Menschen aus den Slums südlich der → Market Street.

Vedanta Temple F 2

Lage
2963 Webster St./
Ecke Filbert St.

Buslinie
41

Dieses in → Cow Hollow gelegene Gebäude ist wohl das ungewöhnlichste der Stadt. Es wurde 1905 von dem Architekten Joseph A. Leonard in enger Zusammenarbeit mit Swami Trigunatitananda erbaut, der fünf Jahre zuvor die heute noch bestehende Vedanta Society of Northern California gegründet hatte. In der fast schon grotesken Mischung zahlreicher Stile (Queen Anne, koloniale, orientalische, maurische und mittelalterliche Elemente) soll es die Vedanta-Auffassung symbolisieren, daß alle Religionen nur Wege zu einem Gott sind: Vedanta ist das höchste der sechs Systeme hinduistischer Religionsphilosophie. Auf der einen Seite besitzt der Tempel einen europäischen Schloßturm mit Zinnen, auf der anderen eine achteckige Kuppel, wie sie sich über einem Shiva-Tempel wölbt, und dazwischen eine Doppelkuppel, wie man sie bei bengalischen Tempeln findet.

Union Square grenzt unmittelbar an das Finanzviertel

Wolkenkratzer und viktorianische Häuser prägen das Bild der Stadt

*Viktorianische Häuser

Geschichte

Das architektonische Gesicht San Franciscos wird von den → Wolkenkratzern der City und den größtenteils aus dem 19. Jh. stammenden Holzhäusern in den Wohngegenden geprägt, die nach ihrer Entstehungszeit als 'viktorianische Häuser' bezeichnet werden. Die rasche Entwicklung San Franciscos – von einem unscheinbaren Dorf im Jahre 1850 zu 150000 Einwohnern 20 Jahre später und zu mehr als 300000 um die Jahrhundertwende – erforderte eine ökonomische Bauweise.

Obwohl die schönsten Häuser, die in den Jahren 1870–1906 gebaut wurden, dem Erdbeben zum Opfer fielen (vor allem die auf dem → Nob Hill und in der Van Ness Avenue), gibt es noch über 13000 dieser Häuser in den Stadtteilen Bernal Heights, Duboce Triangle, Eureka, Glen Park, Haight-Ashbury, Mission District, Noe Valley, Potrero Hill und Western Addition.

Rund die Hälfte der erhalten gebliebenen Holzhäuser wurde allerdings durch neue Fassaden aus Asbestplatten, Stuck und Stein verändert.

Italienischer Stil

Von 1870 bis 1880 entstanden die schmalen, mit einer Blendfassade versehenen Häuser im italienischen Stil, so genannt, weil in den Details römische Verzierungen nachgebildet wurden.

San Francisco Stick

In den achtziger Jahren entwickelte sich dieser Vertikalstil zum 'San Francisco Stick', um ihn vom einfacheren 'Stick' an der Ostküste und im Mittelwesten zu unterscheiden. Hier wird die vertikale Struktur betont; die Außendekoration dieser Häuser ähnelt einem Stockbündel. Die Bezeichnung kam erst nach dem Bau der Häuser auf und geht auf den US-Architekten Vincent Scully zurück. Auch das 'Stick'-Haus hat eine Blendfassade, oft mit einem Giebel gekrönt und mit einer vereinfachten Form einer Mansarde versehen. Um diese Zeit begann auch die Bemalung der Häuser

Baustile (Fortsetzung)

in leuchtenden Farben, die an den inzwischen restaurierten wieder zu sehen sind.

Queen-Anne-Stil

In den neunziger Jahren wurde der Queen-Anne-Stil entwickelt, teurere, zum Teil freistehende Häuser mit Turmaufsätzen und konischen Hauben, hohen Giebeln und in Großserien hergestellten Ornamenten.
Für den Bau dieser Häuser wurde das in der Nähe San Franciscos reichlich vorhandene Holz der Mammutbäume (Redwood) verwandt, das billig, widerstandsfähig und ziemlich feuer- und termitensicher ist.

Lage

Besonders schöne derartige Häuser findet man heute noch im östlichen Teil der Union Street und den Nebenstraßen, etwa von der Gough bis zur Divisadero Street (→ Cow Hollow). Sehr sehenswert sind auch die Häuser um den Alamo Park, aber hier ist eine Warnung angebracht: Es handelt sich um eine für Touristen unsichere Gegend, die man sich nicht zu Fuß, sondern höchstens vom Auto aus ansehen sollte.

Cast-iron-Häuser

Nicht sehr reich ist San Francisco an den sogenannten Cast-iron-Häusern, die auf sämtlichen Stockwerken außen wie innen Säulen besitzen. Vielleicht das bekannteste dieser Gebäude in San Francisco ist der aus dem Jahre 1907 stammende Columbus Tower (920 Kearny Street, Ecke Columbus Avenue), der sich durch seine grüne Farbe in einer Gegend mit meist niedrigen Häusern stark abhebt. Er wird wegen des stilistischen Kontrastes gern mit der → Transamerica Pyramid im Hintergrund fotografiert (s. Titelfoto).

War Memorial Opera House

→ Civic Center

*Wells Fargo History Room (Museum) H 2

Lage
420 Montgomery Street

Öffnungszeiten
Mo.–Fr.
9.00–17.00

Eintritt frei

Während das Gebäude der Wells Fargo Bank (Haupteingang Montgomery Street), das 1959 errichtet wurde, kein besonderes Interesse beansprucht, ist der History Room eine reiche Fundgrube für jeden, der sich über die frühe Geschichte Kaliforniens informieren möchte.
Hier befindet sich ein besonders schönes Exemplar der nach ihrem Herstellungsort Concord (US-Bundesstaat New Hampshire) benannten Kutschen, in denen die 1852 gegründete Wells Fargo Express Co. (Henry Wells und William Fargo kamen aus Vermont bzw. New York nach San Francisco) Passagiere und Fracht, vor allem Gold, beförderte. Hier sind während des Goldrauschs gemachte Goldfunde zu sehen und auch Darstellungen des harten Lebens der '49er'.

Eine Sonderausstellung gilt Black Bart, der innerhalb von acht Jahren, von etwa 1877 bis 1885, allein 28 Kutschen überfiel und am Tatort oft lustige Verse hinterließ, in denen er sich als eine Art Robin Hood bezeichnete. Eine umfangreiche Bibliothek steht zur Verfügung.

Wolkenkratzer

Die zehn höchsten Gebäude San Franciscos befinden sich durchweg im Finanzviertel. Außerhalb dieses Stadtteils dürfen jetzt keine Wolkenkratzer mehr errichtet werden, und es ist fraglich, ob selbst im Finanzviertel ein höherer Wolkenkratzer als die → Transamerica Pyramid je noch genehmigt werden wird.

Wolkenkratzer (Fortsetzung)

1.	Transamerica Pyramid, 600 Montgomery St. (→ dort)	260 m (853 ft)
2.	Bank of America, 555 California St. (→ dort)	232 m (778 ft)
3.	California Center, 345 California St.	217 m (724 ft)
4.	101 California Street	180 m (600 ft)
5.	Five Fremont Center, 50 Fremont St.	180 m (600 ft)
6.	Citicorp Center, 1 Sansome St.	179 m (596 ft)
7.	One Embarcadero Center	173 m (568 ft)
8.	Four Embarcadero Center	173 m (568 ft)
9.	One Market Plaza	172 m (565 ft)
10.	Wells Fargo Building, 44 Montgomery St.	171 m (561 ft)

World of Oil (Erdölmuseum) H 2

Lage
555 Market Street

Öffnungszeiten
Mo.–Fr.
9.00–16.00

Wer sich für die Geschichte des Erdöls von seiner Entdeckung bis zur Entwicklung der zahlreichen Endprodukte interessiert, kommt im Gebäude der Standard Oil Company of California auf seine Kosten.
Modelle, auf den Ölfeldern benutzte Geräte und drei Dioramen vermitteln dem Besucher ein klares Bild, ebenso wie die 18 Minuten dauernde, mehrmals am Tage gezeigte Multimedia-Schau 'Magic of a Refinery' ('Zauber einer Raffinerie'), für deren Wiedergabe 26 Projektoren benutzt werden.

**Yosemite National Park (Ausflugsziel)

Lage
320 km östlich von San Francisco (über die Straßen 120 von Nordwesten oder 140 von Südwesten)

Yosemite (sprich Jossémiti), den zweitältesten amerikanischen Nationalpark (nach Yellowstone), sollte man auf keinen Fall auslassen, wenn man schon nach San Francisco gekommen ist. Theoretisch ist die Fahrt im eigenen Wagen oder per Bus in einem Tag hin und zurück zu machen, aber zu empfehlen ist der Stress nicht; wenn man Yosemite auch nur ein wenig kennenlernen will, braucht man dazu mindestens drei Tage.

Praktische Informationen

Eine Zimmerreservierung ist fast das ganze Jahr hindurch notwendig, vor allem aber in den Monaten Juni bis September, wenn die Touristensaison ihren Höhepunkt erreicht. Für die meisten Unterkunftsmöglichkeiten im Park (Ahwahnee-Hotel, Wawona Hotel, Yosemite Lodge, Curry Village) ist die Zimmerbuchung zentral organisiert (Central Reservations Yosemite Park, 5410 East Home, Fresno, CA 93727; Tel. 209-252-4848). Im Yosemite Village gibt es neben den genannten und anderen Hotels, die auch über Restaurants verfügen, Einkaufsmöglichkeiten aller Art. Im Visitor Center erhält man alle nur denkbaren Auskünfte über den Park (P.O.B. 577, Yosemite National Park, CA 95389; Tel. 209-372-0200). Hier muß man sich auch einen Erlaubnisschein besorgen, wenn man auf einem der sechs Zeltplätze im Tal kampieren möchte. Im Yosemite National Park gibt es Wanderwege von mehreren hundert Kilometer Länge, die zu erkunden sich lohnt. Man muß sich jedoch ausreichend mit Proviant versorgen, da es außerhalb des Tals keine Verpflegungsmöglichkeiten gibt.

Geschichte

Das Yosemite-Gebiet in der Sierra Nevada, das eine Fläche von mehr als 2300 km² bedeckt, wurde im Jahre 1890 zum US-Nationalpark erklärt, nachdem es schon 1864, während des amerikanischen Bürgerkriegs, zu einem kalifornischen Staatspark gemacht worden war. Der weiße Mann entdeckte das Yosemite-Tal (nur etwa 15 km² des gesamten Gebiets) im Jahre 1851, als Angehörige eines staatlichen Bataillons bei der Verfolgung von Indianern in das Tal eindrangen, nachdem die am Rand der Hügel nach Gold schürfenden Weißen wiederholt überfallen worden waren. Zwar konnten sie der Indianer nicht habhaft werden, berichteten aber der Außenwelt von der unwahrscheinlichen Schönheit des Yosemite-Tals. Seine Bezeichnung erhielt es nach seinem Indianer-Namen "u-zu-ma-ta", dem Wort für den dort heimischen Graubär.

Die kühne 'Halbkuppel' des Half Dome

Geschichte (Fortsetzuntg)

Über Indianerpfade kam 1855 die erste Expedition zu Pferd in das Tal; andere folgten. Um zu verhüten, daß Privatinteressen das Tal verunstalten, nahm der Kongreß ein Gesetz an, das den jungen Staat Kalifornien verpflichtete, das Tal und den von Redwoods (→ Muir Woods) bestandenen Mariposa-Hain zu erhalten. Zehn Jahre später wurden die ersten Straßen in das Yosemite-Tal gelegt, 1877 wurden bereits Kutschfahrten dorthin organisiert. 1880 ging dann das Gebiet in die Obhut der Bundesregierung über und wurde allmählich auf seine jetzige Größe ausgedehnt. Im Jahr 1900 drang das erste Auto ins Yosemite-Tal vor, 1907 wurde eine Bahnlinie bis El Portal an der Westgrenze des Parks gelegt (sie bestand bis 1945), und 1926 war die heute noch am meisten befahrene Allwetter-Autostraße von Merced fertiggestellt.

Kurzbeschreibung

An dieser Stelle ist natürlich nicht genügend Raum, die vielen Schönheiten des Nationalparks zu beschreiben. Das Yosemite-Tal, durch das der Fluß Merced fließt, liegt etwa 1300 m hoch; gewaltige Granitfelsen ragen nochmals bis zu 1400 m auf. 900 m über das Tal erhebt sich der mächtige El Capitan (2307 m), der westliche Eckpfeiler des Tals, an dem man bisher keine einzige Bruchstelle entdecken konnte.
Auf der anderen Seite des Tals beeindrucken die 'Three Brothers' sowie der 2600 m hohe Eagle Peak, der Sentinel Rock, die beiden erst vor etwa 50 Jahren zum erstenmal bezwungenen Cathedral Rocks und der Half Dome (2695 m). Dieser Monolith, der das Tal im Osten abschließt, hat die Gestalt einer vertikal halbierten Kuppel; ob die 'fehlende Hälfte' je existierte, ist nicht geklärt. El Capitán und Half Dome sind wohl die berühmtesten Kletterfelsen in Yosemite Valley; sie gehören zu den Entstehungsorten des 'free climbing', mit dem die alpine Schwierigkeitsskala über 6 hinaus erweitert wurde. Einige dieser Felsen sieht man bereits, wenn man den Wawona-Tunnel verläßt.
Die vielgerühmten Yosemite Falls, etwa in der Mitte des Tals, stürzen in drei Absätzen insgesamt 739 m in die Tiefe. Sie trocknen allerdings meist von

Kurzbeschreibung (Fortsetzung)

Ende Juni bis zum Beginn der Regen- bzw. Schneezeit im November aus, und auch andere Wasserfälle, etwa der Bridal Veil Fall (Brautschleier-Wasserfall), sind in den Sommermonaten nur Rinnsale.
Etwa 3 km vom Südeingang entfernt liegt der am leichtesten zugängliche Redwood-Hain: Mariposa Grove (zwei weitere, Tuolumne Grove und Merced Grove, liegen im 'Hinterland' des Yosemite National Park). Sollten dem Besucher schon die Redwood-Bäume in → Muir Woods bekannt sein, dann werden ihm die Unterschiede der beiden Arten sofort ins Auge fallen. Letztere, die sequoia sempervirens, wächst höher, hat aber nicht den Umfang der in Yosemite wachsenden Sequoia giganteum; letztere gehören zu den größten Pflanzen überhaupt.
Im Mariposa-Hain befinden sich etwa 500 diesr Riesenbäume; der größte (im unteren Teil des Hains) heißt Giant Grizzly, noch immer etwa 70 m hoch, obwohl seine Krone unter einer Schneelast abbrach. Der Basisdurchmesser beträgt 9 m, und einige der Äste, die in 30 m Höhe beginnen, haben ihrerseits schon wieder einen Durchmesser von 2 m. Man schätzt, daß dieser Baum 2700 Jahre alt ist.
Unweit der Tioga-Straße, dem Zugang des Parks aus dem Nordosten, die nur in den Sommermonaten geöffnet ist, befinden sich mehrere besonders schöne Gebirgsseen, vor allem der 2500 m hoch gelegene May Lake. Lohnend ist auch ein Autoausflug auf den Glacier Point (2200 m), von dem aus man einen atemberaubenden Blick auf die anderen Gipfel des Yosemite genießen kann.
Nach einer genauen Zählung gibt es im Park 76 verschiedene Säugetierarten, darunter den gefährlichen Graubären und den braunen Bär (man beachte die Warnungen!), 221 Vogel- und 29 Reptilienarten, 37 verschiedene Baumarten und Hunderte von Blumen und Kräutern.

Zoo

→ San Francisco Zoological Gardens

1 HOUR 1/2
DEVELOPING
HATS BOOTS BELTS

Praktische Informationen von A bis Z

Praktische Informationen von A bis Z

Anreise

Mit dem Flugzeug

In der Regel wählt man für eine Reise nach San Francisco das Flugzeug als Transportmittel, es sei denn, man kommt auf einer Kreuzfahrt oder mit dem Campmobil hierher. Reisende aus Übersee bzw. aus den USA landen auf dem San Francisco International Airport, der etwa 25 km vom Stadtkern entfernt ist (→ Flughafen).

Kleingeldvorrat

Man sollte sich – wenn man von Europa direkt nach San Francisco fliegt – vor Reiseantritt mit genügend Kleingeld für erste kleine Ausgaben eindekken, vor allem mit Münzen und Ein- und Fünf-Dollar-Scheinen. Das Wechseln größerer Banknoten ist oft schwierig (Angst vor Fälschungen).

Apotheken

Drugstores, Pharmacies

Amerikanische Drugstores oder Pharmacies sind mit europäischen Apotheken nicht zu vergleichen. Die Abgabe rezeptpflichtiger Medikamente macht für die meisten nur einen kleinen Teil ihres Geschäfts aus, und manche ähneln eher kleinen Kaufhäusern, die auch etwas zu essen und zu trinken anbieten. Nicht rezeptpflichtige Medikamente bekommt man auch in den meisten Supermärkten, die oft rund um die Uhr geöffnet haben.

Information

Die Drugstores sind in den 'Yellow Pages' verzeichnet, den von den Telefongesellschaften herausgegebenen Branchenfernsprechbüchern. Ein Exemplar findet sich in den meisten Hotelzimmern.

Öffnungszeiten

In der Regel von 9.00 bis 18.00 Uhr; einige haben auch bis 21.00 Uhr oder sogar bis 24.00 Uhr geöffnet.

Nachtdienst

Einen organisierten Nachtdienst wie in Deutschland gibt es nicht. Bei einem nächtlichen Notfall kann man immer das nächstgelegene Krankenhaus aufsuchen, da alle Krankenhäuser über Apotheken verfügen.

Ärztliche Hilfe

Deutschsprechende Ärzte nennt das Konsulat in San Francisco. Kann man sich auf Englisch genügend verständigen, findet man Ärzte ('physicians') und Zahnärzte ('dentists') in den 'Yellow Pages' (Branchenfernsprechbuch), auch ist die Hotelrezeption bei der Suche behilflich; man kann sich auch an die Krankenhäuser wenden (→ Notrufe).

Krankenversicherung

Kosten für Arzt und Medikamente sind sofort zu begleichen. Da zwischen den USA und Deutschland kein Sozialversicherungsabkommen besteht,

◀ *Pier 39: beliebtes Vergnügungszentrum am Fisherman's Wharf* müssen gesetzlich Krankenversicherte ihre Krankheitskosten selbst tragen (bei beruflich veranlaßten Reisen wird über den Arbeitgeber erstattet); eine Reise-Krankenversicherung ist also unbedingt nötig (auch für österreichische und Schweizer Staatsbürger). Privat Versicherte sollten sich bei ihrer Versicherung über die Kostenübernahme informieren.

Kranken-versicherung (Fortsetzung)

Ausflüge

→ Stadtbesichtigung

Auskunft

In Deutschland

Das US-Fremdenverkehrsamt USTTA ist aufgelöst worden und wird durch den privatwirtschaftlichen Auskunftsdienst 'Visit USA' ersetzt. Vorläufig kann man bei Schotte Media Partners ('USA Info Service'), gegen eine Gebühr Informationsmaterial zu einzelnen Reisezielen erhalten.
USA Info Service
Postfach 4101
D-40654 Meerbusch
Tel. 0180/5313531, Fax 0180/5313533

In San Francisco

Visitor Information Center
Ecke Market/Powell Street (Hallidie-Plaza-Gebäude)
San Francisco, CA 94102
Tel. 001/415/391-2000
U-Bahn-Station: Powell Street

Geöffnet: Mo.–Fr. 9.00–17.00, Sa. 9.00–15.00, So. 10.00–14.00 Uhr; geschlossen Thanksgiving Day, 25. 12., 1. 1.

Monatsüberblick: Tel. 391-2004 (deutsch)

Veranstaltungen: Tel. 391-1200

Stadtbusse (MUNI): Tel. 673-MUNI

Schnellbahn (BART): Tel. 788-BART

Autobusse

→ Bahnhöfe
→ Verkehrsmittel

Autohilfe

Mietwagen

Ist man in einem → Mietwagen unterwegs, sollte man bei einer Panne zunächst die Autovermietung verständigen und Weisungen einholen. Das Abschleppen des Autos ist oft mit hohen Kosten verbunden, es sei denn, man ist Mitglied der AAA (American Automobile Association) oder ähnlicher Organisationen, die kostenlose Reparatur- und Abschleppdienste anbieten. Ist das Auto noch fahrfähig, findet man in den 'Yellow Pages' unter 'Automobile Repairing Service' Adressen und Telefonnummern von Reparaturwerkstätten. Die Buchung der Mietwagen ist von Deutschland aus erheblich billiger als vor Ort.

Bakers Beach

Ausländische Autos

Nichtamerikanische Kraftwagen, die mit in die USA gebracht wurden, sollten in einwandfreiem Zustand sein. Ersatzteile, die nicht US-amerikanischen Normen entsprechen, sind unter Umständen schwer erhältlich; nur in den größeren Städten sind auch außeramerikanische Autofirmen vertreten. Niederlassungen in San Francisco sind in den aktuellen 'Yellow Pages' verzeichnet.

Automobilclub

California State Automobile Association, 150 Van Ness Avenue, San Francisco, CA 94102, Tel. 565-2012

Badestrände

San Francisco ist zwar weitgehend von Wasser umgeben, doch ist es zum Baden meist zu kühl. Zwar gibt es einige Sandstrände, z.B. im Aquatic Park und in der Golden Gate National Recreation Area, aber dort liegt man höchstens in der Sonne; ins Wasser gehen nur einige Mutige, denn selbst im August steigt die Wassertemperatur selten über 15 °C. Um im Ozean zu schwimmen, müssen die Bewohner San Franciscos fast 110 km nach Süden bis Santa Cruz fahren, und selbst dort ist die Badesaison ziemlich kurz. Noch weiter südlich besitzt Carmel schöne Strände (Pebble Beach nördlich von Carmel, Carmel River State Beach südlich).

Bahnhöfe (Eisenbahn und Omnibusse)

Eisenbahn

Wegen der geringen Bedeutung des Eisenbahnfernverkehrs in den USA wird man wahrscheinlich keine Bahnfahrt von San Francisco aus unternehmen, ausgenommen in die Vororte. Die Southern Pacific Railroad, einst die bedeutendste unter den Linien, die San Francisco bedienten, unterhält heute nur noch Vorortverkehr. Vorortbahnhof (Southern Pacific Railroad Terminal): 4th & Townsend Street.

Eisenbahn (Fortsetzung)

Was vom Fernverkehr übriggeblieben ist (Züge nach Los Angeles, in den Mittelwesten und nach Norden), wird nicht mehr über San Francisco, sondern über Oakland abgewickelt. Mit hohen Bundessubventionen wird der Personenverkehr von der offiziellen Eisenbahngesellschaft Amtrak unterhalten, der die privaten Bahngesellschaften (von Ausnahmen abgesehen) Bahnhöfe, Schienenwege und das rollende Material verpachtet haben.

Fernbahnhof Oakland (Amtrak)

Fahrgäste werden vom San Francisco Transbay Terminal (Mission & 1st Street, Tel. 800-872-7245) mit Bussen zur Oakland Amtrak Station gebracht.

Nahverkehr

CalTrain: Züge zwischen San Francisco und San Jose
Fourth & Townsend St.
Tel. 800-558-8661

Omnibusse

Von größerer Bedeutung für den Nah- und Fernverkehr sind Omnibusse.

Nahverkehr

SamTrans (nach Süden):
Transbay Terminal
Mission & 1st Street, Tel. 800-660-4BUS

AC Transit (nach Nordosten):
Transbay Terminal
Mission & 1st Street, Tel. 839-2882

Golden Gate Transit (nach Marin und Sonoma Counties):
Market & 7th Street, Tel. 332-6600

Fernverkehr

Greyhound
425 Mission Street/First Street, Tel. 558-6789

Preisermäßigungen

Es gibt häufig Sonderangebote der Autobusunternehmen, z.B. das 'See-America-Abonnement', mit dem man innerhalb eines bestimmten Zeitraums durch ganz Amerika reisen kann. Das ist natürlich billiger, als für jede einzelne Strecke zu bezahlen.

Banken

→ Geld

BART (Schnellbahn)

→ Verkehrsmittel

Buchhandlungen

Auswahl

A Clean Well-lighted Place for Books
601 Van Ness Avenue

Books, Inc.
140 Powell Street
San Franciscos älteste Buchhandlung (gegründet 1851)

Buchhandlungen (Fortsetzung)

City Lights
261 Columbus Avenue
Gegründet und geleitet von dem Dichter Lawrence Ferlinghetti
(→ Berühmte Persönlichkeiten)

Dalton
200 Kearny Street und 2 Embarcadero Center

Doubleday
265 Sutter Street

Inc. Donald's
48 Turk St.

Sierra Club
730 Polk Street

Waldenbooks
Embarcadero Center

Cable Car

→ Verkehrsmittel

Camping

Wer mit dem Motorhome nach San Francisco kommt, findet mitten in der Stadt (King Street) den 'San Francisco RV Park'. Er ist zwar eine Betonfläche ohne jeden Reiz, aber günstig gelegen und hat eine gute Busverbindung ins Zentrum; auch läßt sich von hier vieles zu Fuß erreichen.

Devisenbestimmungen

→ Geld

Diplomatische und konsularische Vertretungen

US-Vertretungen in Deutschland

Botschaft der USA, Deichmanns Aue 29
D-53179 Bonn, Tel. (0228) 339-2053.

Die Konsularabteilung der Botschaft ist zuständig für das Bundesland Nordrhein-Westfalen.

Konsularabteilung US-Botschaft, Außenstelle Berlin, Clayallee 170
D-14169 Berlin, Tel. (030) 8197454.
Zuständig für die Bundesländer Berlin, Brandenburg, Mecklenburg-Vorpommern, Sachsen-Anhalt, Freistaat Thüringen und Freistaat Sachsen.

Generalkonsulat der USA, Siesmayerstr. 21
D-60323 Frankfurt am Main, Tel. (069) 75352204.

Zuständig für die Bundesländer Baden-Württemberg, Hessen, Rheinland-Pfalz und Saarland sowie für den Regierungsbezirk Unterfranken des Freistaates Bayern.

Diplomatische und konsularische Vertretungen (Fortsetzung)

Generalkonsulat der USA, Alsterufer 27–28
D-20354 Hamburg, Tel. (040) 41 17 10.
Zuständig für die Bundesländer Hamburg, Bremen, Schleswig-Holstein und Niedersachsen.

Generalkonsulat der USA, Königinstr. 5
D-80539 München, Tel. (089) 28 88-1.
Zuständig für den Freistaat Bayern (außer Regierungsbez. Unterfranken).

US-Vertretungen in Österreich

Botschaft der USA, Boltzmanngasse 16, A-1090 Wien, Tel. (0222) 31 55 11
Konsularbüro der USA, Gartenbaupromenade 2, A-1010 Wien, Tel. (0222) 5 14 51

Generalkonsulat der USA, Gisela-Kai 15, A-5020 Salzburg, Tel. (0662) 2 86 01

US-Vertretungen in der Schweiz

Botschaft der USA, Jubiläumsstr. 93, CH-3005 Bern, Tel. (031) 43 70 11

Generalkonsulat der USA, Zollikerstr. 141, CH-8008 Zürich, Tel. (01) 55 25 66

Vertretungen in San Francisco

Deutschland

Consulate General of the Federal Republic of Germany
1960 Jackson Street, Tel. 775-1061

Österreich

Austrian Consulate, 41 Sutter Street, Tel. 951-89 11

Schweiz

Consulate General of Switzerland, 456 Montgomery Street, Tel. 788-22 72

Einkäufe, Einkaufszentren

→ Shopping

Eisenbahn

→ Bahnhöfe

Elektrizität

Alle elektrischen Leitungen haben 110 Volt Wechselspannung. Wer Elektrogeräte nach europäischer Norm (Spannungswähler umstellen!) benutzen möchte, braucht einen Zwischenstecker (Adapter), den man sich schon zu Hause besorgen sollte. Hat man ihn vergessen, so bekommt man eine solche 'appliance' in 'hardware stores', Drugstores oder Kaufhäusern.

Essen und Trinken

Wer das Speisen in → Restaurants aus Zeit- oder Geldmangel scheut, muß deswegen keineswegs verhungern. Die typischen amerikanischen Schnellgerichte, Hamburgers, Hot dogs und Pizza pies, werden fast überall angeboten.

Essen und Trinken (Fortsetzung) Fleischgerichte

Steaks in allen Variationen sind neben dem allgegenwärtigen Hamburger die wichtigsten Fleischgerichte. Geradezu ein Zeremoniell ist das Barbecue (BBQ), bei dem allerlei Fleisch auf den Holzkohlengrill kommt. Beliebt sind aber auch Hühnchenfleisch (u. a. Chicken Fingers = gebackene Hühnerbruststücke) und Schweinefleisch (Pork, z. B. als 'Prime Rib'). Dazu gibt es fast immer wahlweise eine 'baked potato' (Pellkartoffel mit Crème fraîche) oder Pommes frites ('french fries').

Kaffee

US-amerikanischer Kaffee ist in der Regel schwach geröstet und oft sehr dünn gebrüht. Man bekommt ihn überall und reichlich angeboten, einmal bestellt, wird er immer nachgeschenkt. Wo viele Italiener oder Latinos leben, besteht Hoffnung auf einen kräftigen Espresso. Viele Cafés bieten jedoch mehrere Sorten und vor allem anständig gebrühten Kaffee an.

Bier

Das stets eisgekühlte Bier (beer) wird in den USA nicht nach dem deutschen Reinheitsgebot gebraut. Es enthält deutlich weniger Alkohol als vergleichbare deutsche Biere (3 – 3,5 Vol. %); immer beliebter werden 'Light'-Biere mit 1 – 1,5 Vol. % Alkohol. Weit verbreitete US-amerikanische Marken sind Budweiser, Busch, Miller, Coors, Michelob und Schlitz. Importiertes europäisches Bier ist ungleich teurer als US-Marken.

Wein

Kalifornien gehört seit einiger Zeit zu den führenden Weinproduzenten der Erde. In Restaurants bekommt man eine ordentliche Auswahl Rotweine wie Zinfandel, Cabernet, Barbera, Ruby Cabernet, Grenache und Gamay und Weißweine wie Chardonnay, French Colombard, Chenin Blanc, Sauvignon Blanc, Pinot Blanc, Semillon, Riesling und Gewürztraminer. Wein (auch Rotwein!) wird in den USA vielfach gekühlt serviert!

Spirituosen (Liquor)

Bevorzugte Spirituosen, die jedoch nur in bestimmten Geschäften ('liquor store') erhältlich sind und in Bars nur zu bestimmten Zeiten genossen werden dürfen, sind Whisky ('whiskey'; Bourbon, Scotch, Canadian, Rye, Irish, Blended), Gin, Wodka, Brandy (Branntwein), Rum, Wermut ('vermouth') und Likör ('cordial').

Säfte, Soft Drinks

Überall erhält man Fruchtsäfte aus heimischen Orangen, Grapefruit oder Ananas. Soft Drinks (Cola-Getränke, aromatisierte und mit Kohlensäure versehene Getränke) und Root Beer, ein aus Wasser, Zucker, Farbstoff und verschiedenen Gewürzen zubereitetes Getränk, sind beliebte Durstlöscher; desgleichen geeister Tee.

Wasser

Zu jeder Mahlzeit erhält man ein Glas Eiswasser, doch Vorsicht: Es ist Leitungswasser mit gestoßenem Eis. Wer ein Mineralwasser möchte, bestelle ein 'spring water'.

Feiertage

Allgemeines

San Francisco hat – wie die Vereinigten Staaten von Amerika allgemein – relativ wenige offizielle Feiertage (public / legal holidays), und selbst an diesen sind mit Ausnahme von Thanksgiving Day, Ostersonntag, Weihnachten und Neujahr viele Geschäfte geöffnet. Banken, Börsen, Amtsstellen und Schulen bleiben allerdings geschlossen. An christlichen Festen (Ostern, Weihnachten) gibt es keine zweiten Feiertage.

Die Mehrzahl der weltlichen Feiertage – mit Ausnahme des Unabhängigkeitstags – wird alljährlich neu datiert und zur Verlängerung der Wochenenden auf einen Montag vor oder nach dem eigentlichen Feiertag verlegt.

Offizielle Feiertage

Neujahr, New Year's Day (1. 1.); Washington's Birthday (am Montag vor dem 22. 2.); Easter Sunday (Ostersonntag); Memorial oder Decoration Day (30. 5. bzw. letzter Montag im Mai); Independence Day (4. 7.; Unabhängigkeitstag); Labor Day (1. Montag im September); Columbus Day (12. 10. bzw. 2. Montag im Oktober); Veteran's Day (11. 11.; zur Ehrung der amerikanischen Kriegsteilnehmer); Thanksgiving Day (4. Donnerstag im November; entspricht dem Erntedankfest); Christmas Day (25. 12.; Weihnachten).

Feiertage (Fortsetzung)

Fernsehen

⟶ Rundfunk und Fernsehen

Flughafen

Flughafen

Der San Francisco International Airport liegt etwa 22,5 km südöstlich des Zentrums von San Francisco.

Transfer

Der Transfer vom Flughafen zur Stadt wird mit Taxis, 'Airporter'-Bussen und Hotellimousinen abgewickelt.

Taxi

Eine Taxifahrt kostet rund 25 Dollar plus Trinkgeld.

Airporter-Busse

Vom Air Terminal in der Stadt verkehren die 'Airporter'-Busse zum Flughafen. Die Busse halten vor den Central und South Terminals unmittelbar an der Gepäckausgabe. Sie verkehren von 6.00 bis 22.00 Uhr alle 15 Minuten, von 22.00 bis 24.00 Uhr alle 30 Minuten und von 24.00 bis 6.00 Uhr in Abstimmung mit den Landezeiten der Flugzeuge. Die Fahrt zum Air Terminal dauert 20–30 Minuten.

Air Terminal

Das Air Terminal befindet sich Ecke Taylor Street / Ellis Street inmitten des Hotelviertels im Zentrum von San Francisco. Auskunft über Ankunft und Abfahrt der zwischen Flughafen und Air Terminal verkehrenden Busse erhält man unter der Telefonnummer 673-2433.

Limousinen

Es gibt auch Limousinen, die Sie direkt zu Ihrem Hotel bringen.

Fundbüro

BART

BART Lost & Found Bureau
Station 12. Street City Center (Oakland), Tel. 465-4100
Geöffnet: Mo.–Fr. 12.00–18.00 Uhr

Galerien

Die meisten Kunstgalerien San Franciscos befinden sich in der City, vor allem in der Sutter Street und den Parallelstraßen. Fast alle haben regelmäßig wechselnde Ausstellungen und sind Montag bis Samstag oder Dienstag bis Sonntag zwischen 10.00 und 17.00 bzw. 18.00 Uhr geöffnet. Einige der bekannteren sind:

Kunstgalerien (Auswahl)

Allrich Gallery, 251 Post Street, Tel. 398-8896
Atelier Dore, Inc., 771 Bush Street, Tel. 391-2423
John Berggruen Gallery, 228 Grant Avenue, Tel. 781-4629
Braunstein Quay Gallery, 254 Sutter Street, Tel. 392-5532
Fraenkel Gallery, 55 Grant Avenue, Tel. 981-2661
Gump's Gallery, 250 Post Street, Tel. 982-1616
Hanson Galleries, 153 Maiden Lane, Tel. 956-4338

Kunstgalerien (Fortsetzung)

Harcourts Gallery, 460 Bush Street, Tel. 421-3428
Pasquale Iannetti Art Gallery, 522 Sutter Street, Tel. 433-2771
Kabutoya Galleries, 454 Sutter Street, Tel. 434-2777
Kertesz Fine Art Gallery, 521 Sutter Street, Tel. 626-0376
Maxwell Galleries, 551 Sutter Street, Tel. 421-5193
John Pence Gallery, 750 Post Street, Tel. 441-1138
San Francisco Art Exchange, 458 Geary Street, Tel. 441-8840
San Francisco Gallery, 41 Powell Street, Tel. 434-8745
Pascal de Sarthe, 315 Sutter Street, Tel. 397-0168
Richard Thompson Gallery, 80 Maiden Lane, Tel. 956-2114
Vorpal Gallery, 393 Grove Street, Tel. 397-2200
Stephen Wirtz Gallery, 49 Geary Street, Tel. 433-6879

Gaststätten

→ Restaurants

Geld

Währung

Die Währungseinheit der USA ist der Dollar ($). Außer Geldscheinen im Nennwert von 1, 2, 5, 10, 20, 50, 100 Dollar (im internen Bankverkehr gibt es auch größere Noten) sind Münzen im Wert von 1 (penny), 5 (nickel), 10 (dime), 25 (quarter) Cent, seltener von 50 Cent (half-dollar) und 1 Dollar im Umlauf.

Geldscheine

Zu beachten ist, daß alle US-amerikanischen Geldscheine dieselbe Größe und Farbe haben und sich nur durch den aufgedruckten Nennwert und die Bilder auf der schwarzen Vorderseite und der grünen Rückseite voneinander unterscheiden.

Devisenbestimmungen

Die Ein- und Ausfuhr ausländischer und amerikanischer Zahlungsmittel unterliegt keinen Beschränkungen. Die Einfuhr von mehr als 10000 Dollar muß in einer Zollerklärung angegeben werden.

Wechselkurse (veränderlich)

1 US-$ = 1,70 DM	1 DM = 0,58 US-$
1 US-$ = 11,9 öS	1 öS = 0,08 US-$
1 US-$ = 1,39 sfr	1 sfr = 0,71 US-$

Umtausch

Beim Umtausch in den USA muß man im allgemeinen mit einem schlechteren Wechselkurs und höheren Bankprovisionen als in Europa rechnen. Daher empfiehlt es sich, schon vor dem Abflug Dollar zu kaufen und sich vor allem auch mit ausreichend Kleingeld (Scheine von 1 bis 10 Dollar und Münzen) einzudecken.
Geschäfte und Restaurants nehmen grundsätzlich keine ausländische Währung an; größere Hotels tun dies zwar, verlangen jedoch hohe Provisionen.

Reiseschecks

Da das Wechseln ausländischen Gelds in den USA vielfach Schwierigkeiten macht (kein Geldwechsel in Hotels, zeitraubende Rückfragen von Banken) und außerdem meist zu schlechten Kursen geschieht, ist es ratsam, US-Dollars in Europa zu erwerben. Aus Sicherheitsgründen sollte man sich bei der heimatlichen Bank bzw. bei einer europäischen Filiale des American Express auf US-Dollars ausgestellte Reiseschecks besorgen (Traveller Checks, geringe Provision). Eurocheques werden in den USA nicht angenommen.
Bei Abhandenkommen (Diebstahl, Verlust u.a.) kann man bei der American-Express-Filiale möglichst nach Vorlage des ausgefüllten Kontrollblatts sofort Ersatz für die verlorengegangenen Schecks erhalten.

Geld (Fortsetzung)
Kreditkarten

Die Kreditkarte ist das Zahlungsmittel schlechthin und als Ausweis oft wichtiger als der Reisepaß. Vor allem beim Mieten von Autos ist eine Kreditkarte unerläßlich. Tankstellen akzeptieren allerdings meist nur Bargeld.
Am weitesten verbreitet sind die Kreditkarten von Mastercard und Visa; American Express wird meist in Restaurants und Geschäften akzeptiert, Diner's Club nur selten.
Manche Kreditkarten ermöglichen dem Benutzer in Verbindung mit einer Geheimnummer, der sog. Pin-Nummer, bei den Geldautomaten in Banken und Supermarkets Geld abzuheben.

Banken

Die Bankschalter sind im allgemeinen Montag bis Freitag von 9.00 bis bis 15.00 Uhr, freitags bis 18.00 Uhr für die Abwicklung der üblichen Bankgeschäfte geöffnet, im allgemeinen jedoch nicht für den Kauf von Dollars gegen ausländische Währungen. Nachstehend sind Bankniederlassungen genannt, die auch Geld tauschen.

Bank of Amerika
345 Montgomery Street, Tel. 622-2451
Geöffnet: Mo.–Do. 9.00–15.00, Fr. bis 17.00 Uhr

Bank of America
Powell & Market Street, Tel. 622-4098
Geöffnet: Mo.–Do. 10.00–15.00, Fr. bis 17.00 Uhr

Thomas Cook Currency Services
100 Grant Street, Tel. 362-3452
Geöffnet: Mo.–Fr. 9.00–17.00, Sa. 10.00–14.00 Uhr

Foreign Exchange, LTD
415 Stockton Street, Tel. 397-4700
Geöffnet: Mo.–Fr. 8.30–17.00, Sa. 9.00–13.30 Uhr

Wechselstuben im Flughafen

Im South Terminal des San Francisco International Airport, auf dem fast alle Reisenden ankommen, unterhalten zwei Banken Wechselstuben:

Bank of America (International Building)
Geöffnet: tgl. 7.00–23.00 Uhr
Thomas Cook Currency Services (Departure Level)
Geöffnet: tgl. 7.30–23.00 Uhr

Geschäftszeiten

→ Öffnungszeiten

Hotels

Allgemeines

Gemessen an seiner Größe hat San Francisco mehr Hotelraum als irgendeine vergleichbare Stadt, zumal gerade in den letzten Jahren zahlreiche neue Luxushotels erbaut wurden, die die Gesamtzahl der Zimmer auf fast 30 000 bringen dürften. Dies genügt der touristischen Nachfrage; dennoch können sich Engpässe ergeben, wenn gerade ein oder mehrere Kongresse gleichzeitig abgehalten werden. Treffen Sie am Abend in San Francisco ein, empfiehlt sich eine Vorbestellung auf jeden Fall. Zu den in den letzten Jahren neu hinzugekommenen Hotels gehören das Park Hyatt, das Ritz-Carlton und das völlig umgebaute Sheraton-Palace.

Ausstattung

Fast alle nachstehend aufgeführten Hotels haben Zimmer mit Bad, Klimaanlage und Farbfernseher, so daß dies nicht besonders erwähnt wird.

Nobler Empfang: Front des Mark Hopkins

Frühstück

Frühstück ist nie im Zimmerpreis enthalten. Der Gast ist auch nicht verpflichtet, das Frühstück im Hotel einzunehmen (in kleineren Hotels wird häufig gar kein Frühstück serviert), sondern er kann eine der nahegelegenen Imbißstuben (Diner, Lunch Room etc.) aufsuchen.

Hotelrestaurants

Fast alle Hotels, vor allem die großen, haben ein oder mehrere Restaurants; ihre Preise richten sich nach der Hotelkategorie.

Safe
Zimmerschlüssel

Alle Hotels haben Safes, denen man Wertsachen anvertrauen kann. Der Zimmerschlüssel wird gewöhnlich nicht am Empfang abgegeben, sondern mitgenommen.

Preise und Bezahlung

Kinder unter 12 Jahren im selben Zimmer wohnen gratis, für zusätzliche Erwachsene wird ein Zuschlag von 10 bis 20 Dollar erhoben. Zum Hotelpreis müssen die Sales Tax von 6,5 % sowie die Occupancy Tax hinzugerechnet werden, die über 10 % des Zimmerpreises ausmacht. Bezahlt wird die Hotelrechnung am besten per Traveller-Scheck oder Kreditkarte. Deutlich sparen läßt sich, wenn man mehrere Städte besuchen will: Man bucht dann vor der Abreise über das Reisebüro ein 'Paket' bei einer Hotelketten.

Reservierung

Da San Francisco von Mai bis September meist überlaufen ist, empfiehlt es sich auf jeden Fall, Zimmer schon vor der Ankunft reservieren zu lassen. Alle Hotels mit einer 800-Nummer können außerhalb des Staates California kostenlos von überall in den USA angerufen werden. Für eine telefonische Vorbestellung benötigt man aber eine Kreditkarte. Indem man die Kreditkartennummer durchgibt, schließt man einen mündlichen Vertrag. Selbst wenn man dann nicht im Hotel erscheint, wird das Konto belastet.

Bed & Breakfast Inns

Wenn man die besondere Note und persönlichen Service bevorzugt, ist eine Übernachtung in privat geführten Häusern ratsam. Entgegen US-amerikanischem Usus wird hier das Frühstück inclusive angeboten.

Bed & Breakfast (Fortsetzung)

Ein Verzeichnis dieser Häuser mit kurzen Beschreibungen erhält man bei California Division of Tourism, Dept. B & B
801 K St., Suite 1600, Sacramento, CA 95814
Tel. 916/322-2881.

Preiskategorien (unverbindliche Richtwerte)

Luxushotels (Einzelzimmer über 150 US-$, Doppelzimmer über 180 US-$)
Sehr komfortable Hotels (EZ 125–150 US-$, DZ 140–180 US-$)
Hotels mit gutem Komfort (EZ 90–125 US-$, DZ 100–140 US-$)
Preiswerte Hotels (EZ unter 90 US-$, DZ unter 100 US-$)

Ausgewählte Unterkunftsmöglichkeiten

Luxushotels

*Mark Hopkins Inter-Continental, 1 Nob Hill, 400 Z., Tel. 392-3434, 800/327-0200. Seit seiner Eröffnung 1926 genießt dieses Luxushotel auf dem Nob Hill Weltruhm. Bei der Gründung der Vereinten Nationen beherbergte es zahlreiche Diplomaten. Bereits 1939 wurde im 19. Stockwerk eine Cocktail-Bar "Top of the Mark" mit Panoramasicht eröffnet. Alle Zimmer haben eine schöne Aussicht.

San Francisco Marriott, Market & Fourth St., 1500 Z., Tel. 896-1600, bzw. 800/228-9290. Bei seiner Eröffnung 1989 nannten die Kritiker diesen architektonisch eigenwilligen Kolloß südlich vom Union Square 'Jukebox' (= Musikautomat). Zu den Einrichtungen zählen ein Schwimmbad, ein Fitneßcenter, ein Ballsaal, ein japanisches Restaurant und mehrere Bars.

*Park Hyatt San Francisco, 333 Battery Street, 323 Z., Tel. 392-1234, 800/233-1234. Das elegante Hotel am Embarcadero Center, dessen Zimmer meist eine herrliche Aussicht auf die Stadt und die Bay gewähren, bietet jeden Service eines Luxushotels. Beeindruckend ist die große Bronzeskulptur in der Lobby, die sich über drei Stockwerke erstreckt.

Das Park Hyatt San Francisco im Embarcadero Center

Luxushotels (Fortsetzung)

*The Ritz-Carlton San Francisco, Ecke California/Stockton Street, 336 Z., Tel. 296-7465, 800/241-3333.
Eine Besichtigung lohnt dieses monumentale Luxushotel in einem restaurierten neoklassischen Gebäude der Jahrhundertwende. Echte Antiquitäten, wertvolle Teppiche auf dem Marmorboden, Klaviermusik beim Nachmittagstee. Eines der Grand-Hotels auf dem Nob Hill.

*Westin St. Francis, direkt am Union Square, 1200 Z., Tel. 774-1192, bzw. 800/228-3000.
Das traditionsreiches Grand Hotel im Herzen der Stadt besitzt den Charme vergangener Zeiten. Beeindruckend ist die pompöse Hotellobby mit schwarzen Marmorsäulen und Kristalleuchtern. In den mit Antiquitäten ausgestattenen Altbauzimmern hat man einen herrlichen Blick auf die Skyline des Financial District. Mit der Eröffnung 1904 war das St. Francis das eleganteste und größte Hotel der USA westlich des Mississipi. Im Jahre 1972 wurde der neue Hotelturm errichtet. Vom 32. Stockwerk überblickt man die Innenstadt bis zum Fisherman's Wharf. Eine Besonderheit des Hotels ist die 'Geldwäsche' (Münzen werden gereinigt), die bereits 1938 eingeführt wurde, um die weißen Handschuhe der Damen zu schonen. Im Hotel St. Francis wohnten viele gekrönte Häupter wie die britische Königin Elisabeth II., der japanische Kaiser Hirohito, der jordanische König Hussein, US-amerikanische Präsidenten und Prominenz des Showbusiness.

Sehr komfortable Hotels

Archbishop's Mansion, 1000 Fulton St., 17 Z., Tel. 563-7872, 800/543-5820. In der früheren Residenz des Erzbischofs unweit des Alamo Square wurde ein exquisites Bed & Breakfast-Hotel eingerichtet. Die Zimmer haben Baldachinbetten, Kamine, Orientteppiche und antike Möbel.

*Donatello, 501 Post Street, 94 Z., Tel. 441-7100, 800/227-3184.
Unweit von Union Square liegt dieses geschmackvolle Hotel, das mit Marmor, Antiquitäten und zeitgenössischen Kunstwerken ausgestattet ist. Hier gibt es die größten Zimmer und die größten Betten der Stadt.

Galleria Park, 191 Sutter St., 177 Z., Tel. 781-3060 bzw. 800/792-9639.
Direkt neben der Crocker Galleria liegt dieses völlig im Jugendstil restaurierte Haus, das selbst eine Laufstrecke für Jogger aufzuweisen hat.

Holiday Inn at Chinatown, 750 Kearny St., 566 Z., Tel. 433-6600, bzw. 800-HOLIDAY.
Aus den höher gelegenen Zimmern des 27stöckigen Hotels zwischen Financial District und Chinatown hat man eine beeindruckende Aussicht auf die Stadt. Im obersten Stockwerk gibt es einen Swimming Pool unter freiem Himmel.

Inn at the Opera, 33 Fulton Street, 46 Z., Tel. 863-8400.
In dieser kleinen, aber feinen Luxusherberge unweit des Opernhauses am Civic Center haben solch berühmte Opernsänger wie Luciano Pavarotti übernachtet. Die Zimmer sind in Pastellfarben gehalten und haben große Bäder.

Prescott Hotel, 545 Post Street, 165 Z., Tel. 563-0303, 800/283-7322.
Dieses neoklassizistisch gehaltene, sehr gediegene Hotel unweit vom Union Square wurde erst 1989 eröffnet. Das Hotel beherbergt eines der besten Restaurants der Stadt, das "PosTrio" (→ Restaurants).

*Sir Francis Drake, 450 Powell St., 417 Z.,Tel. 392-7755, 800/227-5480.
Dieses Hotel ist die etwas preiswertere Alternative zum Westin St. Francis am Union Square. Es zeichnet sich durch eine europäisch wirkende Eleganz mit neubarocken Elementen, gotischen Fenstern, Marmorwänden und Wandmalereien in der Lobby aus, die das Leben des gleichnamigen Entdeckers schildern. Die Zimmer sind mit Mahagoni- und Kirschholzmöbeln ausgestattet.

Union Street Inn, 2229 Union Street, 6 Z, Tel. 346-0424.
Dieses viktorianische Haus aus dem 19. Jahrhundert hat nur sechs, hübsche Gästezimmer. Das Frühstück wird in dem kleinen Garten serviert.

Sehr komfortable Hotels (Fortsetzung)

Bedford, 761 Post St., 150 Z., Tel. 673-6040 bzw. 800/227-5642.
Am Hang des Nob Hill liegt das ruhige, 17stöckige Hotel, das auf den oberen Etagen einen guten Blick auf das Zentrum von San Francisco bietet.

Hotels mit gutem Komfort

Handlery Union Square, 351 Geary St., 375 Z., Tel. 781-7800.
Das schön renovierte Innenstadthotel stellt den Gästen eine Sauna und ein Schwimmbad zur Verfügung. Das Hotel besteht aus zwei Teilen: dem ehemaligen und etwas besseren Handlery Motor Inn sowie dem früheren Hotel Stewart.

King George, 334 Mason St., 144 Z., Tel. 781-5050 bzw. 800/288-6005.
Das hohe, schmale Hotel erinnert an Amsterdamer Kanalhäuser. Eine ordentliche Unterkunft mit eleganter Lobby und Zimmern in freundlichen Pastelltönen. Im Haus ist ein gutes japanisches Restaurant untergebracht.

Monticello Inn, 127 Ellis Street, 55 Z., 36 Suiten, Tel. 929-9444, bzw. 800/826-4398. Der Name Monticello geht auf das Anwesen von Thomas Jefferson zurück, obwohl er nie in diesem Haus übernachtet hat. Die Atmosphäre der Kolonialzeit spiegelt sich noch in diesem Hotel mit den geräumigen Zimmern.

Vintage Court, 650 Bush St. 106 Z., Tel. 392-4666, 800/654-1100.
In zentraler Lage unweit vom Union Square liegt dieses gepflegte Hotel.

Preiswerte Hotels

Phoenix Inn, 601 Eddy St., 44 Z., Tel. 776-1380.
Das Hotel im Stil der 50er Jahre mit großen Zimmern und Bambusmöbeln liegt zwar nicht in der besten Gegend (es grenzt an Western Addition), doch wird es von Filmemachern, Rockmusikern, und Schriftstellern bevorzugt. Im hauseigenen Kabelprogramm werden ausschließlich Filme gezeigt, die in San Francisco gedreht wurden.

Jugendunterkünfte

YMCA

YMCA Central Branch (100 Z.), 220 Golden Gate Avenue, Tel. 885-0460
YMCA Embarcadero Branch (275 Z.), 169 Steuart St., Tel. 392-2191

YWCA

YWCA Hotel (vorwiegend für Frauen), 620 Sutter Street, Tel. 775-6500

Jugendherbergen

San Francisco International Youth Hostel (165 B.), Fort Mason (Bay St./Van Ness Ave.), Building 240, Tel. 771-7277
Golden Gate Youth Hostel (60 B.), Sausalito, 941 Fort Barry, Tel. 331-2777

Kino

Erstaufführungskinos

Überraschenderweise gibt es in der City von San Francisco ('downtown') nur wenige Erstaufführungskinos; sie befinden sich durchweg an der Market Street:
Egyptian, Market Street und 6th Street, Tel. 673-7373
Embassy, Market Street und 7th Street, Tel. 431-5221
St. Francis I & II, Market Street zwischen 5th und 6th Street, Tel. 362-4822
Strand, Market Street zwischen 7th und 8th Street, Tel. 621-2227.

Filmfestspiele

San Francisco hat auch Bedeutung durch die Ende März/Anfang April stattfindenden internationalen Filmfestspiele, das älteste derartige Festival

Filmfestspiele (Fortsetzung)

in den USA. Es findet im Palace of Fine Arts (Lincoln Park) und im Castro Theatre, Ecke Market Street und Castro Street, statt. Mehrere anerkannte Filmemacher haben in San Francisco ihren Wohnsitz.

'San Francisco Experience'

Eine besonders interessante Darbietung ist 'San Francisco Experience', Pier 39. Hier wird täglich von 11.00 bis 22.00 Uhr ein Film über die Geschichte und den Charakter San Franciscos gezeigt (Dauer 28 Min., Beginn jede halbe Stunde). Mit Hilfe zahlreicher Projektoren wird eine nahezu perfekte Illusion geschaffen. Man erlebt das Erdbeben von 1906, die große Zeit der Hippies im Stadtteil Haight-Ashbury, ein chinesisches Neujahrsfest in Chinatown und vieles andere.

San Francisco als Filmkulisse

Schließlich soll auch noch erwähnt werden, daß San Francisco als Kulisse von mehr Filmen diente als irgendeine andere amerikanische Stadt – mit Ausnahme von New York. Und die vielen Filmtitel deuten auf die Beliebtheit der Stadt in Hollywood hin, etwa "Hello Frisco" (1924), "In Old San Francisco" (1927), "San Francisco Nights" (1928), "Frisco Jenny" (1933), "San Francisco" (1936), "San Francisco Docks" (1940), "Hello, Frisco, Hello" (1943), "Man From Frisco" (1944), "San Francisco Story" (1952), "Bullitt" (1968), "Incident in San Francisco" (1971), "Slaughter in San Francisco" (1973).
Nicht zuletzt sei die bekannte Fernsehserie "Die Straßen von San Francisco" genannt.

Kirchen

Allgemeines

Aus der Zeit vor dem Erdbeben von 1906 existieren nur noch wenige Kirchen. Fast alle Kirchen in San Francisco sind nach 1906 entstanden und ahmen, mit wenigen Ausnahmen, fremde Stilelemente nach.

Die katholische Sts. Peter & Paul Church, erbaut 1924

Kirchen (Fortsetzung)

Neben den unter Sehenswürdigkeiten behandelten Kirchen → St. Mary's Cathedral, → Grace Cathedral, Old St. Mary (→ Sehenswürdigkeiten, Chinatown) und → Mission Dolores sind noch die folgenden Kirchen in San Francisco erwähnenswert:

First Baptist Church of San Francisco (1910), Market Street/Octavia Street
First Unitarian Church (1889), 1187 Franklin Street
Glide Memorial United Methodist Church
Holy Trinity Russian Orthodox Cathedral (1909), 1520 Green Street
Notre-Dame des Victoires (kath., 1913), 566 Bush Street
Old First Presbyterian (1911), Van Ness Avenue und Sacramento Street
Russian Holy Virgin Cathedral of the Church in Exile (1961), 6210 Geary Boulevard
St. Boniface Church (kath., 1908), 133 Golden Gate Avenue
St. Francis of Assissi (kath., 1849), 610 Vallejo Street
St. Luke's Episcopal Church (1910), Van Ness Avenue & Clay Street
St. Mark's Evangelical Lutheran Church (1895), 1111 O'Farrell Street
St. Matthew's Lutheran Church, 3281 16th St., Ecke Dolores (deutscher Gottesdienst So. 11.00 Uhr)
Sts. Peter & Paul Church (kath., 1924), 666 Filbert Street
Trinity Episcopal Church (1892), 1668 Bush Street

Synagoge

Temple Emanu-El (1927), Arguello Boulevard & Lake Street

Kreditkarten

→ Geld

Kriminalität

Allgemeines

Wie jede größere Stadt ist auch San Francisco nicht frei von Kriminalität. Es gibt Stadtteile, die man als Fremder am besten ganz meidet oder wo man ganz besonders vorsichtig sein sollte. San Francisco ist zweifellos eine der schönsten Städte der Welt – mit ein wenig Vorsicht kann man dafür sorgen, daß der Genuß nicht getrübt wird. Auf jeden Fall sollte man sein Auto nachts nach Möglichkeit in einer unterirdischen Garage parken. Läßt man es tagsüber auf der Straße in weniger belebten Gegenden stehen, schließt man seine Habe im Kofferraum ein. Nach Einbruch der Dunkelheit sollte man Parks fernbleiben.

Potentiell gefährliche Gegenden

Im Stadtteil Western Addition, einem von der Hayes Street im Süden, der Geary Street im Norden, der Gough Street im Osten und der Steiner Street im Westen begrenzten Gebiet, sind Überfälle auf Touristen nicht selten. Es ist also nicht zu empfehlen, durch diese Gegend zu gehen – etwa von der City Hall zum Golden Gate Park, was auf dem Stadtplan recht einfach aussieht. Meiden soll man auch das Viertel Tenderloin.
Man sollte auch nicht vom Alamo Square aus die viktorianischen Häuser mit der Transamerica Pyramid im Hintergrund fotografieren; man wird jedenfalls von (im Auto) patrouillierenden Polizisten davor gewarnt.

Maßeinheiten

Längenmaße

1 inch (in; Zoll) = 2,54 cm	1 mm = 0,03937 in
1 foot (ft; Fuß) = 12 in = 30,48 cm	1 cm = 0,033 ft = 0,3937 in
1 yard (yd; Elle) = 3 ft = 91,44 cm	1 m = 1,09 yd
1 mile (mi; Meile) = 1,61 km	1 km = 0,62 mi

Flächenmaße	1 square inch (in^2) = 6,45 cm^2	1 cm^2 = 0,155 in^2
	1 square foot (ft^2) = 9,288 dm^2	1 dm^2 = 0,108 ft^2
	1 square yard (yd^2) = 0,836 m^2	1 m^2 = 1,196 yd^2
	1 square mile (mi^2) = 2,589 km^2	1 km^2 = 0,386 mi^2
	1 acre = 0,405 ha	1 ha = 2,471 acres
Raummaße	1 cubic inch (in^3) = 16,386 cm^3	1 cm^3 = 0,061 in^3
	1 cubic foot (ft^3) = 28,32 dm^3	1 dm^3 = 0,035 ft^3
	1 cubic yard (yd^3) = 0,765 m^3	1 m^3 = 1,308 yd^3
Hohlmaße	1 gill = 0,118 l	1 l = 8,747 gills
	1 pint (pt) = 4 gills = 0,473 l	1 l = 2,114 pt
	1 quart (qt) = 2 pt = 0,946 l	1 l = 1,057 qt
	1 gallon (gal) = 4 qt = 3,787 l	1 l = 0,264 gal
Gewichte	1 ounce (oz; Unze) = 28,365 g	100 g = 3,527 oz
	1 pound (lb; Pfund) = 453,59 g	1 kg = 2,206 lb
	1 cental (cwt; Ztr.) = 45,359 kg	100 kg = 2,205 cwt
	1 short ton (Tonne) = 0,907 t	1 t = 1,103 short tons

Temperaturen

Fahrenheit	Celsius
0 Grad	– 18 Grad
10 Grad	– 12 Grad
20 Grad	– 5 Grad
32 Grad	0 Grad
50 Grad	10 Grad
68 Grad	20 Grad
86 Grad	30 Grad
95 Grad	35 Grad

Umrechnung

$$°C = \frac{5\ (°F - 32)}{9}$$

$$°F = 1{,}8 \times °C + 32$$

Verhältnis

°C : °F = 5 : 9

°F : °C = 9 : 5

Mietwagen

Allgemeines

Bei einem Aufenthalt in San Francisco wird man keinen Mietwagen brauchen, denn viele Strecken werden zu Fuß zurückgelegt. Überdies ist das Autofahren in der Stadt mit ihren 43 Hügeln und vor allem das Parken auf abschüssigen Straßen nicht ganz einfach, und der Stadtfremde ist hier gegenüber den Einheimischen deutlich im Nachteil.

Entscheidend ist jedoch: Die öffentlichen Verkehrsmittel sind ausgezeichnet, so daß man fast jeden Punkt innerhalb San Franciscos mit ihnen erreichen kann, auch wenn man gelegentlich umsteigen muß. Will man dennoch einmal rasch ans Ziel gelangen, stehen Taxis zur Verfügung, die auf der Straße angehalten werden können (bei freien Taxis leuchtet ein kleines Schild auf dem Dach).

Für Fahrten in die Umgebung von San Francisco, nach Südkalifornien oder in andere Teile der USA ist ein Mietwagen von Vorteil.

Notwendige Dokumente

Im allgemeinen genügt der nationale Führerschein. Absolutes Muß ist allerdings eine Kreditkarte (Visa, Mastercard, Eurocard), ohne die eine astronomisch hohe Kaution geleistet werden müßte.

Mindestalter

Einige internationale Mietwagenfirmen verleihen Autos von Deutschland aus nur ab einem Mindestalter von 25 Jahren. Über Reisebüros kann man gegen eine zusätzliche Gebühr (Risikozuschlag) auch ab einem Mindestalter von 21 Jahren ein Fahrzeug mieten. Im Zweifelsfall kann man sich bei den nationalen Reservierungszentralen der Mietwagenfirmen informieren.

Autoverleihfirmen

Fast alle Firmen haben Büros auf dem Flughafen und in der Innenstadt San Franciscos; die erste der angegebenen Telefonnummern ist die des Stadtbüros, die zweite die des Flughafenbüros, die dritte die 800-Nummer, die man von außerhalb San Franciscos kostenlos anrufen kann.

Mietwagen (Fortsetzung)

Alamo, 663 Geary Street, Tel. 673-9696 bzw. 800-327-9633 (auch für Flughafen).
Avis, 675 Post Street, Tel. 885-5011 / 877-6780 / 800-331-1212
Budget, 321 Mason Street, Tel. 875-6850 / 877-4477 / 800-527-0700
Dollar, 364 O'Farrell Street, Tel. 771-5300 / 800-800-4000
Hertz, 433 Mason Street, Tel. 771-2200 / 800-654-3131
National, 531 Sutter Street, Tel. 474-5300 / 877-4745 / 800-328-4567
Pacific, 301 Mason Street, Tel. 771-5300 / 692-2611
Thrifty, 299 Ellis Street, Tel. 673-6675 / 800-367-2277

Preise

Im allgemeinen sind die Miettarife in den USA niedriger als in Europa. Man sollte in jedem Fall mehrere Verleihfirmen anrufen und die Angebote vergleichen. Gelegentlich gibt es auch Sonderangebote, insbesondere für wochenweises Mieten, das meist billiger ist. Manche Firmen berechnen neben der Tagesmiete auch ein Meilengeld (bei manchen hat man eine bestimmte Meilenzahl frei), andere fordern ein Aufgeld, wenn man den Wagen nicht in San Francisco, sondern an einem anderen Ort abgibt. Am günstigsten bucht man den Mietwagen bereits von Europa aus.

Museen

Kunstmuseen

Asian Art Museum
→ Sehenswürdigkeiten, Golden Gate Park

California Palace of the Legion of Honor
→ Sehenswürdigkeiten, California Palace of the Legion of Honor

San Francisco Museum of Modern Art
→ Sehenswürdigkeiten, Civic Center

M. H. de Young Memorial Museum
→ Sehenswürdigkeiten, Golden Gate Park

Weitere Museen

African-American Historical and Cultural Society
→ Sehenswürdigkeiten, San Francisco African-American Historical and Cultural Society

Believe it or not
→ Sehenswürdigkeiten, Fisherman's Wharf

Cable Car Barn and Museum
→ Sehenswürdigkeiten, Cable Cars

California Academy of Sciences
→ Sehenswürdigkeiten, Golden Gate Park

California Historical Society
→ Sehenswürdigkeiten, California Historical Society

California State Division of Mines Museum
→ Sehenswürdigkeiten, Ferry Building

Cartoon Art Museum
665 Third Street
Geöffnet: Mi.–Fr. 10.00–17.00 Uhr

Exploratorium: → Sehenswürdigkeiten, Exploratorium

Friends of Photography
→ Sehenswürdigkeiten, Friends of Photography

J. D. Randall Junior Museum (Streichelzoo)
199 Museum Way/Roosevelt Avenue
Geöffnet: Mo.–Fr. 10.00–17.00 Uhr

J. L. Magnes Memorial Museum (Jüdisches Brauchtum)
University of California, Berkeley, 2911 Russell Street
Geöffnet: So.–Fr. 10.00–16.00 Uhr

Haas-Lilienthal House
→ Sehenswürdigkeiten, Haas-Lilienthal House

Mexican Museum
→ Sehenswürdigkeiten, Mexican Museum

Mission Dolores
→ Sehenswürdigkeiten, Mission Dolores

Musée Mécanique (Mechnische Musikinstrumente, Spielzeug)
im Cliff House, 1090 Point Lobos Ave.
(am Westfuß des Sutro Heights Park)
Geöffnet: Tgl. 9.00–16.00 Uhr

Museo Italo-Americano
Fort Mason, Building C, Marina Boulevard
Geöffnet: Mi.–So. 12.00–17.00 Uhr
Zeugnisse aus den Bereichen Kunst, Kultur und Geschichte der aus Italien in die Vereinigten Staaten von Amerika eingewanderten Italiener

Museum of the City of San Francisco
→ Sehenswürdigkeiten, Museum of the City of San Francisco

National Maritime Museum
→ Sehenswürdigkeiten, National Maritime Museum

Navy/Marine Corps/Coast Guard Museum
→ Sehenswürdigkeiten, Navy/Marine Corps/Coast Guard Museum

Oakland Museum
→ Sehenswürdigkeiten, Oakland Museum

Octagon House
→ Sehenswürdigkeiten, Octagon House

Pioneer Hall
→ Sehenswürdigkeiten, Pioneer Hall

San Francisco African-American Historical and Cultural Society
→ Sehenswürdigkeiten, San Francisco African-American Historical and Cultural Society

San Francisco Crafts and Folk Art Museum
Fort Mason, Building A, Marina Boulevard
Geöffnet: Di.–So. 11.00–17.00 Uhr
Wechselausstellungen zu verschiedenen Themen aus moderner Gesellschaft und Volkskunst

San Francisco Fire Department Pioneer Memorial Museum
→ Sehenswürdigkeiten, San Francisco Fire Department Pioneer Memorial Museum

Society of California Pioneers
→ Sehenswürdigkeiten, Pioneer Hall

Museen (Fortsetzung)

Stanford University Museum of Art
⟶ Sehenswürdigkeiten, Stanford University Museum of Art

University Art Museum: ⟶ Sehenswürdigkeiten, Berkeley

Wells Fargo History Room
⟶ Sehenswürdigkeiten, Wells Fargo History Room

Wax Museum: ⟶ Sehenswürdigkeiten, Fisherman's Wharf

World of Oil: ⟶ Sehenswürdigkeiten, World of Oil

World Trade Center
⟶ Sehenswürdigkeiten, Ferry Building

Musik

Allgemeines

Die Stadt hat ein reiches musikalisches Leben, das durch die Einweihung der Louise M. Davies Symphony Hall im Herbst 1980 starken Auftrieb erhielt. Bis dahin mußten sich die San Francisco Opera, das Symphony Orchestra sowie das San Francisco Ballet die Bühne des War Memorial Opera House teilen.

San Francisco Opera

Die 1923 ins Leben gerufene San Francisco Opera wurde von 1958 bis 1981 von dem aus Wien stammenden Kurt Herbert Adler geleitet, der ihr trotz der kurzen Spielzeiten (jeweils von September bis Dezember) Weltruhm verschaffte, da es ihm nicht nur gelang, die bedeutendsten Sänger für San Francisco zu verpflichten, sondern auch zahlreiche US-Erstaufführungen herauszubringen. Der Leiter der Oper ist jetzt Lotfi Mansouri. Es gibt nunmehr eine Frühjahrs- und Herbst-Spielzeit.

San Francisco Symphony Orchestra

Das 1911 gegründete Orchester hat im September 1980 seinen eigenen Konzertsaal bezogen und spielt unter seinem ständigen Dirigenten Herbert Blomstedt von Oktober bis Ende Mai.

San Francisco Ballet

Die 1932 gegründete Truppe ist das älteste ständige Ballett in den USA und hat sich einen guten Namen gemacht. Traditionelle und moderne Choreographie halten sich die Waage. Helgi Tomasson leitet die auch viel gastierende Kompanie.

Konzerte

Konzerte finden in der Louise M. Davies Symphony Hall statt, ferner veranstalten einige Colleges wie die San Francisco State University (Tel. 469-2141), das San Francisco Conservatory of Music (Tel. 564-8086) und das Mills College im benachbarten Oakland, weiterhin die Chamber Symphony of San Francisco (Tel. 392-4400) und die Sinfonia San Francisco (Tel. 922-3434) Konzertserien.

Während der Saison gibt es in San Francisco und Umgebung auch etwa 20 Tanzveranstaltungen pro Monat. Die Programme sind in der Wochenendausgabe des "San Francisco Examiner-Chronicle" abgedruckt.

Theater

⟶ dort

Nachtleben

Da sich die Szene natürlich rasch verändert, ist es am besten, die Tagespresse zu konsultieren oder die angegebenen Telefonnummern anzurufen; häufig haben die Lokale nicht an jedem Abend 'live entertainment'.

Nachtleben am Broadway in North Beach

Jazz, Rock, Pop

Great American Music Hall, 859 O'Farrell St., Tel. 885-0750
Hotel Utah, 500 Fourth St., Tel. 421-8308 (Rock)
Kennel Club, 628 Divisadero St., Tel. 931-1914 (Reggae, Rock)
Kimball's Jazz Line, 300 Grove Street, Tel. 861-5585 (Jazz)
Last Day Saloon, 406 Clement St., Tel. 387-6343 (Rock)
Morty's, 1024 Kearny St., Tel. 686-MORT (Western Music, Rock)
Pier 23, Café, Embarcadero, Tel. 362-5125 (Dixieland Jazz)
Plough and Stars, 116 Clement St., Tel. 751-1122 (Live Irish Music)
The Saloon, 1232 Grant Ave., Tel. 989-7666 (Jazz, Blues)
Sound of Music, 269 Jefferson St., Tel. 885-0787 (Rock)
The Stone, 412 Broadway, Tel. 547-1954

Diskotheken

Camelot, 3231 Fillmore St., Tel. 567-4004
I Beam, 1748 Haight St., Tel. 668-6006
Palladium, 1031 Kearny St., Tel. 434-1308
Rockin Robins, 1840 Haight St., Tel. 221-1960

Notrufe

Emergency calls

Erste Hilfe, Polizei und Feuerwehr sind unter 911 zu erreichen.

Notkrankenhaus: 413-2800 oder 821-8111
Autohilfe: → dort

Öffentlicher Nahverkehr

→ Verkehrsmittel

Öffnungszeiten

Apotheken

⟶ dort

Banken

⟶ Geld

Geschäfte

Eine gesetzliche Regelung der Geschäftszeiten gibt es so wenig wie eine Polizeistunde: Jeder Geschäfts- oder Restaurantinhaber kann sein Unternehmen so lange geöffnet halten, wie es ihm beliebt. Und in der Tat gibt es Geschäfte, darunter eine Anzahl von Supermärkten, die – mit Ausnahme der Feiertage, v. a. Weihnachten und Thanksgiving – an allen Tagen der Woche 24 Stunden geöffnet sind.

Haupteinkaufszentren

In den Haupteinkaufszentren um den Union Square, den Jackson Square und in der Sutter Street schließen viele Geschäfte um 18.30, einige haben jedoch bis 21.00 Uhr und länger geöffnet.
Eine Reihe Einzelhandelsgeschäfte hat sich diesen Zeiten angepaßt, doch finden sich kleinere Lebensmittelgeschäfte, die bis Mitternacht und sogar rund um die Uhr geöffnet sind.
In den Einkaufszentren in Fisherman's Wharf (Ghirardelli Square, The Cannery, The Anchorage, Pier 39) sind in der Hauptsaison fast alle Geschäfte bis 21.00 Uhr bzw. 22.00 Uhr geöffnet, sonst schließen sie um 20.30 Uhr.
Das Kaufhaus Macy's am Union Square ist Mo.–Fr. 9.30–21.00, Sa. 9.30–18.00 Uhr und So. 12.00–17.00 Uhr geöffnet.

Museen

Die Öffnungszeiten der Museen sind im Sehenswürdigkeitenteil unter ihrem Namen, im Informationsteil unter dem Stichwort 'Museen' angegeben.

Post

⟶ dort

Restaurants

Restaurants sind im allgemeinen bis Mitternacht bzw. bis 1.00 Uhr geöffnet, die meisten Lokale der Zim-Kette haben durchgehend 24 Stunden geöffnet.

Pannenhilfe

⟶ Autohilfe

Post

US Postal Service

Die Post ist in den USA ausschließlich für Postdienste zuständig, wozu auch Geldüberweisungen zählen.
Das Telefonnetz wird privatwirtschaftlich betrieben (⟶ Telefon).

Posttarife

Das Porto für Briefe innerhalb der Vereinigten Staaten beträgt 29 Cent für die erste Unze (28 g), 23 Cent für jede weitere Unze; Postkarten kosten 14 Cent. Das Luftpostporto für Briefe nach Europa beträgt 50 Cent pro halbe Unze (14 g), für jede weitere halbe Unze 45 Cent, für Post- und Ansichtskarten 40 Cent, Luftpostbriefformulare mit eingedruckter Marke kosten 40 Cent.
Es ist ratsam, Briefmarken in einem Postamt zu kaufen, da die in den meisten Hotels aufgestellten Automaten einen Zuschlag berechnen.

Postämter

Hauptpostamt (Main Post Office)
Seventh Street, Ecke Market Street
Durchgehend geöffnet.

Post, Postämter (Fortsetzung)

Bequemer gelegene Postämter befinden sich im Untergeschoß des Kaufhauses Macy's am Union Square und 130 Sutter Street (geöffnet: Mo.–Fr. 9.00–17.00, Sa. 8.00–12.00 Uhr).

Briefmarken

Briefmarkenverkauf außerhalb der Schalterstunden nur an Automaten (Kleingeld erforderlich).

Postlagernde Sendungen

Postlagernde Sendungen innerhalb der Vereinigten Staaten müssen die Aufschrift 'General Delivery' tragen und können im Hauptpostamt abgeholt werden.

Postleitzahl

Die Postleitzahl (zip code) steht hinter dem stets in Verbindung mit dem Ortsnamen abgekürzt genannten Bundesstaat: San Francisco, CA 94100.

Briefkästen (letter boxes)

Briefkästen sind an ihrer blauen Farbe mit der weißen Aufschrift "U.S. Mail" zu erkennen.

Telefon

→ dort

Reisedokumente

Persönliche Papiere

Für eine maximal 90tägige Urlaubs- oder Geschäftsreise in die USA benötigen deutsche, österreichische und schweizerische Staatsbürger einen Paß, der für die Dauer des Aufenthalts in den USA gültig sein muß; ein Visum ist nur noch nötig, wenn man über 90 Tage in den USA bleiben oder dort arbeiten oder studieren will. Kinder unter 16 Jahren benötigen einen Kinderausweis oder müssen im Paß der Eltern eingetragen sein.

Einreisewege

Die Einreise auf dem Luft- oder Seeweg muß mit einem Verkehrsunternehmen erfolgen, das dem 'Programm zur Visumbefreiung' angeschlossen ist (das trifft auf die meisten internationalen Fluglinien zu). Der Reisende muß im Besitz eines Tickets zum Verlassen der USA sein. Auch Stand-by- und offene Rückflugtickets sind erlaubt. Bei der Einreise auf dem Landweg müssen ausreichende finanzielle Mittel nachgewiesen werden, um den Aufenthalt bestreiten und die USA wieder verlassen zu können.

Formblatt I-94W

Zur Einreise ohne Visum muß das Formular I-94W ausgefüllt und unterschrieben abgegeben werden. Man erhält es beim Kauf des Tickets bzw. vor Besteigen des Flugzeugs oder Schiffs (bei Landeinreise an der Grenze). Man sollte sich dieses Formblatt auf jeden Fall vor Antritt der Reise besorgen, um sicherzugehen, daß keine Vorbehalte einer visumfreien Einreise entgegenstehen.

Auskunft

Detaillierte Informationen und ein evtl. benötigtes Visum sind bei der US-Botschaft in Bonn, der Botschafts-Außenstelle in Berlin und bei den Generalkonsulaten der USA in Frankfurt, Hamburg, München und Stuttgart zu bekommen, bzw. bei den US-Botschaften in Wien und Bern sowie den Generalkonsulaten in Zürich und Salzburg (→ Diplomatische Vertretungen).

Führerschein

→ Mietwagen

Restaurants

Allgemeines

In San Francisco gibt es nicht nur eine ungewöhnlich große Zahl von Restaurants (in den 'Yellow Pages', dem Branchenfernsprechbuch, sind über 1800 aufgeführt, aber es gibt insgesamt etwa 3500), sondern auch eine überraschende Vielfalt von nationalen Küchen.

Allgemeines (Fortsetzung)

Neben den vielen chinesischen, japanischen, französischen und italienischen Lokalen sowie diversen Fischrestaurants findet man auch solche, die im wesentlichen eine amerikanische Speisekarte haben, aber man kann in San Francisco auch mit der Küche von Marokko, Brasilien, Peru, Vietnam, Korea u.a. Bekanntschaft machen. Relativ preiswert und gut speist man in Chinatown (in dessen Nähe sich jetzt übrigens auch einige japanische Restaurants befinden).
Besonders zu empfehlen sind die zahlreichen auf Fisch, Schalen- und Krustentiere (seafood) spezialisierten Restaurants, wo man als besondere Delikatesse Abalone (Meeresschnecken), auf vielerlei Arten zubereitet, versuchen kann. Auch sollte man sich die Gelegenheit nicht entgehen lassen, die ausgezeichneten kalifornischen Weiß- und Rotweine zu probieren.

Hinweise

Tischbestellungen sind insbesondere bei den teuren Lokalen notwendig, vor allem am Wochenende. Außer in den Coffee Shops weist das Personal den Tisch zu. Zu den Preisen muß man noch die Sales Tax von 8 % und das Bedienungsgeld (→ Trinkgeld) hinzurechnen. In fast allen Lokalen werden Kreditkarten (American Express, Mastercard und Visa, manchmal auch Diners Club und Carte Blanche) akzeptiert.

Öffnungszeiten

→ dort

Ausgewählte Restaurants

Downtown

Act IV, 333 Fulton St., Tel. 863-8400.
Im Restaurant des vornehmen Hotels Inn at the Opera (→ Hotels) unweit des Civic Center speist man wie in einem stilvollen amerikanischem Wohnzimmer mit Kamin. Ein Pianist spielt auf dem Flügel während die guten französischen Gerichte serviert werden.

Corona Bar & Grill, Cyril Magnin St., Tel. 392-5500.
Mexikanisches Restaurant mit pikanten Fischgerichten. Eine etwa dreißig Meter lange Bar sorgt dafür, daß man hier nicht lange allein ist. Für Jugendliche ein guter Tip.

Donatello (I), Post & Mason St., Tel. 441-7182.
Der Edelitaliener mit rafinierter Feinschmeckerküche ist im gleichnamigen Hotel (→ Hotels) untergebracht. Um den hohen Preise zu entgehen, empfielt sich das Prix-fixe-Menü.

*La Folie, 2316 Polk St. (zwischen Green St. und Union St.), Tel. 776-5577.
Französische Küche für Gourmets (teuer) in einer legeren Umgebung ohne Kleiderzwang.

*PosTrio, 545 Post St. (im Prescott Hotel), Tel. 563-0303.
In diesem hervorragenden Restaurant mit kalifornischer Küche muß man unbedingt lange im voraus einen Tisch reservieren lassen. Die Chefs des Hauses sind der österreichische Küchenstar Wolfang Puck, und zwei weitere Köche (daher der Name PosTrio, also das Trio von der Post Street).

*Victor's, Union Square, 335 Powell Street, Tel. 956-7777.
Im 32. Stockwerk des Hotels Westin St. Francis (→ Hotels) bietet das berühmte und teure Restaurant Victor's eine herrliche Aussicht auf Downtown San Francisco. Der Küchenchef war Schüler des legendären französischen Gourmetkochs Paul Bocuse.

Financial District

Bentley's Seafood Grill, 185 Sutter St., Tel. 989-6895.
In dieser klassischen Austernbar werden die Austern roh zu Wein oder Bier gereicht. Neben der Brasserie im Stil der 20er Jahre gibt es auch einen höher gelegenen Speiseraum. Spezialisiert ist man auf Fische und Meerestiere aller Art.

Financial District (Fortsetzung)

*Ernie's, 847 Montgomery St., Tel. 397-5969.
Dieser vielfach ausgezeichnete Gourmettempel mit französischer, sehr teurer Küche ist in viktorianischem Stil gestaltet. Die Einrichtung der Bar stammt aus einer Zeit, als das Amüsierviertel der Stadt noch Barbary Coast hieß.

Harbor Village Restaurant, 4 Embarcadero Center, Tel. 781-8833.
Chinesisches Restaurant in edlem Ambiente mit Kristalleuchtern.

Silks, 222 Sansome St., Tel. 986-2020. In dem Luxushotel Mandarin Oriental im pompösen Kolonialstil mit gepolsterten Lehnstühlen und feinen Blumenarrangements befindet sich dieses Restaurant. Neben asiatischen Gerichten wird auch kalifornische Küche geboten.

Splendido's, 4 Embarcadero Center, Tel. 986-3222.
In dem modernen Gebäudekomplex Embarcadero Center sticht dieses Restaurant mit alten Holztüren, maurischen Bögen, italienischen Kacheln und spanischem Schmiedeeisen hervor. Serviert wird amerikanische Küche. Die Nachspeisen kommen aus eigener Feinbäckerei.

Tommy Toy's, 655 Montgomery S., Tel. 397-4888.
Dieses luxuriös gestaltete Speiselokal ist dem Lesezimmer einer chinesischen Kaiserin nachempfunden. Geboten wird Haute Cuisine sowohl aus dem chinesischen als auch dem französischen Kulturraum zu entsprechend hohen Preisen.

Chinatown

China Moon Café, 639 Post St., Tel. 775-4789.
Kantonesische Vorspeisen (Dim-sum) gibt es hier ebenso wie die köstliche Peking-Ente in allen Variationen und Fleischstreifen aus dem Wok. Das überdurchschnittliche Chinarestaurant ist im Jugendstil eingerichtet.

Imperial Palace, 919 Grant Avenue, Tel. 982-8889.
Im Herzen von Chinatown bietet dieses Lokal seit über 30 Jahren die beste Kanton-Küche von San Francisco: fast 100, preiswerte Gerichte oder ein Sieben-Gänge-Menü zu 17 US-$.

Nob Hill

Masons Restaurant, 980 California St., Tel. 392-0113.
Das elegante und romantische Restaurant im vornehmen Fairmont Hotel auf dem Nob Hill bietet eine herrliche Aussicht auf die Stadt und klassische amerikanische Küche zu gehobenen Preisen.

Fisherman's Wharf

Alioto's, 8 Fisherman's Wharf, Tel. 673-0183. Beliebter Treffpunkt am Hafen mit Blick auf die Golden Gate Bridge (unbedingt reservieren). Seit 1933 kocht man hier authentische sizilianische Gerichte.

South of Market

LuLu, 816 Folsom St. (zwischen 4th und 5th Street), Tel. 495-5775.
Eines der besten und vergleichsweise preiswerten Restaurants der Stadt. In der kunstvoll umgebauten Lagerhalle werden u. a. hervorrangende Fischgerichte serviert. Unter dem gleichen Dach sind das LuLu Bis (Vier-Gänge-Menüs) und ein kleines Café untergebracht.

Manora's Thai Cuisine, 1600 Folsom St. (Ecke 12th St.) und 3226 Mission St. (South of Market, Nähe Valencia St.). Die beiden thailändischen Gaststätten gehören zu den besten Thai-Restaurants der Stadt.

South Park Café, 108 South Park, Tel. 495-7275.
Dieses Lokal liegt an einem kleinen Park südlich der Market Street, wo seit Ende der 80er Jahre überwiegend Künstler und schicke junge Stadtbewohner ausgehen. Man findet hier eine Atmosphäre wie in Pariser Cafés.

Japantown

Osome, 1923 Fillmore St., Tel. 346-2311.
Eines der besseren japanischen Restaurants in Japantown.

Green's at Fort Mason (Building A), Tel. 771-6222. Dieses interessanteste vegetarische Restaurant der Stadt liegt im Fort Mason an der Bay.

Restaurants (Fortsetzung) Fort Mason

Rundfunk und Fernsehen

Über die Rundfunksender werden nur selten Live-Programme ausgestrahlt. Die meisten Stationen stützen sich auf Konserven, wobei sie sich zum Teil auf E-Musik, Jazz oder Rock spezialisiert haben. Andere senden Programme, die sich an ethnische Gruppen wenden, wieder andere bringen den ganzen Tag Nachrichtensendungen oder Musikprogramme.

Rundfunk (Radio)

KCBS (740; nur Nachrichten)
KSFO (560)
KFRC (610; vorwiegend Rockmusik)
KNBR (680)
KGO (810; Nachrichten und Wortprogramme)
KNEW (910; hauptsächlich Country Music)
KABL (960; Unterhaltungsmusik)
KKHI (1550; E-Musik)
KEST (1450; religiöse, Fremdsprachen- und andere Wortprogramme)

Radiosender (kHz) Auswahl von etwa 30 Stationen

Das Tagesprogramm der nachstehend aufgeführten Fernsehsender ist den Tageszeitungen, das Wochenprogramm den Wochenendausgaben zu entnehmen (→ Zeitungen und Zeitschriften).

Fernsehen (Television)

4: KRON, NBC
5: KPIX, CBS / Westinghouse Broadcasting
7: KGO, ABC
9: KOED, PBS (Public Broadcasting; ohne Werbespots)
2: KTVU, Fox Broadcasting (aus Oakland)
11: KNTV, ABC (aus San Jose)
14: KBHK, Fields Communications Corporation
20: KEMO, Crosby Productions

Fernsehkanäle

Schiffsausflüge

Blue and Gold Fleet, Tel. 781-7877
Ab 10.00 Uhr häufige Abfahrten von der West Marina des Piers 39 zu 1¼stündigen Fahrten in der San Francisco Bay.
Hornblower Yachts, Tel. 394-8900
Täglich 19.30 Uhr dreistündige Dinner-Fahrt, nur freitags 11.30 Uhr zweistündige Lunch-Fahrt und sonntags 10.30 Uhr zweieinhalbstündige Brunch-Fahrt in die Bay auf der "City of San Francisco", einem 50 m langen Schiff mit drei Decks (Pier 33).
Red and White Fleet, Tel. 546-2896
Täglich ab 10.45 Uhr häufige Abfahrten von Pier 41 Fisherman's Wharf zu dreiviertelstündigen Fahrten in der Bucht, ferner nach Sausalito, Tiburon, Alcatraz und Angel Island.

Veranstalter von 'Boat Excursions' (Auswahl)

Shopping

San Francisco ist nicht sehr reich an größeren Warenhäusern. Erwähnung verdienen:
Emporium, 835 Market Street, Tel. 764-2222
Gump's, 250 Post Street, Tel. 982-1616
Macy's, Union Square, Tel. 397-3333
I. Magnin, Union Square, Tel. 362-2100
Neiman-Marcus, 150 Stockton Street, Tel. 362-3900

Warenhäuser (Kaufhäuser)

Warenhäuser (Fortsetzung)

Nordstrom, Ecke Market & Fifth Street, Tel. 243-8500
Saks Fifth Avenue, 384 Post Street, Tel. 986-4300

Öffnungszeiten

Die meisten Kaufhäuser öffnen um 9.00 Uhr oder 9.30 Uhr. Die kleineren Läden schließen gegen 17.30 Uhr, während die größeren Warenhäuser an drei oder fünf Tagen der Woche meistens bis 21.00 Uhr geöffnet sind.

Einkaufszentren (Shopping Centers)

Die Einkaufszentren von San Francisco befinden sich in den Geschäfts- und Restaurantkomplexen Ghirardelli Square, The Anchorage, The Cannery und Pier 39 (alle an Fisherman's Wharf gelegen; jeweils → Sehenswürdigkeiten) oder am Jackson Square, in Cow Hollow, Union Square und Chinatown. Das neueste befindet sich 865 Market Street gegenüber der Endstation der Cable Cars.

Spezialgeschäfte

Von den vielen Geschäften, die es in San Francisco gibt, können hier nur einige wenige genannt werden. Die Auswahl konzentriert sich im wesentlichen auf 'downtown San Francisco'.

Buchhandlungen

→ dort

Blumen

Hoogasian, 250 Post Street (at Gump's), 480 Sutter Street und 1640 Lombard St.
Kalman and Belli, 28 Third Street Ecke Market Street
Sheridan & Bell, 90 Lombard Street
Viele Blumenstände auf Union Square, Market Street u.a.

Brot

Als besondere Spezialität San Franciscos muß das Sauerteigbrot erwähnt werden, das es schon seit Bestehen der Stadt gibt. Es wird seit 1849 gebacken, als ein aus Frankreich eingewanderter Bäcker das Rezept mitbrachte. Die noch heute im Familienbesitz stehende Boudin-Bäckerei unterhält am Fisherman's Wharf Backstuben und Läden, doch Sauerteigbrot (sourdough bread) wird in fast allen Läden San Franciscos verkauft, sogar am Flughafen.

Sauerteigbrot, eine Spezialität von San Francisco

Shopping (Fortsetzung) Fotogeschäfte

Brooks Cameras, 45 Kearny St. und 243 Montgomery St.
Camera Boutique, 250 Kearny St.
Discount Camera & Video, 33 Kearny St.

Geschenkartikel

Cost Plus, 2552 Taylor St. (Fisherman's Wharf)
The Mole Hole, 1895 Union St.
Only in San Francisco, Pier 39 (Fisherman's Wharf)

Mode für die Dame

Jessica Mc Clintock, 353 Sutter St.
Lanz, 45 Grant Ave.
I. Magnin, Geary St. und Stockton St. (Union Square)
Victorias Secret, 395 Sutter St.

Mode für die Dame und den Herrn

Brooks Brothers, 201 Post St.
Neiman-Marcus, 150 Stockton St.
Saks Fifth Ave., 384 Post St.

Mode für den Herrn

Ariston, 349 Sutter St.
Rochester Big & Tall Clothing, Mission St. und Third St.
The Town Squire, 1318 Polk St.
Wilkes Bashford, 375 Sutter St.

Schmuck

Aurum Gallery, 116 Maiden Lane
Boring & Company, 140 Geary St.
Carrera y Carrera Boutique, 865 Market St. (S. F. Shopping Center)
Da Vinci Fine Jewelry Center, 170 Powell St.
Pearl Empire, 127 Geary St.
Tiffany's, 350 Post St.

Wein

Die Napa Valley Winery Exchange, 415 Taylor St. (Tel. 771-2887) führt eine große Auswahl an kalifornischem Wein und Sekt; neben den großen Weingütern sind auch kleine, weniger bekannte vertreten.

Sightseeing

→ Stadtbesichtigung, Schiffsausflüge

Sport

Baseball

San Francisco Giants, von April bis Ende September im Candlestick Park am Bayshore Freeway, 13 km südlich von San Francisco (Auskunft Tel. 467-8000 oder 982-9400)
Oakland Athletics, von April bis Ende September im Oakland Coliseum (Auskunft Tel. 510-638-0500).

Football

Die San Francisco 49'ers spielen von August bis Dezember im Candlestick Park am Bayshore Freeway, 13 km südlich von San Francisco, jeweils am Sonntag (Auskunft, Tel. 468-2249).

Golf

In San Francisco gibt es vier öffentliche Golfplätze:
Harding Park Course, Lake Merced Blvd. (Tel. 664-4690)
Lincoln Park Course, 34th Ave. und Clement St. (Tel. 221-9911)
Golden Gate Park Course, 47th Ave. und Fulton St. (Tel. 751-8987)
Sharp Park Course, Highway 1, in Pacifica (Tel. 355-2862).

Pferderennen

Bay Meadows Race Track in San Mateo, CA, zwischen Bayshore Freeway und El Camino Real (Tel. 574-7223).
Rennen finden an 200 Tagen des Jahres statt.

Sport (Fortsetzung) Tennis	Die Stadt San Francisco unterhält mehr als 100 öffentliche Tennisplätze, deren Benutzung (mit Ausnahme der 21 Plätze im Golden Gate Park) unentgeltlich ist. Auskunft und Reservierung: Tel. 415-4800. Der private San Francisco Tennis Club (645 Fifth St.) unterhält 12 gedeckte und 16 im Freien liegende Tennisplätze, deren Benutzung Besuchern gegen Bezahlung offensteht (Tel. 777-9000).
Reiten	Golden Gate/4Stables, Kennedy Drive, 34th Ave. (Golden Gate Park).

Sprache

Unterschiede im Sprachgebrauch

Deutsch	American English	British English
anrufen, telefonieren	to call, to phone	to ring up
Aussichtsturm	observatory	view tower, belvedere
Bahnsteig	track	platform
Benzin	gas, gasoline	petrol
Brille	eyeglasses	spectacles
Bürgersteig	sidewalk	pavement
Drogerie	drugstore	chemist
Einfache Fahrt	one way ticket	single ticket
Eisenbahn	railroad, railway	railway
Eisschrank	icebox	refrigerator
Erdgeschoß	first floor	ground floor
erster Stock	second floor	first floor
Etikett, Anhänger	sticker	label
Fahrstuhl	elevator	lift
Ferngespräch	long distance call	trunk call
Gang, Durchgang	aisle	gangway
Garderobe, Gepäckraum	checkroom	cloakroom
Gefährte, Kerl	guy	fellow, chap
Gepäck	baggage	luggage
Geschäft	store	shop
Getreide	grain	corn
Herbst	fall	autumn
Hosen	pants	trousers
Hosenträger	suspenders	braces
Keks	cookies, crackers	biscuits
Kinder	kids	children
Kino	movie (theatre)	cinema
Konservendose	can	tin
Kühlerhaube	hood	bonnet
Lastwagen	truck	lorry
Mais	corn	maize
Milliarde	billion	millard
nach (zeitlich)	after	past
niedlich, reizend	cute	attractive, dainty
Pfingsten	Pentecost	Whitsuntide
Polizist	cop	bobby
Post	mail	post
Postleitzahl	zip code	postcode
Radiergummi	erasor	rubber
Rechnung	check	bill
reparieren	to fix	to repair
Rinderfilet	tenderloin	undercut
Rückfahrkarte	round trip ticket	return ticket

In der San Francisco Bay Area kann man hervorragend segeln (hier in Oakland) ▶

Deutsch	American English	British English
Schrank	closet	cupboard
Schraubenschlüssel	wrench	spanner
Schuhputz	shoeshine	boot polish
Schulabschluß	commencement	graduation
Sommerzeit	daylight saving time	summertime
Steppdecke	comforter	eiderdown
Stoßstange	bumper	buffer
Straßenbahn	streetcar	tram
Süßigkeiten	candy	sweets
Toilette	ladies'/men's room powder/rest room	lavatory
Unterführung	underpass	subway
Urlaub, Ferien	vacation	holidays
U-Bahn	subway	underground
Verabredung	date	appointment
Vorname	first name	Christian name
Wasserhahn	faucet	tap
Wohnung	apartment	flat
Wohnwagen	trailer	caravan
Zuname	last name	surname
zweiter Stock	third floor	second floor
14 Tage	two weeks	fortnight

Stadtbesichtigung

Allgemeines

Organisierte Stadtbesichtigungen (Sightseeing tours) sind möglich mit dem Bus und dem Boot, im Hubschrauber und zu Fuß. Das Angebot ist groß; Prospekte liegen in den Hotels aus, wo man einen Tag vor der geplanten Besichtigung buchen sollte (mit Ausnahme der Schiffsfahrten).

Zu Fuß

Da sich San Francisco ganz besonders dazu eignet, zu Fuß durchwandert zu werden, gibt es eine Reihe von Tourangeboten:

A. M. Walks, Tel. 928-5965
Der Autor John McCarroll führt zweistündige Spaziergänge in den frühen Morgenstunden zu Gebäuden und Gegenden um den Union Square, Chinatown und die sog. Barbary Coast, auf denen die anrüchige Vergangenheit San Franciscos erhellt werden soll. Vormerkung notwendig.

Chinatown Discovery Tours, Tel. 982-8839
Einen Blick hinter die Kulissen von Chinatown ist bei dieser Tour möglich. Hier wird man zu einem versteckt liegenden buddhistischen Tempel, einem mystischen Kräuterladen, zu den Lebensmittelmärkten und Museen der Chinesenstadt geführt. Ein Essen in einem traditionellen chinesischen Lokal ist ein guter Abschluß. Vormerkung erforderlich.

Chinese Cultural Center, Tel. 966-1822
Nur für Gruppen bei vorheriger Anmeldung; Spaziergang durch Chinatown mit Dim-Sum-Mittagessen.
Für Einzelpersonen und Gruppen (nach vorheriger Anmeldung) jeweils Sa. 14.00 Uhr Spaziergang durch Chinatown (Treffpunkt: Chinese Cultural Center, 750 Kearny Street, im 2. Stock des Holiday Inn).

Helen's Walk Tour, Tel. 510-524-4544
Diese vierstündige Tour bringt die Besucher zu den viktorianischen Häusern, dem Coit Tower, zu Sehenswürdigkeiten im Stadtteil North Beach und zu interessanten Mauergemälden im Mission District südlich der Market Street. Vormerkung erforderlich.

Heritage Walks, Tel. 441-3004
Nur an Sonntagen um 12.30 Uhr, gelegentlich auch noch am späteren Nachmittag, wird von der Foundation for San Francisco's Architectural Heritage ein Rundgang angeboten, bei dem den Teilnehmern die Entwicklung der Stadt und der kulturellen Einrichtungen im Stadtteil Pacific Heights vor Augen geführt wird.

Near Escapes, Tel. 921-1392
Ein originelles Programm hat Near Escapes mit seinen 'Behind-the-scene-tours', also keine Stadtbesichtigungen im üblichen Sinn, sondern Spezialitäten: z.B. das Funktionieren eines Luxushotels; Chinatowns einmal anders; Eisenbahn in San Francisco gestern und heute. Auch vertreibt Near Escapes eine Bandkassette (Spieldauer 1 1/2 Std.) für eine Stadttour mit dem eigenen Auto ('Scenic Route'). Adresse: P.O. Box 3005, San Francisco 94119.

Roger's Walking Tours, Tel. 415-742-9611
9.30–12.30 Uhr, mit Fahrt im Cable Car und Mittagessen (Buffet) im Fairmont Hotel. Auch in deutscher Sprache.

San Francisco Discovery Walks, Tel. 673-2894
Touren führen in weniger bekannte Teile der Stadt. Näheres unter der angegebenen Telefonnummer.

The City Guides, Tel. 557-4266
Die Friends of the San Francisco Public Library führen kostenlos durch verschiedene Gegenden der Stadt. Die Zeiten und Treffpunkte sind telefonisch zu erfragen; Informationen liegen auch im Hauptgebäude der Public Library im Civic Center und allen Zweigstellen aus.

Mit dem Auto

49 Mile Scenic Drive
Für eine Stadtrundfahrt im Pkw ist eine insgesamt 79 km (49 mi) lange Strecke durch Wegweiser in Blau, Weiß und Orange mit einer Möwe ausgeschildert. Man beginnt die Fahrt, die praktisch alle besonders sehenswerten Punkte berührt, am besten am Civic Center.

Mit dem Bus

Cat Tours, Tel. 826-1155
Vier verschiedene Touren in Kleinbussen mit nur 14 Sitzplätzen: San Francisco; Sausalito und die Muir Woods; San Francisco und die Muir Woods; Monterey und Carmel. Abholung im Hotel möglich.

Golden Gate Tours, Tel. 788-5775
Täglich dreistündige Stadtbesichtigung um 9.30 Uhr (in den Sommermonaten auch 14.00 Uhr); 3 1/2stündige Fahrt nach Sausalito und Muir Woods um 14.00 Uhr (im Sommer auch 9.30 Uhr); Ganztagesfahrt nach Monterey und Carmel Di., Do. und Sa. 9.30 Uhr; Ganztagesfahrten in die Weingebiete (für Gruppen tgl. 9.30, für Einzelreisende um 9.00 Uhr). Abholung im Hotel.

Gray Line, Tel. 558-9400
Bietet täglich sechs 3 1/2stündige Rundfahrten (9.00, 10.00, 11.00, 13.00, 14.00 und 15.00 Uhr), täglich drei Rundfahrten durch die Stadt kombiniert mit einer Schiffsfahrt (9.00, 10.00 und 11.00 Uhr), eine um 20.00 Uhr beginnende Rundfahrt 'San Francisco bei Nacht' und eine weitere (19.00 Uhr) mit einem Essen in einem Chinatown-Restaurant. Ausgangspunkt aller Fahrten ist der Gray Line Terminal, 1st & Mission Street.

Great Pacific Tours, Tel. 626-4499
Bietet 3 1/2stündige Rundfahrten (9.30 und 14.45, im Sommer auch 15.45 Uhr), ferner um 9.30 und 13.00 Uhr nach Muir Woods und Sausalito, vom 1. Mai bis 31. Oktober täglich, sonst nur Mi.–So., und um 8.00 Uhr nach Monterey und Carmel. Abholung im Hotel.

Das Napa Valley kann man am besten mit einem Heißluftballon erkunden

Mit dem Bus (Fortsetzung)

Streets of San Francisco Tours, Tel. 800-BUS-4YOU
Angeboten werden: San Francisco; Sausalito und Muir Woods; eine Kombination beider Touren; Napa Valley; Monterey und Carmel; Yosemite. Tägliche Abfahrten vom Union Square; auch Abholung vom Hotel.

Mit dem Schiff

→ Schiffsausflüge

Mit dem Hubschrauber

Commodore Helicopter Tours, Tel. 332-4482
Flüge von 9.30 Uhr bis zum Einbruch der Dunkelheit von Pier 43, Fisherman's Wharf, in einer Höhe von 200 m über der Bucht von San Francisco (mindestens vier Minuten).
San Francisco Helicopter Tours, Tel. 510-635-4500
Flüge über der Bay, Napa Valley, Monterey-Halbinsel usw.

Hinweis

Schiffsfahrten und Hubschrauberflüge finden nur bei gutem Wetter statt. Ist unsicher, ob das Wetter diese Fahrten und Flüge zuläßt, sollte man vorher bei den genannten Linien anrufen.

Ausflüge in die nähere und fernere Umgebung

Alle Busgesellschaften, die Stadtrundfahrten veranstalten, führen meist auch ganztägige Fahrten in die nähere und weitere Umgebung San Franciscos durch, darunter:
Sausalito, Muir Woods und San Francisco Bay: Golden Gate, Gray, Great Pacific
'Wine Country' Napa und Sonoma: City, Gray, Great Pacific
Monterey, 17 Mile Drive und Carmel: Golden Gate, Gray, Great Pacific
Yosemite National Park: Gray (täglich 6.40 Uhr).
Ballonflüge über dem Napa Valley: Veranstalter siehe im Hauptkapitel → Sehenswürdigkeiten: Napa & Sonoma Valleys, Ballonflug.

Strom

⟶ Elektrizität

Taxi

Angebot

Taxis (Cabs) sind in San Francisco reichlich vorhanden; sie können auf der Straße angehalten werden, was allerdings selten klappt: Telefonisch bestellen!

Fahrpreise

Der Grundpreis für die erste Meile (1,6 km) beträgt 1,90 Dollar, für jede weitere Meile 1,50 Dollar, für jede Minute Wartezeit 20 Cent. Da die Entfernungen in San Francisco, abgesehen von den nahe dem Meer gelegenen Teilen der Stadt, nicht sehr groß sind, fallen die Taxipreise im allgemeinen niedrig aus.
Eine Fahrt vom oder zum Flugplatz von San Francisco kostet ca. 24 Dollar (ohne Trinkgeld).

Telefonische Bestellung

Unter folgenden Rufnummern werden Bestellungen angenommen (in der Regel rund um die Uhr):

Checker Cab	626-2345
City Cab	468-7200
De Soto Cab	673-1414
Luxor Cab	282-4141
Veteran's Taxi Cab	552-1300
Yellow Cab	626-2345

Telefon

Vorwahlnummern

Von Deutschland, Österreich und der Schweiz
nach San Francisco: 0 01/415

Von San Francisco	
nach Deutschland:	0 11-49
nach Österreich:	0 11-43
in die Schweiz:	0 11-41

Ortsgespräche

Ortsgespräche am Münzautomaten kosten 25 Cent, während Hotels meist das Doppelte bis Dreifache berechnen.

Ferngespräche

Ferngespräche, insbesondere auch nach Übersee, können vom Automaten, der keine größeren Münzen als 25-Cent-Stücke annimmt, nur unter Schwierigkeiten geführt werden.

Auch von Postämtern (⟶ Post) können solche Gespräche nicht geführt werden. Von Automaten aus sind R-Gespräche (collect calls) unter Einschaltung des Operators möglich.

Bei gebührfreien 800-Nummern ist eine '1' vorzuwählen, ebenso auch bei den seit dem 1. Januar 1992 eingeführten 510-Nummern für die Orte auf der anderen Seite der San Francisco Bay.

Gespräche nach Europa

Ein Gespräch nach allen kontinentaleuropäischen Ländern kostet pro angefangene Minute von 18.00 bis 7.00 Uhr 1,42 Dollar, von 7.00 bis 13.00 Uhr 2,37 Dollar und von 13.00 bis 18.00 Uhr 1,78 Dollar (zuzüglich Steuer), Dreiminuten-Gespräche mit Vorwahl 12,60 bzw. 7,05 Dollar.

Telefon (Fortsetzung) R-Gespräche nach Deutschland

Über den Service 'Deutschland Direkt' der Telekom lassen sich R-Gespräche nach Deutschland abwickeln. Die zentrale Vermittlung kann von jedem Anschluß aus kostenfrei angerufen werden und stellt die Verbindung mit dem Gesprächsteilnehmer her. Die Gebühren werden über das Fernmeldekonto des Angerufenen (der sein Einverständnis geben muß) abgerechnet. Die Telefonnummern sind:

AT & T	1 800 292 0049
MCI	1 800 766 0049
US-Sprint	1 800 927 0049

Telekarte

Man kann auch per Telekarte über den Deutschland-Direkt-Service bargeldlos telefonieren. Die deutschen Fernmeldeämter geben Telekarten aus, deren Nummer man dem Deutschland-Direkt-Service angibt. Die Gebühren werden auf dem eigenen Fernmeldekonto verbucht und mit der monatlichen Telefonrechnung beglichen.

AT & T-Karte

Ein vergleichbares Verfahren, jedoch zu günstigeren Gebühren, bietet die AT & T-Karte, die jeder bekommt, der über eine Kreditkarte von Diners Club oder Visa (Banco de Santander) oder über ein US-Bankkonto verfügt. Die Gespräche werden über den AT & T-Operator in New York vermittelt (von TouchTone-Apparaten aus direkt, die Kartennummer wird über die Tastatur eingegeben) und monatlich über das Kreditkarteninstitut abgerechnet.

Informationen

AT & T gibt einen "International Telephone Guide" heraus, der die manchmal etwas komplizierten Verfahren genau erläutert. Er liegt u. a. in Hotels bereit.

Telegramme

Da es nur wenige Annahmestellen gibt, werden Telegramme fast nur noch telefonisch aufgegeben.

Theater

Regionaltheater

San Francisco hat mit dem American Conservatory Theatre (450 Geary Street, Nähe Union Square) eines der besten amerikanischen Regionaltheater mit einem festen Ensemble, das in jeder Spielzeit etwa zehn neue Produktionen herausbringt, wobei klassische wie moderne Dramen, Tragödien und Komödien in gleichem Maße berücksichtigt werden. Da durch das Erdbeben die langjährige Spielstätte, das Geary Theatre, stark beschädigt wurde, tritt es jetzt im Stage Door Theatre, 420 Mason St., und im Theatre on the Square, 450 Post St., auf. Informationen zum Spielplan beider Theater Tel. 749-2228.
Die berühmte San Francisco Mime Troup (Tel. 285-1717) ist im Sommer in den Parks, in der übrigen Jahrezeit in wechselnden Theatern zu sehen.

Kleinere Theater

Kleinere Theater mit Eigenproduktionen sind:
Eureka Theatre, 2730 16. St., Tel. 558-9898
Julian Theatre, 777 Valencia St., Tel. 626-8986

Wechselnde Produktionen

Theater mit wechselnden Produktionen sind:
Curran Theatre, 445 Geary St., Tel. 414-3800
Golden Gate Theatre, Golden Gate St. and Taylor St., Tel. 474-3800
Magic Theatre, Fort Mason, Building D, Tel. 441-8822
Mason Street Theatre, 340 Mason St., Tel. 981-0260
Marines Memorial Theatre, 325 Mason St., Tel. 771-6900
Orpheum Theatre, 1192 Market St., Tel. 474-3800
Lamplighters Music Theatre, 2350 Turk St., Tel. 752-7755
Zephyr Theatre, 25 Van Ness Avenue, Tel. 861-6655

Information

Die Spielpläne sind der Tagespresse zu entnehmen.

Oper, Konzert, Ballett

⟶ Musik

Last-minute-Karten

Für Konzerte, Ballett- und Theatervorstellungen sind (nur gegen Barzahlung) am Tag der Aufführung Karten zum halben Preis in der STBS-Geschäftsstelle auf der Stockton-Street-Seite des Union Square erhältlich (geöffnet Di.–Sa. 12.00–19.30 Uhr). Telefonische Auskunft über verfügbare Karten: 433-STBS.

Tourist Information

⟶ Auskunft

Trinkgeld

Allgemeines

In den USA ist im Gegensatz zu europäischen Ländern das Trinkgeld (tip), besser gesagt das Bedienungsgeld, nur ganz selten im Endpreis enthalten und muß gesondert gegeben werden.

Hotel

Für Gepäckstücke, die ins Zimmer gebracht oder von dort wieder geholt werden, gibt man 1 Dollar pro Stück.

Für das Zimmermädchen läßt man vor der Abreise pro Aufenthaltstag im Einzelzimmer 1 Dollar, im Doppelzimmer 2 Dollar zurück.
Für das Besorgen eines Taxis durch den Portier gibt man 50 Cents bis 1 Dollar.

Restaurant

Das übliche Trinkgeld beträgt 15 % des Netto-Rechnungspreises (d. h. vor Hinzurechnen der Steuer [sales tax] von 8 %). Das Trinkgeld läßt man immer auf dem Tisch zurück. In besseren Lokalen erwartet auch der Oberkellner (Maître) ein Trinkgeld.

Taxi

Man gibt dem Fahrer ein Trinkgeld von 15 % des Betrags, den der Taxameter anzeigt, bei kurzen Strecken gelegentlich auch mehr.

Friseur

Sowohl Damen- wie Herrenfriseure erwarten ein Trinkgeld von 15 %.

Schuhputzer

Hier gibt man im allgemeinen 50 Cent Trinkgeld.

Uhrzeit

⟶ Zeit

Unterkunft

⟶ Hotels; ⟶ Jugendunterkünfte

Veranstaltungskalender

Ende Januar–Mitte Februar

Chinesisches Neujahrsfest in Chinatown (Auskunft: Chinese Chamber of Commerce, 730 Sacramento Street, Tel. 982-3000)

Ende März / April

Internationales Filmfestival (⟶ Kino)
Ostersonntags-Sonnenaufgangsfeier, Mount Davidson

Veranstaltungskalender (Fortsetzung) Mitte / Ende April

Kirschblütenfest im Japan Center, Post und Geary Street: japanische Musik, Tänze, Filme, Teezeremonie, Bonsai-Vorstellungen, Kalligraphie usw. (Auskunft: Tel. 986-6140)

Mai

Lateinamerikanische Fiesta und Parade (im Stadtteil Mission)

Juni

Cable Car Festival
Homosexuellen-Parade im Castro District (Christopher Street Day)

Juli

Am amerikanischen Nationalfeiertag Feuerwerk auf dem Criss Field nahe der Marina

August

Nihonmachi Street Fair in Japantown (Straßenfest, Folklore)

September

Freilicht-Kunstausstellung auf der Civic Center Plaza
Japanisches Herbstfest (Aki Matsuri) im Japan Center (Auskunft: Tel. 346-3242 oder 922-6776)

Oktober

Am Montag vor dem 12. Oktober Columbus-Festival an der North Beach und am Fisherman's Wharf mit großem Umzug
Ende Oktober: Rodeo, Pferdeschau und Viehausstellung im Cow Palace, Geneva Avenue (Tel. 334-4852)

Veranstaltungsprogramm

Das Programm für die laufende Woche ist im "San Francisco Examiner-Chronicle" abgedruckt.

Verkehrsmittel (Öffentlicher Nahverkehr)

Rauchverbot

In allen öffentlichen Nahverkehrsmitteln ist das Rauchen verboten.

MUNI
Autobusse, Straßenbahnen, Metro

Die von der San Francisco Municipal Railway (MUNI) betriebenen Buslinien sind das Kernstück des innerstädtischen Verkehrswesens. Die meisten der 57 Linien verkehren nur von 6.00 bis 24.00 Uhr. Durchgehend verkehren die Linien J, K, L, M, N, 14, 15, 22, 25 (alternativ 47 und 30), 31, 38 und 41.
Der Einheitsfahrpreis beträgt zur Zeit 1 Dollar mit zweimaliger Umsteigeberechtigung innerhalb von 90 Minuten. Die nur an Sonntagen in der Market Street fahrenden Straßenbahnen sowie die werktags verkehrende MUNI-Metro können ebenfalls mit einem Umsteigefahrschein benützt werden. Senioren, auch Ausländer, zahlen 15 Cent. Das Fahrgeld muß abgezählt bereitgehalten werden, weil die Fahrer nicht wechseln können.
Es gibt auch einen MUNI-Paß für alle Straßenbahnen, Busse und Cable Cars: 6 Dollar für einen Tag, 10 Dollar für drei, 15 Dollar für sieben aufeinanderfolgende Tage. Sie sind an zahlreichen Stellen erhältlich, für einen Tag auch an den Automaten.
Bei Vorzeigen des Passes zahlt man in zahlreichen Museen und für bestimmte Veranstaltungen den halben Preis.

Cable Car

Der Fahrpreis für die Cable Cars beträgt 2 Dollar (Ticket zwei Stunden lang gültig).

Tageskarte

Für die Benutzung von Cable Cars und Omnibussen gültige Tageskarten kosten 6 Dollar; sie sind jedoch nur an den Automaten der Cable-Car-Endstationen erhältlich.

Information

Telefonische Auskunft unter der Nummer 673-MUNI.

Die Fähren über die Bucht, nur noch ein nostalgischer Rest

Buslinienplan

Im Branchentelefonbuch 'Yellow Pages', von dem sich ein Exemplar in fast jedem Hotelzimmer befindet, ist auf einer der ersten Seiten ein vollständiger Busplan abgedruckt.

BART
Schnellbahn

BART ist die Abkürzung für Bay Area Rapid Transit, die seit 1974 bestehende Verbindung zwischen San Francisco und den Städten der San Francisco Bay: nördlich bis Richmond, östlich bis Concord und südlich bis Fremont. Die BART verkehrt täglich von 6.00 bis 24.00 Uhr (sonntags von 9.00 bis 24.00 Uhr).

BART-Stationen

In San Francisco gibt es acht Stationen der BART: Main & Market, Montgomery & Market, Powell & Market, 8th Street & Market, 16th Street & Mission, Bosworth & San Jose, Geneva & San Jose und Daly City.

BART-Tarife

Der Fahrpreis richtet sich nach der Länge der Fahrt.
Fahrkarten werden in den vor den Drehkreuzen aufgestellten Automaten ausgegeben, die Münzen zu 5, 10 und 25 Cent sowie Ein- und Fünfdollarscheine annehmen und Wechselgeld herausgeben. Der Fahrschein muß in einen Schlitz neben dem Drehkreuz gesteckt werden, man erhält ihn mit einem Kode versehen zurück.
Beim Verlassen der Bahn an der Zielstation muß der Fahrschein erneut in den Schlitz gesteckt werden. Hat man versehentlich zu viel bezahlt, erhält man den Fahrschein zurück und kann den verbliebenen Mehrbetrag auf die nächste Fahrt anrechnen. Hat man zu wenig bezahlt, leuchtet die Schrift "Underpaid go to adfare" auf. Die Adfare-Maschine erteilt dann darüber Auskunft, wieviel nachbezahlt werden muß.

Rundfahrt

Für 2,60 Dollar kann man das gesamte, 107 km lange Netz mit 34 Stationen innerhalb eines Zeitraums von drei Stunden abfahren, darf aber die Fahrt nur an der Station beenden, an der sie angetreten wurde, und unterwegs keine Station verlassen.

BART (Fortsetzung)	Telefonische Auskünfte erhält man unter der Nummer 788-BART.
Fundbüro	Das Fundbüro von BART befindet sich in der Station 12th St./City Center in Oakland. Geöffnet Mo.–Freitag 12.00–18.00 Uhr (Tel. 465-4100).
Fähren	Die Fähren, die vor dem Bau der weit über die Bucht gespannten Brücken und der BART-Bahn das wichtigste Bindeglied zwischen San Francisco auf der einen, Marin County, Oakland und den übrigen Orten auf der anderen Seite der Bucht waren, sind inzwischen fast bedeutungslos. Von der rechten Seite des Ferry Building (→ Sehenswürdigkeiten, Ferry Building) verkehren noch einige Male täglich Fähren nach Sausalito und Larkspur, links vom Ferry Building aus nach Tiburon. Von Pier 43 1/2 ist während der Sommermonate ein Fahrdienst nach Tiburon und Angel Island eingerichtet. Von Pier 41 gibt es eine Fähre nach Alcatraz.
Abfahrtszeiten	Über die genauen Abfahrtszeiten der Fähren erhält man telefonisch Auskunft unter folgenden Nummern: 332-6600 für Sausalito und Larkspur 788-1880 für Tiburon und Angel Island 546-2805 für Alcatraz

Versicherungen

Kranken-Versicherung	→ Ärztliche Hilfe
Unfallversicherung	Eine Unfallversicherung gilt rund um die Uhr, im Beruf, im Haushalt, auf Reisen und in der Freizeit. Bei einer dynamischen Unfallversicherung passen sich die Leistungen und der Beitrag entsprechend der gesetzlichen Rentenversicherung der allgemeinen Einkommensentwicklung an.
Unfall- und Krankenhausaufenthaltsversicherung	Der ausländische Besucher kann bei der American International Underwriters, 1225 Connecticut Ave., N. W. Suite 414, Washington, D.C. 20036, eine Unfall- und Krankenhausaufenthaltsversicherung abschließen.
Reisegepäckversicherung	Die sehr empfehlenswerte Reisegepäckversicherung mildert die Folgen von Verlust oder Beschädigung des Reisegepäcks.
Rücktrittskostenversicherung	Für den Fall, daß Sie vor Antritt einer Reise erkranken oder daß schwerwiegende Gründe Sie von Ihrer geplanten Reise abhalten, kommt diese Versicherung für Rücktrittsforderungen von Reisebüros, Hotels und Fluggesellschaften auf.

Wetterbericht

In den Nachrichtensendungen von → Rundfunk und Fernsehen werden Wettervorhersagen in regelmäßigen Abständen durchgegeben.
Die telefonische Wettervorhersage (weather forecast) meldet sich unter der Nummer 936-1212.

Zeit

Pacific Time	San Francisco gehört wie der ganze Westen der Vereinigten Staaten zur Pacific-Time-Zone, d. h. es liegt gegenüber der amerikanischen Ostküste um drei Stunden, gegenüber der Mitteleuropäischen Zeit um neun Stunden zurück.

Die Sommerzeit (daylight saving time), während der die Uhren um eine Stunde vorgerückt sind, gilt vom ersten Aprilsonntag bis zum letzten Oktobersonntag.

Zeit (Fortsetzung) Sommerzeit

Die Stunden von Mitternacht bis 12.00 Uhr mittags werden mit a.m. (ante meridiem) bezeichnet, die übrigen zwölf Stunden mit p.m. (post meridiem).

Hinweis

Zeitungen und Zeitschriften

Lokalzeitungen

In San Francisco gibt es zwei bedeutende Tageszeitungen:
Die "San Francisco Chronicle" (Morgenblatt) erscheint siebenmal in der Woche. Verlag: 925 Mission St., Tel. 777-1111.
Der "San Francisco Examiner" (Abendblatt) erscheint sechsmal wöchentlich. Verlag: 110 5th St., Tel. 777-2424.
Am Wochenende geben die beiden Zeitungen die gemeinsame Wochenendausgabe "San Francisco Examiner – Chronicle" heraus.
Außerdem erscheinen:
"San Francisco Post", Verlag: 630 20th St., Oakland, Tel. 510-763-1120.
"San Francisco Bay Guardian Weekly", 520 Hampshire St., Tel. 255-3100.

Fremdsprachige Zeitungen

Überdies gibt es noch eine Reihe von Zeitungen in Chinesisch, Deutsch ("California Staatszeitung"), Französisch, Italienisch, Japanisch, Jiddisch, Koreanisch, Portugiesisch, Russisch und Spanisch, von denen allerdings nur noch wenige täglich erscheinen.

Deutsche Zeitungen und Zeitschriften

Deutsche Zeitungen und Zeitschriften kann man – wenn auch meistens veraltet, ausgenommen die per Luftpost transportierten wie "Der Spiegel" – bei Harold's, 599 Post St. (Ecke Taylor St.), Tel. 441-2665, bekommen.

Goethe-Institut

Im übrigen hat man in der werktags ab 12.00 Uhr geöffneten Bibliothek des Goethe-Instituts (530 Bush Street) Gelegenheit, deutsche Zeitungen und Zeitschriften zu lesen.

Zollbestimmungen

Hinweis

Die für die Einreise in die USA und für die Wiedereinreise nach Deutschland, Österreich und in die Schweiz verfügten Zollbestimmungen werden laufend überarbeitet. Es ist daher ratsam, möglichst kurz vor Reiseantritt die aktuellen Bestimmungen beim zuständigen Zollamt bzw. beim nächsten US-Konsulat zu erfragen.

Einreise in die USA

Bei der Einreise sind eine Zollerklärung und ein Formular für die Einreiseerlaubnis (permit) auszufüllen.
Zollfrei eingeführt werden dürfen Gegenstände des persönlichen Bedarfs (Kleidungsstücke, Toilettenartikel, Schmuck, Foto- und Filmapparate, Filme, Fernglas, Reiseschreibmaschine, tragbares Radio-, Tonband- und Fernsehgerät, Sportausrüstung); für Erwachsene 1 Quart (ca. 1 l) alkoholische Getränke, 300 Zigaretten oder 50 Zigarren oder 3 US-Pfund (lbs.; ca. 1350 g) Tabak. Zusätzlich können pro Person Geschenke bis zum Gegenwert von 100 US-Dollar (darunter für Erwachsene bis 1 Gallone/3,78 l alkoholische Getränke und 100 Zigarren) eingeführt werden.
Für die Einfuhr von Tieren, Fleisch und Pflanzen gelten besondere, z. T. komplizierte Bestimmungen (Auskunft bei den Zollämtern).

Wiedereinreise in EU-Staaten

Zollfrei sind alle bereits in die Vereinigten Staaten mitgenommenen persönlichen Gebrauchsgegenstände (vgl. oben), zudem 200 Zigaretten oder 100 Zigarillos oder 50 Zigarren oder 250 g Tabak. 1 l Spirituosen mit über 22 Vol.-% Alkohol oder 2 l Spirituosen unter 22 Vol.-% oder 2 l Schaumwein. Ferner 2 l Wein, 500 g Kaffee oder 200 g Kaffee-Extrakt (Pulver-

Wiedereinreise in EU-Staaten (Fortsetzung)	kaffee), 100 g Tee oder 40 g Tee-Extrakt, 50 g Parfüm, 0,25 l Toilettenwasser (Tabakwaren und alkoholische Getränke nur bei Personen über 17 Jahre, Kaffee nur bei über 15jährigen). Andere Waren und Geschenke sind bis zu einem Warenwert von insgesamt 350 DM zollfrei. Reist man von einem EU-Land wieder nach Deutschland oder Österreich ein, sind die Mengen dort erworbener und zollfrei einführbarer Waren (Genußmittel) größer.
Wiedereinreise in die Schweiz	Für die Schweiz gelten folgende Freimengengrenzen: 250 g Kaffee, 100 g Tee, 200 Zigaretten oder 50 Zigarren oder 250 g Tabak, 2 l Wein oder andere Getränke bis 22 Vol.-% Alkoholgehalt (nach Österreich: 2 1/4 l Wein oder 2,1 l andere alkoholische Getränke) sowie 1 l Spirituosen mit mehr als 22 Vol.-% Alkoholgehalt. Souvenirs dürfen nach Österreich bis zu einem Wert von 2400 öS (ATS), in die Schweiz bis zu einem Wert von 100 sfr zollfrei eingeführt werden.

Die wichtigsten Rufnummern auf einen Blick

Notrufe	
Erste Hilfe	911
Ambulanz	931-3900
Feuerwehr	911
Polizei	911
Auskunft	
Autobusse (Fernverkehr)	
Greyhound	433-1500
Omnibusse (Nahverkehr)	
A/C Transit	510-839-2882
Airporter (zum Flughafen)	673-2432
Golden Gate Bus Transit	332-6600
Sam Trans	800-660-4287
Öffentliche Verkehrsmittel	
BART (Bay Area Rapid Transit)	788-BART
MUNI (Municipal Railway Company)	673-MUNI
Tagesereignisse (deutsch)	391-2004
Tagesereignisse (englisch)	391-1200
Touristeninformation (englisch)	626-5500
Wettervorhersage	936-1212
Zeitansage	767-8900
Fluggesellschaften	
Lufthansa	800-645-3880
Swissair	800-221-4750
Telefonvorwahl	
von Deutschland, Österreich und der Schweiz nach San Francisco	001415
von San Francisco nach Deutschland	01149
von San Francisco nach Österreich	01143
von San Francisco in die Schweiz	01141
Telefondienste	
Auskunft San Francisco	411
Auskunft California	555-1212
Auskunft USA	Area Code + 555-1212
Auskunft Ausland	0 (Operator)
Telegrammaufnahme	648-4100

Register

Kartenverzeichnis

Bildnachweis

Drechsler-Marx: S. 16, 43, 47 (oben), 54, 55, 57, 58, 60, 63 (2 ×), 68, 70, 72 (rechts), 76, 77, 81, 82, 99, 105, 109, 114 (unten), 117, 124, 138, 140, 142, 148, 154, 164, 165.
Feltes-Peter: S. 3 (2 ×), 5 (3 ×), 6 (2 ×), 7 (3 ×), 12, 13, 35, 39, 40, 41, 47 (unten), 49 (2 ×), 51, 53 (2 ×), 56, 62, 64, 66, 72 (links), 74 (2 ×), 84, 88 (2 ×), 90, 92, 93, 94, 95, 97, 98, 101, 103, 104, 107 (2 ×), 111, 114 (oben), 116, 118, 120, 157, 160.
The Fine Arts Museums of San Francisco: S. 44.
Historia: 18.
Lade: S. 30/31.
Mauritius: S. 126/127.
Messerschmidt: S. 15, 59, 78, 80, 112, 121, 130.
Schapowalow: S. 6/7 (Mitte), 8/9.
Ullstein: S. 20, 25 (3 ×).
ZEFA: S. 1.

Impressum

Ausstattung:
99 Abbildungen (Bildnachweis siehe zuvor)

19 Karten und graphische Darstellungen (Kartenverzeichnis siehe zuvor), 1 großer Stadtplan

Text: Astrid Feltes-Peter, Henry Marx, Dr. Bernhard Abend.

Bearbeitung und Ergänzung: Baedeker-Redaktion (Astrid Feltes-Peter)

Kartographie:
Kartographie Huber, München; Christoph Gallus, Hohberg;
Hallwag Verlag, Bern (großer Stadtplan)

Gesamtleitung: Rainer Eisenschmid, Ostfildern

6. Auflage 1998

Urheberschaft: Karl Baedeker GmbH, Ostfildern
Nutzungsrecht: Mairs Geographischer Verlag GmbH & Co., Ostfildern

Druck: Mairs Graphische Betriebe GmbH & Co. KG, Ostfildern
Printed in Germany
ISBN 3-87504-145-3

Gedruckt auf 100 % chlorfreiem Papier

Notizen

Verlagsprogramm

Städte in aller Welt

Amsterdam
Athen
Bangkok
Barcelona
Berlin
Brüssel
Budapest
Dresden
Florenz
Frankfurt/M.
Hamburg
Hongkong
Istanbul
Köln
Kopenhagen
Lissabon
London
Madrid
Moskau
München
New York
Paris
Potsdam
Prag
Reutlingen · Tübingen
Rom
San Francisco
St. Petersburg
Singapur
Stuttgart
Tokio
Venedig
Weimar
Wien

Reiseländer · Großräume

Ägypten
Australien
Baltikum
Belgien
Brasilien
China
Dänemark
Deutschland
Dominikanische Republik
Finnland
Frankreich
Griechenland
Großbritannien
Indien
Irland
Israel
Italien
Japan
Jordanien
Kanada
Karibik
Kenia
Kuba
Luxemburg
Marokko
Mexiko
Motorradtouren in Italien
Namibia
Nepal
Neuseeland
Niederlande
Norwegen
Österreich
Polen
Portugal
Schweden
Schweiz
Skandinavien
Spanien
Sri Lanka
Südafrika
Syrien
Thailand
Tschechien · Slowakei
Tunesien
Türkei
Ungarn
USA

Regionen · Inseln · Flüsse

Algarve
Andalusien
Bali
Bodensee
Bretagne
Burgund
Capri
Costa Brava
Deutsche Weinstraße
Elba
Elsaß/Vogesen
Florida
Französische Atlantikküste
Fuerteventura
Gran Canaria
Griechische Inseln
Harz
Hawaii
Ibiza
Ischia
Istrien · Dalmatinische Küste
Italienische Riviera
Kalifornien
Korfu · Ionische Inseln
Korsika
Kreta
Kykladen
Lanzarote
Loire
Lombardei · Mailand · Oberital. Seen
Madeira
Mallorca
Malta
Mecklenburg-Vorpommern
Oberbayern
Provence · Côte d'Azur
Rhodos
Rügen
Ruhrgebiet
Sachsen
Salzburger Land
Sardinien
Schottland
Schwäbische Alb
Schwarzwald
Seychellen
Sizilien
Südtirol
Sylt
Teneriffa
Tessin
Toskana
Türkische Küsten
Umbrien
USA · Südstaaten
USA · Südwesten
Zypern

Städte in Deutschland und der Schweiz

Augsburg
Bamberg
Basel
Berlin (gr. + kl.)
Bonn
Bremen
Celle
Darmstadt
Freiburg
Hannover
Heidelberg
Konstanz
Leipzig
Lübeck
Mainz
Mannheim
Nürnberg
Regensburg
Trier
Wiesbaden